eons
艺 文 志

拜德雅·人文丛书
学 术 委 员 会

○ ● ○

学术顾问

张一兵　南京大学

学术委员（按姓氏拼音顺序）

陈　越	陕西师范大学	姜宇辉	华东师范大学
蓝　江	南京大学	李科林	中国人民大学
李　洋	北京大学	刘悦笛	中国社会科学院
鲁明军	复旦大学	陆兴华	同济大学
王春辰	中央美术学院	王嘉军	华东师范大学
吴冠军	华东师范大学	吴　琼	中国人民大学
夏可君	中国人民大学	夏　莹	清华大学
杨北辰	北京电影学院	曾　军	上海大学
张　生	同济大学	朱国华	华东师范大学

异 识

[法]让-弗朗索瓦·利奥塔(Jean-François Lyotard) | 著

周 慧 | 译

上海文艺出版社
Shanghai Literature & Art Publishing House

目 录

总　序 | 重拾拜德雅之学　　/vii
译者导言　　/xv

异 识　/1

本书说明　/3
异　识　/15
　1—8　/15
　　评注：普罗塔哥拉　/20
　　§1　/20
　　§2　/22
　　§3　/23
　　§4　/25
　　§5　/26
　9—27　/26
　　评注：高尔吉亚　/39
　28—34　/45
　　评注：柏拉图　/52

§1 强与弱 /52
§2 不敬神明 /56
§3 对话 /59
§4 选择 /62
§5 转喻 /67
35—46 /69

指称、名称 /81
47—54 /81
评注：安提斯泰尼 /88
55—93 /93

表　象 /136
94—98 /136
评注：康德1 /140
99—104 /149
评注：格特鲁德·斯泰因 /154
105—119 /157
评注：亚里士多德 /166
§1 之前和之后 /166
§2 现在 /170

§3 一些观察　　/174

120—151　　/177

结　果　/198

152. 模式　　/198

153. 经验　　/203

154. 怀疑主义　　/206

评注：黑格尔　　/209

§1　　/209

§2　　/212

§3　　/216

§4　　/220

155. 我们　　/223

156. "美丽的死亡"　　/227

157. 例外　　/229

158. 第三方？　　/233

159. 没有结果　　/235

160. 回归　　/238

义　务　/244

161—170　　/244

评注：列维纳斯　　/250

　§1　　/250

　§2　　/255

　§3　　/258

171—177　　/262

评注：康德2　　/269

　§1　法则是不可演绎的　　/269

　§2　我能够　　/273

　§3　鸿沟　　/278

　§4　模型　　/280

　§5　可替代性　　/282

　§6　伦理的时间　　/285

类型、规范　　/289

178—181　　/289

评注：康德3　　/292

　§1　群岛　　/292

　§2　通道　　/295

　§3　调解　　/299

182—209　　/304

评注：1789年《人权宣言》　　/323

　§1　　/323

§2　　/324
§3　　/324
§4　　/325
§5　　/326
§6　　/328
210—217　　/329

历史的征兆　　/335

218—220　　/335

评注：卡西纳瓦　　/338

§1　　/338
§2　　/339
§3　　/339
§4　　/340
§5　　/341
§6　　/342
§7　　/343
§8　　/343

221—235　　/344

评注：康德4　　/357

§1 历史科学　　/357
§2 指导线索　　/360

§3 事件　　/362
§4 热忱　　/365
§5 不确定的标准和人类共同体　　/369
§6 文化　　/374
236—264　　/377

参考文献　　/399
人名索引　　/406
术语索引　　/413
译后记　　/423

- 总　序 -

重拾拜德雅之学

1

中国古代,士之教育的主要内容是德与雅。《礼记》云:"乐正崇四术,立四教,顺先王《诗》《书》《礼》《乐》以造士。春秋教以《礼》《乐》,冬夏教以《诗》《书》。"这些便是针对士之潜在人选所开展的文化、政治教育的内容,其目的在于使之在品质、学识、洞见、政论上均能符合士的标准,以成为真正有德的博雅之士。

实际上,不仅是中国,古希腊也存在着类似的德雅兼蓄之学,即 paideia(παιδεία)。paideia 是古希腊城邦用于教化和培育城邦公民的教学内容,亦即古希腊学园中所传授的治理城邦的学问。古希腊的学园多招收贵族子弟,他们所维护的也是城邦贵族统治的秩序。在古希腊学园中，一般教授修辞学、语法学、音乐、诗歌、哲学，当然也会讲授今天被视为自然科学的某些学问，如算术和医学。不过在古希腊，这些学科之间的区分没有那么明显，更不会存在今天的文理之分。相反，这些在学园里被讲授的学问被统一称为 paideia。经过 paideia 之学的培育，这些贵族身份的公民会变得 "καλὸς κἀγαθός"（雅而有德），这个古希腊语单词形容理想的人的行为，而古希腊历史学家希罗多德（Ἡρόδοτος）常在他的《历史》中用这个词来描绘古典时代的英雄形象。

在古希腊，对 paideia 之学呼声最高的，莫过于智者学派的演说家和教育家伊索克拉底（Ἰσοκράτης），他大力主张对全体城邦公民开展 paideia 的教育。在伊索克拉底看来，paideia 已然不再是某个特权阶层让其后嗣垄断统治权力的教育，相反，真正的 paideia 教育在于给人们以心灵的启迪，开启人们的心智，与此同时，paideia 教育也让雅典人真正具有了人的美德。在伊索克拉底那里，paideia 赋予了雅典公民淳美的品德、高雅的性情，这正是雅典公民获得独一无二的人之美德的唯一途径。在这个意义上，paideia 之学，经过伊索克拉底的改造，成为一种让人成长的学问，让人从 paideia 之中寻找到属于人的德性和智慧。或许，这就是中世纪基督教教育中，及文艺复兴时期，paideia 被等同于人文学的原因。

2

在《词与物》最后，福柯提出了一个"人文科学"的问题。福柯认为，人文科学是一门关于人的科学，而这门科学，绝不是像某些生物学家和进化论者所认为的那样，从简单的生物学范畴来思考人的存在。相反，福柯认为，人是"这样一个生物，即他从他所完全属于的并且他的整个存在据以被贯穿的生命内部构成了他赖以生活的种种表象，并且在这些表象的基础上，他拥有了能去恰好表象生命这个奇特力量"[1]。尽管福柯这段话十分绕口，但他的意思是很明确的，人在这个世界上的存在是一个相当复杂的现象，它所涉及的是我们在这个世界上的方方面面，包括哲学、语言、诗歌等。这样，人文科学绝不是从某个孤立的角度（如单独从哲学的角度，单独从文学的角度，单独从艺术的角度）去审视我们作为人在这个世界上的存在，相反，它有助于我们思考自己在面对

---
[1] 米歇尔·福柯，《词与物》，莫伟民译，上海：上海三联书店，2001年，第459–460页。

这个世界的综合复杂性时的构成性存在。

其实早在福柯之前，德国古典学家魏尔纳·贾格尔（Werner Jaeger）就将 paideia 看成是一个超越所有学科之上的人文学总体之学。正如贾格尔所说，"paideia，不仅仅是一个符号名称，更是代表着这个词所展现出来的历史主题。事实上，和其他非常广泛的概念一样，这个主题非常难以界定，它拒绝被限定在一个抽象的表达之下。唯有当我们阅读其历史，并跟随其脚步孜孜不倦地观察它如何实现自身，我们才能理解这个词的完整内容和含义。……我们很难避免用诸如文明、文化、传统、文学或教育之类的词汇来表达它。但这些词没有一个可以覆盖 paideia 这个词在古希腊时期的意义。上述那些词都只涉及 paideia 的某个侧面：除非把那些表达综合在一起，我们才能看到这个古希腊概念的范阈"[1]。贾格尔强调的正是后来福柯所主张的"人文科学"所涉及的内涵，也就是说，paideia 代表着一种先于现代人文科学分科之前的总体性对人文科学的综合性探讨研究，它所涉及的，就是人之所以为人的诸多方面的总和，那些使人具有人之心智、人之德性、人之美感的全部领域的汇集。这也

---

1 Werner Jaeger, *Paideia: The Ideals of Greek Culture. Vol. 1*, Oxford: Blackwell, 1946, p. i.

正是福柯所说的人文科学就是人的实证性（positivité）之所是，在这个意义上，福柯与贾格尔对 paideia 的界定是高度统一的，他们共同关心的是，究竟是什么，让我们在这个大地上具有了诸如此类的人的秉性，又是什么塑造了全体人类的秉性。paideia，一门综合性的人文科学，正如伊索克拉底所说的那样，一方面给予我们智慧的启迪；另一方面又赋予我们人之所以为人的生命形式。对这门科学的探索，必然同时涉及两个不同侧面：一方面是对经典的探索，寻求那些已经被确认为人的秉性的美德，在这个基础上，去探索人之所以为人的种种学问；另一方面，也更为重要的是，我们需要依循着福柯的足迹，在探索了我们在这个世界上的生命形式之后，最终还要对这种作为实质性的生命形式进行反思、批判和超越，即让我们的生命在其形式的极限处颤动。

这样，paideia 同时包括的两个侧面，也意味着人们对自己的生命和存在进行探索的两个方向：一方面它有着古典学的厚重，代表着人文科学悠久历史发展中形成的良好传统，孜孜不倦地寻找人生的真谛；另一方面，也代表着人文科学努力在生命的边缘处，寻找向着生命形式的外部空间拓展，以延伸我们内在生命的可能。

3

这就是我们出版这套丛书的初衷。不过，我们并没有将paideia一词直接翻译为常用译法"人文学"，因为这个"人文学"在中文语境中使用起来，会偏离这个词原本的特有含义，所以，我们将paideia音译为"拜德雅"。此译首先是在发音上十分近似于其古希腊词汇，更重要的是，这门学问诞生之初，便是德雅兼蓄之学。和我们中国古代德雅之学强调"六艺"一样，古希腊的拜德雅之学也有相对固定的分目，或称为"八艺"，即体操、语法、修辞、音乐、数学、地理、自然史与哲学。这八门学科，体现出拜德雅之学从来就不是孤立地在某一个门类下的专门之学，而是统摄了古代的科学、哲学、艺术、语言学甚至体育等门类的综合性之学，其中既强调了亚里士多德所谓勇敢、节制、正义、智慧这四种美德（ἀρετή），也追求诸如音乐之类的雅学。同时，在古希腊人看来，"雅而有德"是一个崇高的理想。我们的教育，我们的人文学，最终是要面向一个高雅而有德的品质，因而我们在音译中选用了"拜"这个字。这样，"拜德雅"既从音译上翻译了这个古希腊词汇，也很好地从意译上表达了它的含义，避免了单纯叫作"人文学"所可能引生的不必要的歧义。本丛书的 logo，由黑白八点构成，以玄为德，以白为雅，黑白双色正好体现德雅兼蓄之意。同时，这八个点既对应于拜德雅之学的"八艺"，也对应于柏拉图在《蒂迈欧篇》中谈到的正六面体（五种柏拉图体之一）的八个顶点。它既是智慧美德的象征，也体现了审美的典雅。

不过，对于今天的我们来说，更重要的是，跟随福柯的脚步，向着一种新型的人文科学，即一种新的拜德雅前进。在我们的系列中，既包括那些作为人类思想精华的**经典作品**，也包括那些试图冲破人文学既有之藩篱，去探寻我们生命形式的可能性的**前沿著作**。

既然是新人文科学，既然是新拜德雅之学，那么现代人文科学分科的体系在我们的系列中或许就显得不那么重要了。这个拜德雅系列，已经将历史学、艺术学、文学或诗学、哲学、政治学、法学，乃至社会学、经济学等多门学科涵括在内，其中的作品，或许就是各个学科共同的精神财富。对这样一些作品的译介，正是要达到这样一个目的：在一个大的人文学的背景下，在一个大的拜德雅之下，来自不同学科的我们，可以在同样的文字中，去呼吸这些伟大著作为我们带来的新鲜空气。

- 译者导言[1] -

一、利奥塔的思想发展历程

20世纪下半叶，法国思想家在马克思、尼采、弗洛伊德、海德格尔等德语怀疑大师们的启发下，批判了知识的客观性、历史的连续和进步性、主体的自主、意义的确定和经典的绝对权威，形成了相对主义的价值观和文化建构论的立场。他们深刻反思了从希腊-拉丁传统而来的同一性主体哲学的弊病及其引发的历史灾难，把研究的重心从主体转向他者，从同一转向差异，从理性转向欲望，从概念转向感觉，从结构转向事件，从逻辑转向语用和修辞，形成了一道批判西方人文主义传统和反思现代性危机的独特风

---

[1] 本译著受2018年国家社会科学基金项目"法国理论在美国的创造性误读与重构研究"（18BWW006）、教育部国际司2017年度国别和区域研究课题"法国当代思想在中国的译介与传播——以利奥塔的《异识》为例"资助。本导言中的某些观点已经发表，参见周慧，《利奥塔的差异哲学：法则、事件、形式》，重庆：重庆大学出版社，2012年；周慧，《利奥塔的"异识"论》，载于《哲学研究》，2015年第8期；周慧，《事件与艺术：利奥塔的语位政治学与后现代的崇高美学》，载于《文艺理论研究》，2016年第6期；周慧，《"异教主义"的公正游戏——利奥塔的伦理政治思想述评》，载于《现代哲学》，2011年第5期。

景。将西方思想史所遗忘和排斥的"差异""独特性""事件""感觉""他者""此刻"等概念提到哲学的高度，后现代思想家们重新思考理性的限度和现代性的弊端，试图为人类的思考逃离技术和概念的牢笼寻找一条可能的出路。利奥塔的"异识"语用学正是在这种学术背景下的产物。

总的来说，利奥塔的思想发展可以分为三个阶段。

在第一阶段，利奥塔是一位现象学家和马克思主义者。他于1954年至1966年参与了"社会主义还是野蛮"的极左政治组织，1954年出版了第一本书《现象学》，并在此期间发表了大量支持阿尔及利亚独立战争的文章，这些在1956年至1963年发表的政治文章于1989年被收录进《阿尔及利亚人的战争》（*La Guerre des Algériens*）一书中，后来在1993年被翻译为英文——《政治作品集》（*Political Writings*）。这期间，他把自己的所有精力都投入这一组织，从事反剥削和反异化事业，运用马克思主义的思想资源分析发展中国家的斗争动力，批判在欧洲出现的各种纳粹法西斯话语及无政府主义思潮。与此同时，他也深入思考了阶级斗争话语模式的弊病，探讨了极左阵营内存在的问题，最终与宏大叙事及辩证法分道扬镳，开始走向注重差异、事件、力比多的欲望哲学。

第二阶段是利奥塔的欲望哲学时期,弗洛伊德和尼采成为他最重要的思想来源。主要代表作有《话语,图形》(*Discours, figure*, 1971)、《从马克思和弗洛伊德开始的漂流》(*Dérive à partir de Marx et Freud*, 1973)、《冲动装置》(*Des dispositif pulsionnels*, 1973)、《力比多经济》(*Economie libidinale*, 1974)。在《话语,图形》中,利奥塔提出"差异不是对立"[1],借用梅洛-庞蒂的现象学来质疑发轫于索绪尔的结构主义,同时借用弗洛伊德的精神分析学来反思梅洛-庞蒂的现象学。1973年之后的作品(《力比多经济》等)彻底地陷入了欲望和能量的形而上学,走向了尼采式的实践力比多的一元论的欲望哲学。在这一阶段,利奥塔宣称一切都是势能,颠覆理性秩序及其再现机制的革命只能在欲望内部进行;在力比多系统中,不存在任何可以走出去的外面:所有的能量或事件都在冲突着的系统内部产生出来并加以掩盖,一切差异都是能量的差异、程度的差异。在这样一个能量的世界,批评家的任务不在于关注作为实体而存在的静态的物质、意义、真理和主体,而在于揭示

---

[1] 就"对立"而言,它意味着"A 不是 B"就等于"A 是非 B",世界呈现为 A/-A 的总和;而对"差异"而言,"A 不是 B"并不等于"A 就是非 B",A 只是 B 之外的别的什么东西:它可能是 C,也可能是 D, E, F……世界呈现为 A/a_n 的模式。因此,与其说非 B(A)是否定性的,不如说它是不确定的、无限的。差异的各方虽然同处一个空间,却始终不能演变为浑然一体的总体性,它是既内在于对方又异质于对方的"他性"。

力的关系，揭示欲望和意志将它们生产出来的动态过程。

尽管这些悬隔有效性的过程分析大大加深了我们对现代社会中新的、更为复杂的支配形式的认识，但是我们也不得不承认，这些变化都是力的过程，它只会朝着更强或是更弱的方向发展，而一元论的意志哲学最终导向的不过是弱肉强食的丛林法则。因此，将这样一种从尼采而来的一元论的强力意志作为政治学的基础，忽略了一个最重要的维度，即对能量的肯定抽空了正义的问题。在力量和势能的政治学中，正义要么求助于共识的公共权威，要么成为丛林法则的祭品。在经历了力比多经济中的犬儒主义和智者派的极端多元主义之后，利奥塔在《论公正》中开始了对公正和责任问题的思考。在英美哲学的语言学转向的影响下，后期利奥塔将文化多元论纳入语用学的视域，通过融合列维纳斯的"他律"和康德的"理念"来思考后现代伦理学、政治学和美学发展的新方向，从而开启了"判断力"的语位政治学。

在第三阶段，利奥塔开始从语用学的角度来思考后现代伦理、政治问题以及后现代美学问题，康德、维特根斯坦、列维纳斯的思想成为他这一阶段作品的重要参照，主要代表作包括《异教主义指示》(*Intructions païennes*, 1977)、《异教主义入门》(*Rudiments païens*, 1977)、《论公正》(*Au juste: conversations*, 1979)、《后现代状况：关于知识的报告》(*La condition postmoderne: rapport sur le savoir*, 1979)、《异识》(*Le différend*, 1984)、《给孩子们解释后现代》(*Le postmoderne expliqué aux enfants*, 1988)、《非人：漫谈时间》(*L'inhumain: causeries sur le temps*, 1988)、《关于崇高分析的讲义》(*Leçons sur l'Analytique du sublime*, 1991)、《后现代道德》(*Moralités postmodernes*, 1993)等。

由此可见，利奥塔的哲学经历了一个从欲望的政治学到判断（语位）的政治学的转换过程。这一转向对利奥塔来说至关重要。第一，在转向语用学之后，利奥塔承接康德和维特根斯坦的进路，坚持语言游戏之间的"不可通约"，他认为根本不存在一个可以支配所有领域的总体性的元叙事或系统语法，不同的语言游戏之间（例如指示性陈述、规定性陈述、描述性陈述）不存在共同的规则、价值和规范，这使得他的后现代理论既跳出了一元论的强力哲学的陷阱，也避免陷入政治审美化、审美认知化的困境。第二，从《后现代状况》开始，利奥塔重新开始了对合法性问题的思考，并提出了"悖谬推理"的合法化模式。在《异识》中，他提出以"异识"为目标的"语位"（phrase,

指语用事件)政治学。在语位的不断"发生"和链接中,合法性成了一个永远迟到的问题:对语用事件的意义诠释总是由下一个语用事件来完成的,其合法性、有效性不是由其自身决定,也不是由悬搁了历时变化的差异系统决定,而是由后边的"迟到者"给出的。第三,在转向判断的政治学之后,康德替代弗洛伊德和尼采,成为利奥塔最重要的一个思想来源。在法国当代哲学中,没有一个思想家像利奥塔那样对康德的作品和思想投入了如此多的关注和兴趣。在《异识》这本书中,利奥塔更是在大多数章节都设置了对康德思想的运用和重新解读。这样的解读与重写是令人兴奋的,因为后现代之父最终在现代性的源头这里找到了从一元论的意志哲学脱身而出的契机。而正是在对康德思想的借鉴与批判的过程中,现代和后现代之间展示出承接与断裂的关系。

二、利奥塔与《异识》

从 20 世纪 90 年代开始,国内学者十分热衷于法国思想的传播和译介,福柯、德里达、巴尔特、列维纳斯等人的作品及中译本纷纷进入人们的视野。不过利奥塔作品的翻译及介绍,始终处于不温不火的状态。人们谈起他,恐怕还只有《后现代状况》为人所津津乐道，但这只是他应魁北克当局的邀请而提交的关于后现代知识状况的一篇报告，他的主要代表作还有很多没有进入中国学者的视野。[1]遗憾的是，《异识》一书作为利奥塔最重要也最具影响力的代表作，囊括了他在思想创作巅峰期的主要观点及核心概念，却始终没有被译介，进入中国读者的视野。究其原因，或许有如下几点。

第一，该书内容艰涩，包罗万象。在这本被利奥塔自称为最哲学化的著作里，作者融古通今，旁征博引，引用了众多哲学家和思想家的观点及文本，所引人物之多（例如普罗塔哥拉、高尔吉亚、巴门尼德、安提斯泰尼、柏拉图、亚里士多德、克里普克、罗素、黑格尔、康德、维特根斯坦、阿多诺、海德格尔、列维纳斯、布伯、热奈特、巴巴拉·卡森、格特鲁德·斯泰因、哈贝马斯等），所涉范围之广（语言学、逻辑学、伦理、政治、美学等），确实有较高的门槛，

---

[1] 除了《后现代状况》(车槿山、岛子两个译本)及一本访谈、书信录《后现代性与公正游戏》(谈瀛洲译)之外，利奥塔的另外一些作品也被翻译成了中文，如莫伟民翻译的《后现代道德》、罗国祥翻译的《非人》、蒲北溟翻译的《马尔罗传》及谢晶翻译的《话语，图形》。研究利奥塔的二手资料也陆续有了一些中译本，例如詹姆斯·威廉姆斯的《利奥塔》、曼弗雷德·弗兰克的《理解的界限——利奥塔和哈贝马斯的精神对话》、西蒙·莫尔帕斯的《导读利奥塔》和格雷厄姆·琼斯的《利奥塔眼中的艺术》。近年来，国内一些硕博士论文开始关注利奥塔，不过相比福柯、德里达等人，数量不多，其中，少量博士论文已经出版，如刘冠君的《利奥塔崇高美学思想研究》和笔者的《利奥塔的差异哲学：法则、事件、形式》。

给读者的阅读带来了较大的障碍。

第二,利奥塔在引用他人的观点或文本时,往往不作评价,不下判断,在行文时主语多用泛指代词 on 或无人称代词 il;他的写作接近于零度风格,即隐藏自己的观点或消除自己的倾向性,避免自己的写作被过强的主体意识所控制,或者,尽量将主体意识的干预降到最低点。如果我们不能把握利奥塔思想的总体特征,不清楚他与其他思想家之间的复杂关联,不了解法国当代哲学乃至欧洲人文思潮发展的基本趋势,就很难搞清楚他的用意或立场,也辨不清他到底是在描述一个事实,还是在含蓄地批判他人的观点。

第三,在写作方式上,利奥塔在《异识》一书中用了每章分小节的方式,类似于维特根斯坦《哲学研究》的写作方式。作者的哲学反思被切分成各小节,标上数字按序排列,节与节之间,并无严密的、承上启下的逻辑关系,中间还时常插入利奥塔对柏拉图、黑格尔、康德、列维纳斯等人的哲学思想的回应或解读。"在诗学意义上,本书的风格是观察、评论、随想、注解……是一种不连贯的散文形式。"(参见本书说明)这种晦涩难懂的写作风格或许也和利奥塔着意要强调的东西息息相关,无论是"异识""语位""事件",还是"感觉""发生""此刻/当下",这些都是不可表象的、转瞬即逝的存在,无法借用认知语言进行清晰的解读和定义。因此,很多时候,不用论证的方式,而改用启发性的语言,甚至采用格言、寓言或隐喻式的行文模式,某种意义上,也是利奥塔对科学认知语言无处不在的霸权的无声反抗。

第四,由于此书涉及各个时代的哲学家的原文本,因此,除法文之外,也涉及德文、希腊文、拉丁文等各种语言。语言的多样性及哲学文本中某些概念的特定含义也给翻译带来了不小的困难。

笔者不才,斗胆尝试将这本书译成中文,一是出于对利奥塔思想的喜爱,二是深知这本书在其思想中的重要地位。因此,希望能以微薄之力为国内的法国思想研究添砖加瓦,进一步推进利奥塔专题研究的深度和广度。但是鉴于以上原因,即便自己尽心竭力,终因才学不高,学识有限,不敢妄称自己完全理解了利奥塔的真义,在理解和翻译的过程中必有疏漏和错译之处。各位读者若有阅读法文的能力和一定的哲学素养,还请追本溯源,直面原文,感受利奥塔的行文风采及其思想魅力。

三、《异识》一书的主要概念及核心观点

作为该书的书名（*Le différend*），"différend"一词无疑是全书最为重要的核心概念，也是开启利奥塔本书乃至他此阶段思想的一把钥匙。因此，我们有必要在这里对该词进行一些辨析。

1. "différend" 的第一义：语位体系之间的不可通约

在法语中，"différend" 通常被理解为"conflit d'opinion"，大意是"冲突""不和""分歧"或"争端"。利奥塔的"différend"无疑有这些意思，但又不完全等同于上述词义。《异识》的英译者及评论者毫无例外地直接引用了这一词，回避了翻译的障碍。作为中文语境下的读者，我们却无法回避这一难题。译成"异识"，原因有二：一是可以表达该词的本义，即"意见不合，见解不同"，二则有意与哈贝马斯的"共识"相对，暗示知识分子为走出现代性危机而选择的两种截然不同的方案。[1]

当利奥塔谈"différend"时，实际上有两层含义。

---

[1] 利奥塔和哈贝马斯之争往往被简化为现代和后现代之争，而两人也分别被看作现代和后现代的两个旗手。关于此学术公案，参见周慧，《后现代：状况，抑或实验精神？——从利奥塔的〈后现代状况〉解读"后现代"的两重含义》，载于《外国文学》，2010年第1期，第125-127页。

"différend"的第一层含义,我们可以理解为语言游戏之间的不可通约。

利奥塔在《异识》的开篇,就给出了该词的含义。"异识不同于诉讼,它是在(至少)两者之间的某种冲突状态,由于不存在对论辩双方都适用的判断标准,这导致了该冲突无法得到公正的解决。一方的合法性并不意味着另一方的不合法。对两者采用单一的判断标准,试图以此消除异识——仿佛这只是一场诉讼官司,将会(至少)伤害到他们中的一方(如果双方都不承认这一标准的话,两者可能都会受到伤害)。"(参见"本书说明"对书名的解释)由此,"différend"的第一层意思,是指不同语言游戏之间的异质性和不可通约,即"在异质的风格之间不存在普遍的判断标准",这一点,他在该书中反复强调(参见本书说明,155,178,179,203,231,252等)。[1]

尽管利奥塔不断提醒我们,每种语位体系(régime de phrase)都有不同的规则,不存在一个可以支配所有领域的元叙事。但事实上,每个时代都存在这样的宏大叙事(基督教的爱的叙事、纳粹的最终解决方案、思辨话语机制、

---

[1] 本导言中引用《异识》的部分,均采用插注而不用脚注,标号为原文的节号,而不是页码,请读者注意。

资本主义的经济霸权、无产阶级革命、自由主义原理、科学认知话语……），它们总是试图僭越其他领域，建立起可以支配所有话语体系的系统语法。例如，在《后现代状况》中，利奥塔主要分析了现代科学知识合法化所依据的两个元叙事，一个是思辨机制，另一个是解放机制。前者是日耳曼式的德国唯心主义传统，涉及真理的指示性陈述，目的在于探讨如何获得关于世界、关于人类自身的客观真理；而后者是18世纪的法国革命传统，涉及正义的规定性陈述，目的在于追问如何获得人类的最终解放和自由。[1]一个涉及真理的指示性陈述，叙事主体在这里表现为认知主体，回答"谁可以决定真理的条件？"而另一个涉及关于正义的规定性陈述，叙事主体表现为实践主体，回答"谁有权为社会做出决定？"在后现代社会中，这两大元叙事的地位受到质疑并最终失去其合法性基础，利奥塔称之为"去合法化"。但是，启蒙叙事的衰落并不意味着宏大叙事的寿终正寝。尽管人们不再相信普遍真理的神话，也不再寄希望于英雄的正义事业，但是小叙事的繁荣并没有到来。新的元叙事在科学技术与资本的联姻中产生了，它就是"技术科学"。自此，认知型话语统领一切，成为宏大叙事的

---

[1] Lyotard, *La condition postmoderne: rapport sur le savoir*, Paris, Minuit, 1979, pp.59-60.

新版本，即便是科学知识，也一样要服从少投入、多产出的最佳性能原则。[1]

在《异识》中，除了以上几种机制，利奥塔还尤其警惕以下几种话语霸权模式。在第一章中，他首先批判了科学认知语位的霸权，即实证主义的证实程序。在是否存在大屠杀毒气室这一问题上，倘若我们用一种认知的方式来寻找证据（"真正亲眼看到过毒气室"），那么根本无法证明毒气室的存在，而对于死难的犹太人的伤害就是不可避免的。要么 p, 要么非 p, 如果非 p（如果你不是受害者），那么 p 为假（因此证词是假的，Fp）；如果你是受害者（p），但既然你还能说话，还活着，你就不属于受害者（non-p），那么你的证词还是假的（Fp）（参见本书8）。用认知游戏规则来解决一切问题，即用诉讼或实指的方式来解决毒气室存在与否的问题，将陷入悖论并导致不公正。因此，"承认'异识'的存在，就是要建立起新的受话者、说话者、含义和指称，由此让错误得以找到表达的途径，让原告不再沦为受害者"（同上）。犹太人的悲惨历史，集中营的惨无人道，拒绝用认知语位的方式来证实或反驳这一事件。

---

[1] Lyotard, *La condition postmoderne*, p.73.

在利奥塔的哲学思想中，"奥斯维辛"这一事件反复出现，作为一根红线贯穿《异识》的始终。某种意义上，"奥斯维辛"是知识分子对理性的限度以及文明为此背负的债务的深刻反思，是当代哲学家用以检验自己理论价值和思想意义的试金石。在西方文明的摇篮里，人文主义的理性传统居然结出了纳粹主义、大屠杀的恶果，这是整整一代知识分子挥之不去的噩梦和擦抹不掉的创伤。对于20世纪下半叶的思想家来说，只要他仍负有知识分子的良知和责任，就无法不去面对这一通过理性的管理手段来对数百万人的生命进行有序屠杀的现代性事件。因为这一创伤就处在知识分子与其历史关系的核心地带：令人痛苦的事实不在于大屠杀是一次史无前例的恐怖事件，也不在于极端的种族仇恨是人类历史发展中不得不遭遇的文明的偶然偏离，而在于大屠杀是现代理性的总体性思维和同一性叙事发展到极致的合乎逻辑的产物。创造与毁灭，连同光荣与耻辱印刻在"文明"这一枚硬币的两面，不管我们是否愿意承认，现代文明都包括了死亡集中营里束手待毙的人们，包括了那些被盖世太保送往毒气室的犹太人的亡灵。在某种意义上，"奥斯维辛"不仅是一个大屠杀事件，它也是一个昭示着文明罪行的记号。

因此，在第四章"结果"，利奥塔不遗余力地声讨了黑格尔的思辨机制和由这一无所不包的宏大叙事所结出来的思想和现实恶果。在黑格尔那里，"绝对精神"并不害怕死亡，而敢于担当死亡并在死亡中得以自存，它是一种魔力，可以把否定的东西转化为存在。死亡并不是绝对的终点，它只是一种对有限存在的否定，而精神会在否定之否定的基础上使得死亡向存在转化，并让有限生命最终升华为无限真理。真理既不在生命的实存之中，也不在死亡的否定之中，而是在两者的合题即绝对精神中，它是理性在超越了有限的生命之后而回归自身的更为丰富的存在。这一更高的存在通常是以"我们"的名义来实现的，当个体是为了民族、集体、同胞、人类或是子孙后代而慷慨赴死时，死亡就拥有了对抗恐惧的力量，它在真理的指引下缓缓升向天国，最终上升为"美丽的死亡"（参见本书153，156，157，160，168）。但是，奥斯维辛的集中营彻底摧毁了这一绝对精神的魔力。"在集中营中，死亡有了一种新的恐怖感：自奥斯维辛集中营以来，怕死意味着怕是比死更糟糕的事情。"（152，153）之所以害怕，是因为大屠杀这一事件没有任何可以让人超越的理由。几百万生命的消逝，既不是为了正义和救赎，也不是为了人类的解放事业,它停止了向更高存在的转化而成了绝对的终点。当死亡不再是精神由有限向无限转化的契机时,一切关于绝对精神和永恒存在的说辞都只留下讽刺的意义。利奥塔尖锐地指出,在"奥斯维辛"中,纳粹永远占据着规范性话语的说话者一极,而犹太人则永远处于指令性话语(义务)的受话者一极,前者是规则的立法者,后者是义务的承担者,它们之间不可能融合在"我们"这个自律的主体中,根本就不存在从犹太人走向纳粹世界的通道。"奥斯维辛"是绝对异识的体现,它彻底摧毁了"合题""结果""自律主体""绝对精神"的形而上学臆想。

在第五章"义务"里,利奥塔再三强调描述性语位与伦理性语位不可通约,他提醒我们尤其要警惕通过描述性话语来处理伦理、正义问题而导致的伤害。他认为,从柏拉图开始,一直存在着混淆两种语言游戏,从认知推导出伦理实践的话语模式。利奥塔将其概括为:Si (si P, alors Q), alors R,其英文表述为 If (if P, then Q), then R。"if ... then ..."是描述性话语的经典模式,它是一种逻辑上的蕴含模式,即后件可以通过证明、推论、演绎从前件之中推演出来。这个公式可以解读为:如果我们获得了"什么是公正"的定义(如果开启理论性话语),那么我们将拥有一个公正的社会(由此可以推导出指令性话语)。[1] 正义就是对"正义的本质"的摹仿,这意味着存在正义的标准,可以为我们所认识,并用来指导实践。根据这一观点,"理论"高于"行为","知识"高于"意见","真理是什么"理应支配着"什么将发生"的问题。由此,"知识引导行动"的理性传统贯穿西方思想史发展的始终,而哲学也被定义为一种行对知的从属关系。通过现在来规划将来,通过已知来推测未知,知识带来了确定性,克服了盲目性,让我们的生活变得安全、稳定、可预见。然而迷恋确定性也付出了巨大的代价,即行为不再听从道德诫命的无条件召唤,义务不再是个体面对道德法则时油然而生的敬畏感,伦理实践已经成为权衡利弊、计较得失、规避风险的场所,一切存在者及其行为都被带入理性的计算公式和市场的价值游戏。[2] 利奥塔认同亚里士多德、康德和列维纳斯的观点,认为无法从知识推导出行为的准则,正义不是服从的问题,道德命令不可以被推演出来;恰恰相反,过分细化的义务往往造成不公正的结果,而那些最服从的人往往是最不公

---

[1] Lyotard, (With Jean-Loup Thébaud.) *Au juste: conversations*, Paris: Bourgois, 1979, p. 45.
[2] Lévinas Emmanuel, *Quatre Lectures Talmudiques*, Paris, les Editions de Minut, 1968, pp.76-77.

正的人。[1]

在最后一章"历史的征兆"中,利奥塔尤其担心经济话语风格的无孔不入和无往不胜(参见本书240-260)。在资本主义话语体系下,一切皆可用于交换,只要对象所包含的时间是可计算的。知识失去了救世主的这层光环,化简为可操作的信息量,它不仅进入了资本流通环节,而且成了首要生产力,在国际政治经济的权力竞争中成为最抢手的稀缺资源;劳动力成了商品,成了剩余价值生产的前提条件,而生命、灵魂、婚姻、情感,这些标示着人的尊严和存在价值的东西都可以在市场中明码标价;道德伦理不断受到资本逻辑的侵蚀,即便是最富于创造性和批判性的文学艺术,也不得不向资本低头,沦为营利和谋生的手段。生命、宗教、价值、艺术,所有那些曾经被认为是不可表象的东西,如今都成为考察、研究、计算的对象,无时不刻受到市场规范的威胁和利益最大化的诱惑。"经济话语以及它从一个语位到另一个语位的必然链接模式,排除了发生、事件、奇迹,以及对情感共同体的期待。"(252)

---

[1] Lyotard, (With Jean-Loup Thébaud.) *Au juste: conversations*, p. 126。关于利奥塔的伦理思想,以及他对亚里士多德、康德和列维纳斯等人思想的继承与超越,《异识》第五章"义务"进行了详细论证,也参见周慧,《"异教主义"的公正游戏——利奥塔的伦理政治思想述评》,载于《现代哲学》,2011年第5期,第81-90页。

译者导言 / xxxiii

利奥塔坚持认为在关涉认知、伦理和审美判断的陈述之间没有共同本质，认为没有普遍的元规则可以统领各种语言游戏，这一立场显然与康德的批判精神一脉相承。对康德而言，真正的政治家应该是道德的政治家（参见本书评注：康德4，§2），即承认自由以及以自由为基础的道德法则的存在，并试图将道德和政治结合起来的人。[1]一个道德的政治家如果没有这样一个理念的维度，就会陷入弱肉强食的丛林法则。这理念被康德称为"指导线索"（参见本书评注：康德3，§3；康德4，§2）。利奥塔认同康德，道德命令和理性共同体，都只是一个理念，不可以从经验中推导出来，它只是一个标示着进步的"历史的征兆"（第七章）。当我们僭越了理念的超验性，将超越于一切经验范畴之外的理念运用到现实世界，即将理念实体化的时候，我们就会陷入所谓的"先验幻相"（康德1，康德3，§2，

---

[1] 康德在《普遍历史的理念》中区分了两种人类社会的状况，一种是现实的，一种理想的。人与人之间、国与国之间的常态并不是一种和平状态，而是一种战争状态。人的卑劣使得战争与冲突此起彼伏，以至于康德想起人类在世界大舞台上的表现，就无法抑制他的厌恶之情：尽管在个人身上可能闪烁着智慧的光芒，但是就全体而言，一切都是由愚蠢、虚荣甚至是幼稚的怨恨、毁灭交织而成的。但如果光是承认这样的混乱和无序状态，并且满足于一种实用主义的政治学或是智者式的审慎的政治学，那么他就只是一个政治的道德家（un moraliste politique），因为他的目的就只在于选择对于既定目标最为有利的权宜手段。道德的考虑在这一实践政治中毫无空间。对康德而言，真正的政治家应该是道德的政治家（un politique moral）。参见本书评注：康德4，§2。

康德4,§1,康德4,§5)。在他看来,不管是黑格尔、马克思、新康德主义,还是分析哲学、哈贝马斯都试图寻找证明这一总体性的途径,好像它可以在认知上被证实,在现实中得以实现,由此不可避免地陷入了这一先验幻相之中。

利奥塔的理念虽然从康德而来,却又在最关键的问题上不同于后者。在康德那里,理念是"有关一个给予的有条件者的诸条件的总体性的概念"[1],因此它的任务就是使单称判断中的综合统一性尽可能地统一于无条件的东西之下。总体性在道德的领域表现为理性存在的整体,在政治学的领域表现为人类的共同体,一个通往永久和平的整体。在这一点上,利奥塔并不认同康德,因为他的理念不再是一个总体性的理念,而是一个多样性的理念;换言之,是一个异质、差异的理念,而不是总体、同一的理念。知识分子的责任不再是替民众提供普适价值和凌驾于一切话语之上的元规则,而是应当把小叙事的游戏尽可能地最大化。[2]而"语言"的流行模式,应该是去仪式化后的小叙事(参见本书230)。后现代思想家的任务就在于打破认知模式

---

[1] 康德,《纯粹理性批判》,邓晓芒译,杨祖陶校,北京:人民出版社,2004年,第276页。

[2] Lyotard, (With Jean-Loup Thébaud.) *Au juste: conversations*, p.113.

和资本市场的垄断，关注那些无法用科学技术和思辨话语表象出来的细微差异，恢复思想的尊严，还原人类有血有肉的感性和特殊存在。

2. "différend"的第二义：语用事件的"独特性"

"différend"的第一层含义我们并不陌生，它基本上是康德和维特根斯坦思想的现代版本。只不过，在《异识》中，利奥塔用"语位体系"（régimes de phrases）代替了维特根斯坦的"语言游戏"，用一个"多样性"的理念替代了康德的通往人类永久和平的"总体性"理念。真正富于创见，也引发众多争议的是"différend"的第二层含义。

"différend"的第二层含义，是指语用事件（phrase）的独特性，或者说语用事件之间的不可通约。"phrase"是《异识》的关键词，但是它的翻译却颇成问题。在法语中，它有"句子"，也有"短语"的意思，但是作为语用事件，"phrase"却既可以不是句子，也可以不是短语。英译者阿比勒将其原封不动地照搬过去，显然是不得已而为之，但也容易产生误会，因为英语中该词只有"短语"而无"句子"之意。有些评论家将其译为"sentence"，[1]

1　Geoff Bennington, *Lyotard: Writing the Event*, Manchester: Manchester UP, 1988, p.124.

但这样处理也不妥，因为熟悉语言学的人都知道，"句子"是一个语法单位，相应的语用单位是"言说"（utterance），而利奥塔的 phrase 肯定是一个语用而不是语法单位。那么，是否可将 phrase 译作"言语行为"（speech act）呢？也不能，因为 phrase 不仅包括语言内的句子或短语，也包括非语言现象，如手势、表情、信号、音乐标符等。

王宾在《文化多元论的语用学审视》一文中谈到了这一困境，笔者觉得言之有理，沿用其译。他将"phrase"译为"语位"，理由如下：利奥塔将"语位"看作语用学的基始单位，与"事件"同义。这样一来，"语位"就是一个函项，与语形学的"词位"（lexeme）相区别，又与表示具体行为的语用单位"语步"（move）相联系。不过其动词 phraser 译作"语位化"颇有些费解，改为"语位链接"或"语位表达"。[1]

语位是一个语用事件，它是一个殊例（token）而不是一个类型（type）（参见本书 104）。[2] 殊例是无法重复的，每一次重复，都意味着另一个 token 的发生。在西方思想史传统中，一个个存在着的东西，或者每一个发生的事件

---

[1] 参见王宾，《文化多元论的语用学审视》，载于《开放时代》，1999 年第 6 期，第 45 页。
[2] 同时参见 Lyotard, *The Lyotard Reader*. Edited by Andrew Banjamin. Oxford & Cambridge, Mass.: Blackwell, 1989, p. 371。

只是共相的某种显现,它们往往被认为是从共相中浮现出来的殊例,在哲学上并不具备真理的价值,也不是哲学要考察的对象。只有共相才是事物存在的理由,是世界产生的原因,为保证绝对真理的获得,时间可以忽略不计,或是被概念化。因此,时间,尤其是此刻、当下(maintenant)没有进入哲学的考虑。不仅如此,对于共相和确定性而言,时间中的万事万物瞬息万变,它始终是导致不确定性的罪魁祸首,是力图在普遍中把握特殊的哲学思考必须首先清除的东西。在这种普遍哲学的思维模式下,感觉的贫困化和时间的数字化是我们这个时代不可避免的遭遇。在现代社会中,生活和行动的所有方面都服从于合理化过程,服从于一个最终的原则:争取时间。标举差异的当代法国思潮显然是对这一哲学传统的反动。在这场思潮中,哲学家们开始重新思考各种二元对立(同一/差异、必然/偶然、理性/感性、结构/事件、普遍/特殊、共相/时间)的关系:为什么前者始终是比后者优越的东西?在一个由科学技术占统治地位的时代,在一个生活世界被彻底对象化和概念化的时代,或许后者才是让哲学家仍然可以保持以思想为业的尊严的主题呢?

由此,利奥塔区分了"表象"(presentation)和"处境"

(situation)(参见本书"表象"一章),即区分了事件的"直接发生"和通过概念来再现这一"发生"的"间接意义"。

"表象""处境"二分意味着存在着两种时间性,而这两种时间性是通过对亚里士多德的时间观的分析来引入的。亚里士多德在《物理学》中,有很多将时间期间化的表述。不过,亚氏在将时间理解为连续之流的同时,也看到了将时间实体化的困难:这个介乎"之前"和"之后"之间的"le maintenant"似乎不是原初意义上的"此刻"(maintenant)。因为后者根本就无法为我们所言及,它不可重复,不可指涉,试图与"此刻"同一的设想似乎是荒诞不经的,因为它根本不作为"实体"而存在。为此,亚里士多德区分了两种不同的时间性:一种是"maintenant","当前-事件"(l'événement-présentation),它是不可重复的、本体论意义上的绝对;我们若把"此刻"放入既定的情景或关系中,加一个定冠词,就变成另一种,"le maintenant",独一无二的本体论事件就被实体化了,绝对因此转化为相对,被赋予了确切的意义(参见本书评注:亚里士多德)。利奥塔受亚氏的启发,用"表象"和"处境"来表示这一对立。在他的诸多作品中,这一区分是很重要的,有时候用拉丁文"quid"和"quod"(参见本书 131, 132)来表示,不过，绝大多数时候，他用"il arrive"和"ce qui arrive"（104, 131, 132, 184, 190），英文里，前者相当于"That it happens"，而后者对应于"What happens"。[1] 这一区分不仅是语位语用学的关键，也成为他论述先锋艺术的崇高美学的基石。

每一个语位在"发生"时都由四个要素构成，即言者、听者、含义和指称。[2] 这里要注意两个问题。第一，语位事件在"发生"时，它们是什么，我们并不知道。此刻我们并不能确知发生了什么，但我们知道"此刻"肯定"有"某事"发生"了。这个"有"，并非具有确定内容和权威的大写的"存在"（l'Etre），而是一个朝着多种可能性开放的、小写的"存在"（un être）（参见本书113）。换言之，这个"有"，并非作为实体而存在的"存在者"，不是一个个在具体时空中的经验事例或事物，而是尚未有任何具体内容之前的、无法为我们的意识所识别的混沌世界"il

---

[1] 同时参见 Lyotard. *The Inhuman: Reflections on Time*. Trans. Geoff Bennington & Rachel Bowlby, California.: Stanford UP, 1991, p.82, p.92.

[2] 这四个要素法文为"instance"，英译者直接照搬，造成了诸多误解。不少中国学者引用英文，将这四个要素理解为"事例"，却不知英文的"instance"有"事例"之意，而法文的"instance"却没有这个意项（该词在法语中，多指"决策机关""要求""权威""诉讼"等意思）。在逻辑学中，"instance"可以表示（在固定公式中可随意替换的）"项""代入项"，在此书中，译者在绝大多数情况下将此词翻译为"语位项"，少数情况下译为"权威"，如220，或是译为"要求"，如评注：卡西纳瓦，§5。

y a"（190, 193）。

第二，语位在被表象出来的瞬间，其言者、听者、含义、所指都是不确定的，但是接下来的语位可以把它们放到具体的情景和关系之中，即"处境"之中，由此确定它们的内容、意义、性质或是价值。后边的语位虽然可以解释并评价前一个语言，但它并不能抓住先前语位的全部含义，"它只是把表象限制在更为具体的处境之中，并且消除了在最初语位的表象中所产生出来的众多可能性。"[1]换言之，把"表象"限制在具体的"处境"之中，就是将最初语位所暗含的众多可能性转变为一种现实性。由此，我们永远不可能达到对语用事件的原初理解，因为对语位的任何理解都只能是此事件之表象的某种可能处境，而"处境"不能还原为"表象"。在已经实现的链接和可能的链接之间，存在着 le différend，存在着不可解决的冲突；在未实现的多种可能的链接方式之间，也存在着 le différend，即不可通约性。

由此，利奥塔改写了传统哲学对实在、意义、主体、历史的一贯理解。例如，利奥塔既反对实证主义的实在观，又反对现象学的实在观；前者将实在看作一个外在于语言

---

[1] James Williams. *Lyotard: Towards a Postmodern Philosophy*. Cambridge & Malden, MA: Polity Press, 1998, p.76.

的客观存在，后者将实在看作意识的主观建构。对后现代思想家而言，实在不是被发现的，而是被规定的，不是一个已经存在只需指认的客体，而是在语用实践中被不断建构起来的过程。在语用事件发生的那一刻，"实在"是一个混沌的世界，它的含义需要后面链接的语位来确定。因此，利奥塔断言：社会的性质总是被不断推延的（195）。从诠释学的角度来讲，"表象／处境"二分意味着对语用事件的意义诠释是由下一个语用事件来完成的，其有效性不是由它自身决定，也不是由说话的主体或先在的共时系统所决定，而是由后边的"迟到者"来赋予的。如此，既不存在本原的意义，也不存在对意义的唯一正确的再现；意义的阐释不再是唯一的，每一次阐释都是诠释者将已经发生的"事件"加入自己的特定理解将其再语境化的过程。

3. 语位链接规则和后现代美学

语位链接的规则是："链接是必然的，如何链接则不必然。"（40，102，136；评注：康德2，§6）链接是必然的，是指任何言语行为，甚至包括以非语言方式来完成的语用行为，都是一个语用事件。即使我说"没有语句发生"，此否定本身就是一个语位；即使保持沉默，拒绝做出任何链接,这一拒绝也是一个语位。眨眼、耸肩、跺脚、脸红都可以是语位(110),链接的必然性逃脱了主体的意志。虽然链接是必然的,但如何链接却不必然。这意味着我们有创造的自由。如果我们不想让自己的链接完全被市场逻辑和确定性思维所钳制,那么最好的方式便是突破既定的规则,打破体制下的共识,创造新的链接,感受在"此刻"这一瞬间"事件"所绽放出来的无限可能。

语位链接除了见证不同语言风格之间的"不可通约",还要创造新的链接方式。因此,在这本书的开篇,利奥塔就声明,"这本书的模式是哲学的,不是理论的,在某种意义上,它的要义在于发现规则而不是将自己的知识预设为原则"(参见本书说明)。他反复强调,"文学、哲学或者政治学的关键,就是在创造语位的过程中,见证这一异识"(22)。"哲学话语将发现规则视为自己的规则:这一规则的先在性是哲学的关键"(98),对于哲学家而言,思想的责任在于发现异识,寻找新的链接方式(参见本书评注:黑格尔;180,202,228)。因此,哲学家在某种意义上也是艺术家;哲学和艺术在任何时代都肩负着双重的职能,一层是否定的批判职能,一层是肯定的创造职能。语位链接的第二个任务对于利奥塔的语用学来说意义重大，因为如果没有这种姿态，思想家就会陷入令人沮丧的虚无主义：体制的力量过于庞大，对此，我们无能为力。在这里，利奥塔从康德的第三批判那里获得了灵感：没有预先的判断规则，由此我们所使用的就是"反思判断"，从特殊出发来寻找普遍。"后现代"就是这样一种寓于现在却对现在构成威胁、指向未来而为未来书写规则的批判和创新精神。

利奥塔虽然借鉴了康德的思想，但是他对"事件"独特性的强调远远超过了康德对想象力的强调。在第三批判中，康德特别强调天才的独创性与鉴赏力的评判之间的和谐一致，后者甚至比前者对于美的分析而言更为重要。因为没有审美共同体的一致认可，天才的作品即便是独一无二的，即便有灵光闪现，也只是毫无意义的胡闹，转瞬即逝，注定要被历史淘汰掉；只有当想象力和鉴赏判断达成共识，天才的作品才可能成为典范，为艺术颁布规则。所以，康德始终认为，想象力固然重要，但是美的艺术，一定是想象力和知性、天才和鉴赏力和谐作用的结果。必要的时候，康德宁可牺牲天才的洞见，而把合法性的决断权给予普遍化的要求。[1] 如果说康德的反思判断强调的是从特殊到普遍

---

[1] Immanuel Kant, *Critique of Judgement*, Trans. Werner S. Pluhar, Indianapolis: Hackett Publishing Company, 1987, p.188.

的先天能力,以及想象力的独创与知性共识的平衡,那么利奥塔的"判断"侧重的则是"事件的发生",他要捍卫"事件"在"发生"时的各种可能性和特殊性。对他而言,处在边缘却坚持批判和创新的精神,远比普遍化的结果更可贵,因为任何先锋理念一旦被纳入体制,被共同体所接受,成为现实规则的受益者和制定者,那么它的创造力就枯竭了,它通往自由的大门也封闭了,它甚至可能摇身一变,从捍卫理想的革命者变成捍卫自身利益的独裁者。这也是为什么利奥塔如此看重康德关于崇高的论述,因为崇高不同于美的分析,前者是富于创造性的想象力和已达成共识的知性之间的极端冲突,而后者是各种认识能力的协调一致。正是由于对语位事件及其独创性的青睐,利奥塔的"后现代"不是一个居于现代之后的时代概念,而是一种不断推陈出新的实验精神,它通向的是表象不可表象的崇高美学。"后现代"不在达成共识、获得合法性的终点,它永远处于冒犯读者,与共识相背离的起点。它是一种生产和创新的能力,而不是消费和评判的能力。[1]

另外,和康德不同的是,利奥塔并不将美学看作沟通理论理性和实践理性的桥梁,而是试图将康德的反思判断

---

[1] 关于利奥塔的后现代观与崇高的美学,参见周慧,《通往崇高的先锋美学——利奥塔的后现代美学观述评》,载于《哲学动态》,2009年第12期,第70-77页。

扩展到所有领域。例如在《论公正》里，利奥塔认为，他试图发展的判断力是某种类似于尼采的权力意志和康德第三批判中的想象力的东西；而在第三天的谈话中，他更是宣称，公正游戏导向的是一种广义的文学，即某种语言游戏的实验事业。[1] 伦理实践没有判断的先在标准，我们只能在特定的语境中逐例判断。在《后现代状况》里，利奥塔将"悖谬推理"（la paralogie）看作科学合法化的模式。"悖谬推理"指"与既定的话语规则相悖，与现行的道理、逻辑相悖"，即任何认识论革命总是从发现反例和悖论开始的。虽然利奥塔承认，在信息化时代，知识越来越与个体的思辨、精神的愉悦脱离了关系，成为某种技术化的、功能性的需要，科学研究也已经成为富人的游戏。但是，在精英们进行独创时，最佳性能和效率的逻辑并不是决定科学发明的核心要素。当资本和社会共同体对发明产生浓厚兴趣，承认它们的价值，并由于可以为自己带来可观的利润而对其趋之若鹜时，这一价值判断往往是迟到的。[2] 因此，在《异识》中，利奥塔的判断力并不像康德那样，拥有一块独立的美学领域，它是各种话语游戏得以建构起来的边界和通道。利奥

---

[1] Lyotard, *Au juste: conversations*, p.97.

[2] Lyotard, *La condition postmoderne: rapport sur le savoir*, pp.88-89.

塔用群岛来比喻各种不同的语言游戏,而判断力则是各个领域孤岛的建立者和管理者,通过它,各个孤岛之间得以互相交往(参见本书评注:康德3)。语用事件的独特性——"反思判断"——充当了连接异质的语言游戏的桥梁。

* * *

由于对差异、感觉、偶然和独特性的敏感,对那些不可表象的东西的关爱,利奥塔在某些时候更像一个诗人,而不是一个哲学家。无论是"异识""语位事件的政治学",还是"后现代"的"崇高美学",利奥塔既不试图建立起连贯、缜密的思想体系,也不希望为社会远景做出长远的规划或是提出行之有效的方案。作为一个后现代思想家,他非常清楚自己的命运:对于一种不试图将其理论系统化和制度化,也没有野心不断扩充自身能量的思想而言,注定得留在外围。

但是有些思想家,必须放在所属的时代之中,才能显现出其生命的重要意义。利奥塔也是如此,如果不将他的思想放在认知模式和科学技术统领一切的时代,我们很难理解其术语背后所蕴含的良苦用心,也很难宽容其思想中的某些极端成分。利奥塔思想的重要意义，就在于他的时代性，在于他对时代危机的深刻洞察和对未来人类命运的忧虑和深切关爱。说到底，异识和多元的理论路径仍在于回答：在一个知识成为商品、人成为科学技术的附庸的"后现代"时代，生活在关系网络之中的个体应当如何作为，才可能避免陷入齐一化和概念化的"非人"命运。

在一个尊重"异识"的社会里，每个人都有自己的小叙事，只有这样，我们才可以说社会是公正的。[1] 公正并不是一个解决冲突的事务，不是一个可以实现的目标，它只是"将小叙事的最大化推到极致"的理念。而人们倘若选择"小叙事"和"异识"作为社会公正的基础，不是因为它和某种可以增加自身力量的宏大叙事相连，而是出于对"每个人都可能遭受侮辱"的普遍承认。每个人内心深处都有一个小小的愿望：希望自己的声音，可以被别人听到；希望自己的世界，不会被他人毁灭。"如果反讽主义和其他人结合在一起，所依靠的不是一门共同语言，而只是人人都会有痛的感觉。"[2] 一个建立在人人都有痛的基础之上的"异识"理念，比起消除差异、建立起公共交流的"共识"

---

[1] Lyotard, *Au juste: conversations*, p.181.
[2] 理查德·罗蒂，《偶然、反讽与团结》，徐文瑞译，北京：商务印书馆，2003年，第131页。

远景，更为现实、可靠，也更令人期待。"异识论"既吻合了法国当代哲学发展的基本特征，又为重新思考主体的自由、法则和社会公正等传统哲学的问题提供了新的线索和方向。无论是从个人自由还是从社会希望，"différend"的两重含义都赋予了"后现代"一词更多的伦理意义和积极姿态。[1]

---

[1] 关于利奥塔的"异识论"的理论意义和现实意义，拙文《利奥塔的"异识"论》的最后一部分从个人自由与社会公正两个方面做了较为详细的论证和说明，此处不再赘述，参见《哲学研究》，2015年第8期，第66-67页。

异 识

Le Différend

本书说明

书　名

异识（un différend）[1]不同于诉讼（un litige），它是在（至少）两者之间的某种冲突状态，由于不存在对论辩双方都适用的判断标准，这导致了该冲突无法得到公正的解决。一方的合法性并不意味着另一方的不合法。对两者采用单一的判断标准，试图以此消除异识——仿佛这只是一场诉讼官司，将会（至少）伤害到他们中的一方（如果双方都不承认这一标准的话，两者可能都会受到伤害）。损失（un dommage）源于对某种话语风格规则的不公正待遇，而根据这些规则，损失是可以弥补的。错误（un tort）则源于这样一个事实，即我们用以评判的话语风格的规则根本就

---

[1] 在日常用语中，"différend"通常理解为"conflit d'opinion"，英文可对应于"disagreement"或"dispute"，大意是"冲突""分歧""不和"或"争论"。利奥塔的"différend"无疑有这些意思，但又不完全与之重合。译成"异识"，原因有二：一是可以表达该词的本义，即"意见不合，见解不同"，二则有意与哈贝马斯的"共识"相对，暗示知识分子为走出现代性危机而选择的两种截然不同的方案。本书少数地方将此关键词译为"冲突"。——译者注

不是那些作为评判对象的话语风格的规则。[1]（当作者的精神权利受到侵犯时）文学或艺术作品的所有权可能会遭到损害；但是将一个作品看作所有权的对象（例如不承认"作者"是作品的人质时），这一原则本身可能导致伤害。（通过定冠词的泛指价值）这本书的标题意味着在异质的风格之间不存在普遍的判断标准。

对 象

唯一不可质疑的事情就是语位（phrase），[2]因为它即刻被假定了（即便怀疑语位的发生，也是一个语位；即便沉默，也构成一个语位）。或更确切地说，是多个语位：因为单个语位会产生多个语位（就如同多个也会产生单个语位），而单个和多个在一起，已然是多个语位。

---

[1] 利奥塔特地区分了"诉讼"和"异识"及由此带来的"损失"和"伤害"。"诉讼"意味着我们可以根据法律条例或既定的标准来解决双方的分歧，目的在于达成共识，减少双方的损失。损失是可以弥补的，但由"异识"所带来的伤害却无法得到补偿。——译者注

[2] "phrase"在法语中，它既有"句子"，也有"短语"的意思，但是作为语用事件，"phrase"却既可以不是句子，也可以不是短语（如沉默、眨眼、耸肩等都可以被看作"语位"，参见本书110）。本书将此关键词译为"语位"，少数地方译为"语句"。利奥塔将"语位"看作语用学的始基单位，与"事件"同义。"语位"就是一个函项，与语形学的"词位"（lexeme）相区别，又与表示具体行为的语用单位"语步"（move）相联系。其动词phraser译为"语位链接"。语位是一个语用事件，它是一个token而不是一个type。每一次重复，都意味着一个新的语用事件的发生。——译者注

论 题

即便是最普通的语位,也是根据一组(语位体系的)规则被建构起来的。存在着不同的语位体系(régimes de phrases):[1] 推理、认知、描述、叙述、质疑、指示、命令等。两个来自异质体系之间的语位不可互相转译。但是,根据某个话语风格所设定的目的,我们可以将两个语位链接在一起。例如,对话语位可以链接到指示语位(显示),或者定义语位(描述)可以链接到疑问语位,关键在于双方能够就指称的含义达成一致。话语风格(genres de discours)[2] 替异质的语位提供了链接规则,即为了达到某些目的而专门设置的规则,例如,认知、教学、公正、引诱、辩护、评价、煽情、控制……除了"理念"(Idée)这样的对象以外,不存在普遍的"语言"。

---

[1] "语位体系"类似于维特根斯坦的"语言游戏",在语位体系之间存在着异质性和不可通约性。——译者注

[2] "话语风格"不同于"语位体系",后者是指语位的链接或形成规则,而前者是指具体的链接模式。用维特根斯坦的话来说,就是建构游戏规则是一回事,为了获胜而采用某种游戏策略又是另一回事。不同的语位体系之间是异质的,不可通约的,但可以通过某种风格的话语衔接在一起,并符合某种目的。话语风格将目的论引入了语位的链接之中,使得来自不同话语体系的句子可以服从于同一目的:说服、证明、取笑、压制、排斥、取胜、获利……在每一种话语风格中,语位链接根据合适性原则和相关性原则来进行,在目的的指引下,风格总是承担着消除不适当链接的任务。本书某些地方译为"话语类型"。——译者注

疑 问

语位"发生"了（Une phrase « arrive »）。怎么对它进行衔接呢？通过规则，某一种话语风格提供了一系列可能的语位集合，每个语位都来自各自的语位体系。但是另外一种话语风格提供了另一可能的语位集合。在两个集合（或两种风格）之间，存在着异识（冲突），因为它们是异质的。"此刻"必须进行链接，另一个语位不可能不发生，这是必然的，因为存在着时间，不可能没有语位发生；即便沉默，也是一个语位，因此，没有最后的语位。在缺乏享有普遍权威的语位体系或话语风格的情况下，任何链接（不管是怎样的链接），难道不必然是对其他可能但没有实现的语位体系或风格的语位的某种伤害吗？

问 题

第一，"异识"（冲突）的不可避免（不可能保持中立）。第二，没有普遍的话语风格来规范它们（或者，如果你喜欢的话，可以说法官的偏袒不可避免）：如果没有办法将判断（"好"的链接）合法化，那么至少可以想办法拯救思想的尊严。

关　键

要根据情况劝说读者（包括作为第一个读者的作者）：思想、认识、伦理、政治、历史、存在，涉及一个接一个的语位链接。应该拒斥偏见，拒斥几个世纪以来在读者头脑中根深蒂固的"人文主义"和"人文科学"的偏见。它们认为，存在着"人"和"语言"，而前者利用后者来达到自己的目的；倘若没有成功地达到这些目的，是因为他没有"借用"一种"更好"的"语言"来对语言进行良好的控制。我们要和两个对手进行争辩，以此来捍卫和阐发哲学。这两个对手，一个是外部的经济型话语风格（例如交换、资本），一个是内部的学术型话语风格（例如控制）。通过指出语位链接是有问题的，以及这个问题就是政治问题，我们要建立起哲学政治学，以区别于"知识分子的"政治学或政治家的政治学。要见证"异识"。

背　景

本书的写作背景：西方哲学的"语言学转向"（海德格尔的晚期作品，英美哲学对欧洲思想的渗透，语言技术的发展）；与之对应的是普遍主义话语（关于进步、社会主义、富足、知识等叙事的现代形而上学教义）的衰微；

对"理论"的厌倦以及随之而来的懈怠（新的这个，新的那个，后这个，后那个）。是时候开始哲学思考了。

前文本

作者受两个哲学家的思想的召唤：康德的第三批判和他的历史-政治文本（"第四批判"），以及维特根斯坦的《哲学研究》和其他遗作。在作者所设想的语境中，他们既是现代性的尾声，也是光荣的后现代的序曲。他们确认了普遍主义教条（莱布尼兹或罗素式的形而上学）的终结。他们质疑那些普遍主义的术语，因为这些普遍主义的教条以为它们可以用这些术语来解决（存在于现实、主体、共同体和目的中的）冲突。胡塞尔的"严格哲学"[1]是通过本质变更（variation éidétique）和先验的明见性（évidence transcendantale）——笛卡尔式现代性的最终策略——来进行的，而这两位哲学家比胡塞尔的"严格哲学"更严厉地质疑了这些术语。与普遍哲学相反，

---

[1] 胡塞尔在《哲学作为严格的科学》一书中试图使哲学成为一种严格的科学，而此科学的严格性特点有别于自然科学的基本特性，它是哲学的本质特征。作为严格科学的哲学其实就是胡塞尔所说的先验现象学，胡塞尔的严格哲学是对实验心理学、历史相对主义的批判。——译者注

康德认为没有"智性直观"(intellectual intuition)[1], 而维特根斯坦则认为, 语言的意义在于它的使用。对语位的自由考察导致了各语位体系的批判性分离(在康德那里, 是各种能力的区分, 以及它们之间的冲突; 在维特根斯坦那里, 是各种语言游戏的区分)。他们为分散(或者用康德的话来说, 离散)的思想奠定了基础, 而这种思想, 根据本书作者的意思, 恰好构成了我们这一文本的语境。今天, 他们的遗产应当摆脱沉重的神人同形同性论(anthropologisme)[2]的债务(两人关于"使用"这一概念, 在康德那里涉及先验的人类学, 在维特根斯坦那里涉及经验的人类学)。

模 式

这本书是哲学性的、反思性的。在这里, 作者要遵循的唯一规则就是考察异识的事例, 并为产生这些事例的不同话语风格寻找规则。和理论家不同的是, 作者并不预设

---

[1] 所谓"智性"(拉丁文 *intellectus*), 也可以译作"知性"或"理智", 是 16 至 18 世纪西欧大陆唯理论(Intellektualismus)哲学的核心概念。"智性直观"是指一个有理智的人一般都会明白一些直观知识。例如, 全体大于部分, 两点之间直线最短等。——译者注

[2] "神人同形同性论"从希腊神话而来, 是指人们认为其他生命体或者类生物体都具有人类的情感, 甚至具有自己的性格特质的一种观点。神与人同一形象, 同一性格, 是人性的夸张与放大, 也是对人性的过分肯定和提升。——译者注

自己的话语规则，只是要求话语必须遵守规则，他自己的话语也不例外。这本书的模式是哲学的，不是理论的（或其他类型的），在某种意义上，它的要义在于发现规则而不是将自己的知识预设为某种原则。因此，它不允许根据自己的规则，来解决它所考察的争端（这显然与其他话语，如思辨性话语或分析性话语是相反的）。这种模式是元语言的模式，元语言应被理解为语言学而非逻辑学意义上的元语言，因为语位是它的对象，而它并不构成对象语言的语法。

风　格

在诗学意义上，本书的风格是观察、评论、随想、注解，总之，涉及某个目的；换言之，是一种不连贯的散文形式。是不是像速写本？作者的哲学反思被标上一系列数字排列，并被切分成各章节。有时候，这个序列会被一些插入的评注（Notices）[1]打断，它们都是阅读这些哲学文本的评论和说明。不过，这本书的整体还是可以按照序列来阅读。

---

[1] 本书中，利奥塔在每章都插入了很多评注，是他对柏拉图、亚里士多德、康德、黑格尔、列维纳斯等人哲学思想的解读、评论和说明。——译者注

文 风

作者天真地希望，他的写作接近于零度风格，而读者随时可以有想法。有时候会继而产生某种智慧的语气，像是格言警句一般，读者可以忽略它们。本书的节奏不是"我们时代"的节奏。你可能觉得，有些过时啦？作者在本书的最后将会解释如何理解"我们这个时代"的时间。

读 者

这本书的对象是哲学读者，只要他同意，不是为了战胜"语言"，也不是为了赢取时间，任何人都可以是这本书的读者。而且，倘若读者心血来潮，这一导言允许他在没有阅读此书的情况下"谈论这本书"（不过对于其间的哲学评注而言，恐怕需要专业一些的读者才能读懂）。

作 者

作者在《异教主义入门》（1977）和《后现代状况》（1979）的导言中，就已经宣告了这些思考。倘若不是因为害怕冗长乏味，他会承认在《力比多经济》之后不久就立刻开始这一工作了。同时也要感谢巴黎八大（圣－丹尼斯的樊尚大学）和法国国家科学研究院达成的协议，感谢 Maurice Caveing, Simone Debout-Oleszkiewicz 以及国家科学院其他研究人员的热心帮助，如果没有它们，恐怕这些思考还无缘面世。作者在这里向他们致谢。

受 众

因此，在下一个世纪，将不会有书籍存在了，因为读书太花时间，而成功往往源自赢得时间。被称为"书"的东西，一个"被打印出来的物体"，它的"信息"（内容），连同它的名字、名称，将会首先由传媒、电影、新闻访谈、电视节目和录像带来传播。从书籍的销售中，出版商（他也制作了电影、访谈和电视节目）也将获得额外的盈利，因为读者会认为，他们必须"拥有"这本书（必须购买它），否则就像是白痴，否则与社会的关联就会中断！我的天哪，什么逻辑！"书籍则成了附赠品而被销售"，为出版商带来经济利益，也给读者带来一些象征性的利益。这本书和其他书一起，属于某个系列丛书的最后一部分。尽管作者尽量让自己的思想可交流，但是他知道，这一愿望并没有实现，因为它太累赘，太长，也太难了。推销员也回避这本书,或者更确切地说,作者太腼腆了,没法和他们"接触"。幸好还有一个编辑愿意接受并出版这堆语句,不过,他也因此而受到了责难。

哲学家从来没有制度化的读者,这不是什么新鲜事儿。反思的目的地也是反思的对象。这一系列的最后一本拖延了很长时间,期间颇感孤独。不过还是有一些新的东西,如与时间的关系,我试图称之为"时间的利用",这可是在今天的"公共空间"里特别流行的东西。我们不再反思,不是因为它是危险的、烦人的,而仅仅是因为它浪费时间,它"没有什么用",不能用来赚取时间。一本书的第一版如果很快售罄,那么它就是成功的。这一目的无疑是经济型话语的目的。哲学可以在多种话语类型("艺术的、政治的、神学的、科学的、人类学的")的伪装下来宣扬它的反思,当然,这要付出误解和严重伤害的代价,但仍然……经济的计算对它而言似乎是致命的。"异识"并不作用于反思的内容。它触及的是反思的最终预设。反思要求我们关注"发生"(occurrence),要求我们承认,对于发生了什么(ce qui arrive),我们一无所知。反思只留下开放性的问题:"发生了吗?"(Arrive-t-il?)它总是试图抓住"此刻"(le maintenant）[1]。经济话语的规则就是，只有在付费后，事情才会真正发生。交易的前提是出让物被交易对价抵销，书籍的印刷则被其销售所抵销。书卖得越快越好。

在写作过程中，作者有一种感觉，他唯一的听众，就是"发生了吗？"，发生的语位（语用事件）求助于"发生了吗？"当然，作者永远不会知道，语位是否抵达终点。我们也设想他不该知道。他仅仅知道，他的无知是最后的抵抗，唯有如此，事件才可以对抗可计算的时间运用。[2]

---

[1] 利奥塔的语用学关注事件在此刻的"发生"（occurrence，或者用il arrive/that it happens），而不是"具体发生了什么？"（ce qui arrive/what happens）。利奥塔区分了"表象"（presentation）和"处境"（situation），也区分了两种不同的时间性："maintenant"与"le maintenant"，前者是"当前+事件"（l'événement-présentation/presentation-event），是不可重复的、本体论意义上的绝对，而我们若把"此刻"放入既定的情景或关系中，"maintenant"就变为"le maintenant"，独一无二的本体论事件就被实体化了，绝对因此转化为相对，被赋予了确切的意义。在第三章"表象"我们会涉及此区分。——译者注

[2] 在这里作者假定，写作并不受作者的终极目的的指引，这样的目的或许并不存在，即便存在，作者也不知道是否真的就可以在终点实现。因为语言（或者说语位）会逃离主体意识的控制，会把读者甚至作者，引向连他自己都不知晓或不可控制的方向。——译者注

异 识

1. 你被告知，拥有语言能力的人被置于这样的境地，现在他们中没有人可以告诉你这一事件。大部分的当事人都消失了，而幸存者极少谈起它。[1] 即使有人说起它，他们的证词也只能是这一境遇的微不足道的一部分。我们怎么知道这一情况确实存在？会不会是证人的某种臆想呢？要么这一情况根本就不存在，要么它的确存在，那么，你的证人证词是假的，因为，要么他应该消失，要么他应该保持沉默，又或者，即便能够讲话，他也只能证明自己的独特经历，而这一经历是否属于这一境遇，还有待证实。

2. 在维达尔 – 纳杰（Vidal-Naquet）的《犹太人、记忆、现在》一书中，弗希松（Faurisson）[2] 说："我分析了上千个文件，不断地追问那些专家和历史学家，试图找到一个集中营的囚犯，向我证明他真正亲眼看到过毒气室，不过，

---

[1] "它"：此处指奥斯维辛集中营大屠杀事件。——译者注
[2] 弗希松（Robert Faurisson）是法国修正主义历史学家，自1978年以来，他在许多文章、访谈及著作中提出了他对大屠杀灭绝叙事的质疑，他声称"希特勒的毒气室"不存在，对犹太人的种族灭绝根本是一个历史谎言，其受益者是以色列国和犹太复国主义。——译者注

一切皆枉然。"（Faurisson, in Vidal-Naquet, 1981: 227）"真正亲眼看到过毒气室"是前提条件，它使得我们有权说毒气室的存在，并说服那些怀疑者。而且，有必要证明毒气室在被看时正在用于杀人。然而唯一可接受的毒气室杀人的证据就是那些死于毒气室的人们。但是如果受害者已经死了，他就无法证明自己死于毒气室。——原告埋怨说他被毒气室的存在，被所谓的"（灭绝犹太人的）最终解决方案"愚弄了。他的逻辑是：要确认毒气室的存在，我唯一能接受的目击证人就是它的受害者；现在，据我的对手所言，不该有死了的受害者，不然毒气室就不是他所宣称的那样。因此没有毒气室。

3. 一位为自己的职业辩护的编辑说：你是否可以告诉我某部非常重要的作品的标题，由于遭到每个编辑的拒绝，因此它仍然不为人所知？你很可能找不到任何一部这样的作品，因为即使它存在，它也仍然不为人知。如果你知道一部，但是由于它没有被公之于众，你就不能说它是非常重要的，因为它只不过是在你眼里重要而已。因此，你找不出任何这样一本书，那个编辑是对的。——这和我们刚才所谈论的是一样的问题：实在并不是"给定的"，不是赋予这个或那个"主体"的东西,而是(一个人所谈论的)指称的状态,这种状态由全体一致认同的协议所定义的既定程序所产生,也由任何人按照自己的意愿重新开始这种程序的可能性所产生。出版业就是这些协议中的一种,而历史科学则是另一种。

4. 要么伊万式[1]证人不是共产主义者,要么他是。如果他是共产主义者,那么他不需要证明伊万式社会是共产主义社会,因为他承认共产主义当局是唯一有能力来实现这一过程——建立这一社会的共产主义现实——的机构。他信赖这些权力机构,就如同外行信赖生物学家或天文学家可以确认病毒或是星云一样。如果他不认同这些权力机构,那么他就不再是共产主义者。我们再来看看第一种情况:他不是一个共产主义者。这意味着他无视或试图漠视伊万式社会实现共产主义特质的建构程序。在这一情况下,我们不太可能相信他的证词,就如同我们不太相信一个人说他和火星人交流过一样。"由此,伊万式社会将反对派的活动看作与偷盗、流氓行径、投机等一样的普通违法犯罪活动,也就不足为奇了。这是一个非政治的社会。"

---
[1] "Ivanian"这一术语来自亚历山大·季诺维耶夫(Alexander Zinoviev)的讽刺小说《黑魅魅的高空》(*The Yawning Heights*)。——译者注

(Zubiviev, 1977: 461）确切地说，这是一个已知的国家（Châtelet, 1982），它只知道已确立的实在，并垄断了建构实在的程序。

5. 共产主义和病毒、星云之间存在差异：后者作为认知的客体，是可以观察的；而前者，作为历史－政治理性的客体是不可观察的（参见评注：康德4，§1）。不存在任何程序，由全体一致同意的协议所定义并可以随意更新，并以此来建构普遍理念这一客体的现实。例如，即使在宇宙物理学中，也没有这样的协议用于建立起宇宙的现实，因为宇宙是一个理念的客体。一般而言，在整体（或绝对）范畴下思考的客体不是知识的对象（知识对象的现实可以服从于某个协议）。与之相反的原则将被称为极权主义。如果我们将根据认知协议来建构语位指称现实的要求扩展到所有其他语位，尤其是那些涉及整体的语位，那么这一要求在本质上就是极权主义的。这就是为什么区分话语体系很重要，其目的在于将特定法庭的权限限制在特定类型的语位之上。

6. 原告的结论（参见2）应该是：既然唯一的证人是受害者，既然他们都死了，那么没有房间可以被确定为毒气室。他不应该说没有毒气室，但他的对手不能证明有毒气室，这应该足以让法庭为难了。居然要受害者来举证他们所受的伤害！

7. 伤害（un tort）就在于：损害（un dommage）总是伴随着证明损害的手段的丧失。如果受害者被剥夺了生命或所有自由，被剥夺了公开他的想法或意见的自由，或者仅仅是被剥夺了证明这一损害的权利，又或者更简单些，连证词也被剥夺了权威（参见 24-27），那么伤害都会发生。在所有这些情形中，除了剥夺，损害还在于，你不能把它告诉别人，尤其不能让法庭知道。如果受害者试图绕过这一不可能，无论如何都要证明自己所受的伤害的话，那么他将面临这样的推论：要么你所控诉的伤害从未发生，因此你的证词是假的；或者它即使发生了，而你既然能够证明它，那么对你而言这不是伤害，而仅仅是某种损失，而你的证词仍然是假的。

8. 要么你是错误的受害者，要么你不是。如果你不是受害者，那么你在证明自己是时，你就错了（或者你在撒谎）。如果你是受害者，但既然你还能证明这一伤害，那么这一伤害就不是伤害，你在证明自己是受害者时，还是错了（或者还是在撒谎)。假定 p：你是受害者。非 p：你不是受害者。Vp：语位 p 是真的；Fp：语位 p 是假的。由此，论证如下：要么 p 要么非 p；如果非 p，则 p 为假；如果 p，则非 p，p 仍为假。[1] 古人称之为两难悖论。这一机制包含帕洛阿尔托小组(Palo Alto)[2] 所研究过的"双重束缚"[3]逻辑：它是黑格尔辩证逻辑的关键(参见评注：黑格尔，§2)。这一困境在于将逻辑算子"排斥"(或者……或者)和"蕴含"(如果……那么)同时运用于两个相矛盾的命题(p 或者非 p)。因此，同时要满足"或者 p，或者非 p"，以及"如果 p，那么非 p"。这无疑说："或者它是白的，或者它不是白的"；与此同时，"如果它是白的，那么它不是白的"。

评注：普罗塔哥拉

§1 普罗塔哥拉(Protagoras)一天向其学生欧提勒士

---

[1] 这段话的逻辑是：要么 p，要么非 p，如果非 p(如果你不是受害者)，那么 p 为假(因此证词是假的，Fp)；如果你是受害者(p)，但是既然你还能说话，还活着，你就不属于受害者(non-p)，那么你的证词还是假的(Fp)。——译者注

[2] "帕洛阿尔托学派"(Palo Alto Group)的奠基人为贝特森(Gregory Bateson)，他们在系统论、控制论、信息论等传播学理论的创立方面作出了重要贡献。他们提出了"元传播/元交流""关系传播""双重束缚"等概念，被称为"互动论传播学派"，对后来的传播学影响很大。——译者注

[3] "双重束缚"是贝特森在《朝向心智生态学》提出的概念，即"无论一个人怎么做，他都不能赢"的情况；这一关系其实是一个圈套，一个不可能完成的任务，因为他没有成功的选项。参见 Gregory Bateson. *Steps to an Ecology of Mind*. New York: Jason Aronoson Inc., 1987: 219。——译者注

(Evathle)索要学费。欧提勒士拒绝付钱,他说:"我还没有赢过呢!"普罗塔哥拉回答说:"如果我赢了这次争辩,那么我应该得到钱,因为我赢了。如果你赢了,我也该得到钱,因为你赢了。"(Diels & Kranz: 80 A1, A4; Capizzi: 158)

这个故事经常以其他形式出现在不同作品中,它的频繁出现可以证明,这一故事具有教学价值(Capizzi: Apulée, Aulu-Gelle, Ammonius, Diogène Laërce, Lucien);它包含几个悖论(Mackie, Burnyeat)。

老师和学生达成协议:只有学生获胜,即在教学期间,由于老师的教导,学生至少赢得一个他将在法庭上辩护的案件时,老师才会得到报酬。替代方案很简单,也很容易判断:如果欧提勒士至少赢了一次,他付钱;如果没有,则免交学费。既然他还没赢,就不用付钱了。普罗塔哥拉的回答以其简明扼要的语言,将这一替代选择转化为了一个两难困境。如果欧提勒士至少赢了一次,他必须付钱。如果他从未赢过,他至少(在此次诉讼中)赢了一次,他必须付钱。[1]

---

[1] 普罗塔哥拉提出了他的理由:如果欧提勒士这场官司胜诉,那么,按合同的约定,他应付给我学费;如果欧提勒士这场官司败诉,那么至少在此次诉讼中("从来没有赢过"的诉讼中),他赢了一次。按法庭的判决,他也应付给我学费;他这场官司不管是胜诉或者败诉,他都应付给我学费。同时参见评注:普罗塔哥拉,§5。——译者注

欧提勒士总是输，怎么能确认他赢了呢？只要将他眼下和普罗塔哥拉之间的诉讼包括在要考虑的一系列诉讼中，就可以决定他是否总是输。在之前的所有争端中，他都输了。因此，在此次诉讼中，普罗塔哥拉坚持认为欧提勒士至少赢了一次，而欧提勒士则通过确定自己从未赢过而获胜。如果他在与普罗塔哥拉的诉讼中获胜，他确实至少赢了一次。

§2 之所以有这样的悖论，是因为语位有将其自身当作指称的能力。我说，我没有赢过，而当我这么说时，我赢了。普罗塔哥拉混淆了"说话的方式"（modus）（叙述性前缀：欧提勒士说）和指称某个实在的否定性的、作为一般命题的"说话内容"（dictum）（欧提勒士从来没有赢过）。为了避免出现此类混淆，罗素提出了类型理论（la théorie des types）：一个指称总体命题（这里指先前所有的诉讼判决）的命题（这里指老师和学生之间的诉讼判决），不能是这一总体的一部分。或者，它不再与否定（即非矛盾原则）有关，它的真值是不确定的。

其指称是"所有语位"的语位不该成为其指称对象的一部分。否则，该语位在"形式上很拙劣"，要被逻辑学家拒绝（这就是以"我撒谎"的形式而出现的撒谎者悖论[1])。逻辑学家看不起诡辩家,认为他们忽略了这一原则,其实诡辩家并没有忽略,只不过揭示了这一悖论而已(并且是在笑声中,而伊万式的权力则让人哭泣)(参见4)。

罗素的类型理论是形成逻辑语位(命题)的规则。通过决定语位真值这一目的,它界定了逻辑类型的话语。普罗塔哥拉的论证在逻辑上是不可接受的,因为它禁止决定真值。它或许属于另一种话语类型?

§3 普罗塔哥拉论证所涉及的总体性是一个系列:有 n 个诉讼,"当下"老师与学生之间的诉讼被添加到前面的诉讼中:$n+1$。当普罗塔哥拉考虑到这一点时,他将 $n=n+1$。这一综合确实需要一个额外的"动作":$(n+1)+1$。这一"行为"符合普罗塔哥拉的判断。这就是为什么他用(希腊语动词变位中的)不定过去时(enikèsa),即不确定的时态来链接他的决定:"倘若你赢了,那么,我才是这次诉讼

---

[1] 在希腊克里特岛上住着一位名叫恩批美尼德的"先知"。在一口气睡了六十年之后,他一觉醒来,说道:"所有的克里特岛人都是说谎者。"这句话究竟是正确还是错误?大家推敲来推敲去,结果发现,要确定这句话的真假几乎是不可能的。因为"先知"本人也是一个克里特岛人,如果他这句话是真的,就证明了起码他还是一个诚实的人,至少他不是一个说谎者,那么他的断言也就是错的;但如果他这句话是假的,就说明克里特人并非都像他所说的那样,都是说谎者,那么他这句断言也是错的。这就是利奥塔在这一章中反复提到的悖论,即"要么p要么非p,如果非p,那么p为假;如果p,那么非p,p仍然为假"。罗素的解决办法是:凡涉及一个集合的全部成员的东西,本身决不能是这个集合的一个成员;任何指称全体的语位不能是自身的一个元素。——译者注

的赢家。"序列的总体引入了时间的考虑,而时间被逻辑排除在外。当然,时间逻辑至少使得诉讼的这一方面变得明显。

从这一点来看,欧提勒士的断言不会是:"我的辩护都没有赢。"(Nulle de mes plaidoieries n'est gagnante)(一个否定的普遍命题,我们可以用非 p 来表示)而应该:"我曾经做过的辩护都没有赢。"(Nulle de mes plaidoieries ne fut Gagnante)[1] 用时间逻辑来表达(Gardies),后面一句话可以表述为:"在此刻之前的所有时间里,非 p 是真的。"真实的精确定位在"现在"(maintenant)这一点发生了。因此,并没有排除普罗塔哥拉的这种说法:"至少存在着某个时间,即此刻或以后,p 在这个时候是真的。"

"现在"确实是同一个时间逻辑的运算符,尽管在普罗塔哥拉的语位中,它与欧提勒士的现在序列并不处于同一位置。如果我们将它们放在与任意原点 t_0 的关系中,欧提勒士的现在可以被命名为 t_1,而普罗塔哥拉的现在可以被命名为 t_2。而这一任意原点 t_0 则正是我们称为"现在"的时刻。

在这一方面,普罗塔哥拉只不过利用了时间指示词"现在"赋予他的能力,让它既是时间序列的起源(之前和之后),

---

[1] 注意此处一个是现在时,一个是简单过去式。——译者注

也是这些序列中的一个元素（Schneider 1980）。亚里士多德在分析之前/之后与现在的关系时也遇到并阐述了同样的问题（参见评注：亚里士多德）。这里，自相矛盾的语位不能因为形式上的拙劣而被删除。应该接受它的话语类型不是逻辑，而是"物理学"，其指称不是语位，而是所有运动的物体（也包括语位）。广义相对论将授予它在宇宙物理学中的公民权。

§4 如果语位被看作构成无限序列的运动物体，那么，语位构成了物理世界。因此，指称世界的语位被假定为这个世界的一部分：它将在下一个时刻成为它的一部分。如果我们把这一系列语位称为历史，那么从物理上来讲，历史学家的语位将成为它所指世界的一部分。历史主义和独断主义带来的困难就源于这种情况。前者认为自己的语位是其指称的一部分，而后者认为自己的语位不是其指称的一部分。

康德在"纯粹理性二律背反的解决方案"（《纯粹理性批判》）中写到，序列问题总结了宇宙理念所引发的所有冲突。"最后的"语位总是综合了前面的语位。那么这一"最后的"语位是否属于该序列的一部分？独断主义说不是，而经验主义回答说是。而批判论者认为序列从来不是给定的（donnée, gegeben），而是被设定的（proposée, aufgegeben），因为它的综合总是不断地被推延。综合序列的语位（实际上是针对欧提勒士的所有辩词的判决）在作为一个事件"发生"时不属于序列的一部分，但是它不可避免地被后面的语位综合而成为该序列的一部分。由语位序列构成的世界，尤其是人类历史的世界，既不是有限的，也不是无限的（我们可以冷漠地争论这些，争论那些），但对序列的综合却是无限的（KRV: 381-389）。

§5 普罗塔哥拉的论证是一个"反诘"（antistrephon）[1]。它是可逆的。根据 Aulu-Gelle 的版本，老师和学生在法庭上进行辩论。我们可以记录如下：普罗塔哥拉：如果你赢了（这场跟我打的官司），那么你就是赢过了。如果你输了（这场跟我打的官司），而你说自己总是（在和别人打的官司中）输，那么你还是赢了。法官感到很困惑。因为欧提勒士可以反过来说：如果我（在这场官司中）输给你，那么我输了；如果我（这次）赢了你，而我说自己总是输，那么我还是输了。法官决定推迟对他们的判决。世界历史无法做出最后的判断，它是由对判断的再判断构成的。

9. 受害者无法证明自己遭受了伤害；而原告是在遭受

---

[1] "反诘"（antistrephon）：逻辑术语，诉讼中的论证具有这样一种性质，即任何一方都可以通过某种确定性的方式敦促它反对另一方。——译者注

损失之后，可以运用一些方法来证明损失的人。倘若他失去这些方法，那么他也就成了受害者。例如，当带来损害的责任人直接或间接成为其行为的审判者时，损失方就失去了证明其损失的途径。后者有权力否弃他的证词，把它视之为假的，又或者，他有能力阻止证词公之于众。不过，这只是一个特殊的例子。一般来说，如果原告没有证据表明他所遭受的伤害是真实的话，原告就成为受害者。反之亦然，"完美的罪行"并不存在于杀害受害者或证人的行为中（这么做，只是加重了之前所犯的罪过，加大了抹去所有罪行的难度），而存在于使得证人保持沉默，使得法官充耳不闻，使得证词变得前后矛盾（甚至是疯癫谵妄）的过程中。你让说话者、受话者、证词的意义都失效了；仿佛没有指称（损失）一样。如果没有人举证，没有人承认，或者支持它的论据被判定为荒谬，那么原告就被驳回了，他所申诉的伤害也无法被证实。他成了一个受害者。倘若他坚持要证明这样的伤害曾经存在，那么其他人（说话者、受话者、证词的评判专家）很容易把他当作疯子。妄想狂不都是将"仿佛是那么回事"当成"就是那么回事"吗？

10. 不过，其他人站在自己的角度，也没有这样做，仿佛这不是事实，即便它有可能就是事实本身？为什么比起承认毒气室的存在,否认毒气室的存在,就显得没有那么妄想狂呢?因为莱布尼兹说过:"什么也没有要比有什么要容易和简单得多。"(Leibniz, 1714: §7)说有什么的是原告,因此该由他来举证,用非常形式化的语位和程序来确定指称的存在。实在总是原告的责任。对被告而言,只需要驳斥原告的论证或用反例来否认证据就足够了。这是被告的优势,亚里士多德(*Rhét.*1402 b 24-25)和一些策略家早就认识到了。同样,我们不能说,一个假设被证实了,而只能说,在得到进一步指示之前,它没有被证伪。被告是虚无主义的,而控诉方则要为事实的存在而辩护。这就是为什么总是由集中营的受害者来证明大屠杀事件。这就是我们思维的模式:现实不是给予的,而是一个要求建构程序根据其主题来得以实现的机会。

11. 我们通过虚无主义,通过指称的认知推理,通过支持被告的偏见来消除死亡的痛苦。不是事实的可能性比是事实的可能性更大。这种统计学的估算属于认知语位的家族。[1] 而假定被告无罪,迫使控诉方举证,正是同一认知

---

[1] 在证明毒气室是否存在的问题上,如果我们用一种认知的方式来解决问题,那么对另一方的伤害是不可避免的。因为用认知的方式,伤害根本就无法被证明。争端、冲突是不可避免的。用认知游戏规则来解决一切问题,即用诉讼的方式来解决毒气室存在与否的问题,将陷入悖论并导致不公正。——译者注

游戏规则的"人道主义"版本。如果游戏规则倒转过来，假定被告有罪，那么辩护方的责任是证明被告的清白，而控诉方只需要反驳辩护方提出的证据。如果我们无权诉诸反驳语位，即反驳该语位的指称具有某一特质，那么我们可能无法确认该语位的指称没有这种特质。如果不要求指控的人拿出证据，并由我来驳斥这一证据，我如何证明我不是毒品贩子？如果不反驳劳动力是商品的假设，你如何证明劳动力不是商品呢？如果不批判"它所是"，你如何建立起"它所不是"呢？不确定性无法被确认。——否定是确定性的否定，这是必然的。倘若被告不能像政治审判中所看到的那样，有权批判控诉方，那么这一双方预期任务的倒置，可能足以使被告成为受害者。卡夫卡已经警告过我们这一点。不可能自证清白，清白就是虚无。

12. 原告在法庭前提出控告，而被告则摆出论据，证明指控无效。由此，存在着争议。我将这种情况称为"异识"，即原告被剥夺了论辩的手段，并由此而沦为一个受害者。倘若说话者、受话者、证词的意义失去作用，那么所有的一切，就如同没有任何损失一样（参见9）。当调解冲突以一方的习语进行，而另一方所遭受的伤害并不用那一习语来表达时,双方的"异识"就出现了。例如,经济合作双方的合同或协议并不排除,相反他们假设工人或其代表不得不并且必须谈论他的工作,好像这是在临时转让他所拥有的某个商品一样。正如马克思所言,"抽象概念"(但这一术语并不合适,它提出了什么具体主张呢?)是诉讼语言用于调解冲突时所必需的(例如资产阶级的社会和经济法)。假若不求助于这种语言,在诉讼语言所指的领域,劳动者根本就不存在,他将是一个奴隶;但是,假若运用这一诉讼语言,劳动者又成了原告。他是否因此不再是受害者了呢?

13. 在他成为原告的同时,他仍然是受害者。他有办法确认自己就是受害者吗?没有。因此,你怎么知道他是受害者?什么法院可以进行审判?事实上,异识不是一个诉讼问题。经济法和社会法可以解决经济和社会伙伴之间的争端,但无法解决劳动力和资本之间的异识。通过什么样的形式合格的语位,或者通过怎样的确认程序,工人可以提请劳资仲裁委员会注意,他们屈从于自己的老板,每周工作那么多小时来换取薪酬,这种行为不是一种商品呢?劳动者已经被设定为某样东西的所有者。他成了被告,担负着证实不存在的责任,或至少是证明(商品)非其属性的责任。而反驳他也很容易。劳动者属性——"他是什么"——似乎只能用经济和社会法之外的语言来表达。在经济和社会法的语言中,一个人只能表达他所拥有的东西;如果他什么也没有,那么这种"什么也没有"要么得不到表达,要么以一种可证明的方式来表达,仿佛他有什么一样。如果劳动者想展现自己作为劳动力的本质,这个(诉讼)法庭无法听到他的声音,因为它无法胜任。这种"无法证明的"情况表明了"异识"的存在。控诉的人可以被听到,但是,受害者本人,即便可能与前者是同一个人,却被迫陷入沉默。

14. "幸存者极少说话"(参见1)。不是有完整的证词吗……?——并非如此。不说话,也是有能力说话的一部分,因为能力意味着可能性,而可能性暗含着某种事态及其对立面。"p可能"与"非p可能"同样为真。可能的定义恰恰同时意味着不可能。说话是可能的,这一命题的对立面并不蕴含着保持沉默的必然性。能不说话并不等同于不能说话。前者是一种否定(仍然属于某种自由的选择),而后者是一种剥夺(Aristote, *De Int.* 21b 12-17; *Mét.*

IV 1022 b 22 sq.)。[1]幸存者保持沉默到底是因为他们不能说,还是因为他们在使用不说的可能性,而能不说话,就意味着他们有说话的能力?他们不说话,是出于必然呢,还是出于选择的自由?还是说这个问题本身就很拙劣?

15. 假定"有语言天赋的"人类像石头一样不能说话,这是很荒谬的。必要性在这里意味着:他们不说话,是因为他们在说话时会受到最严重的威胁,即一般情况下,有人直接或间接地削弱他们说话的能力。假定他们在威胁中陷入沉默。如果威胁要产生效果,必须事先假定某种相反的能力,即这一威胁包含相反的假定,幸存者可以说话。如果受到威胁的只是现在不存在的一些事情(在这里指幸存者会说话的可能性),威胁如何起作用呢?什么受到威胁呢?我们可以说是说话者的幸福、生命等。但是(不真实、受条件限制的)说话者没有生命、幸福可以受到威胁,因为只要他尚未说话,他就是一个非真实、有限的存在。——如果真是这样,我只是作为当下语位的说话者而存在。

16. 受到威胁的不是一个可以辨认的个体,而是说话或

---

[1] 法文中,页码之后用 sq. 等同于英文 ff.(and the following pages 的缩写),表示"这一观点出现在该页码及以后各页"(signifie que l' idée énoncée apparaît dans les pages suivant la page citée)。——译者注

保持沉默的能力。有人威胁着要摧毁这种能力。有两种方法可以达到这一目的：要么让对象不可能开口说话，要么让他不可能保持沉默。这两种手段是一致的：让 x 不可能就此事说话（例如通过监禁），让他就那件事无法保持沉默（例如通过酷刑）。作为能力的能力被摧毁了：x 可以谈论这一事而对那事保持沉默，但是他不再能够说这一事或那一事，或者他不再能够不说这一事或那一事。威胁便成为："如果你乱讲，这将会是你最后的一句话""如果你缄口不言，这将会是你最后的沉默"。只有当说与不说的能力与 x 的存在等同起来时，威胁方才成为威胁。

17. 最后一个语位（或最后一次沉默）的悖论，也是语位系列的悖论，应该给 x 带来的不是无法被表达的晕眩（也称之为对死亡的恐惧），而是不容置疑的信念，即坚信语位链接没有止境。一个语位要成为最后一个语位，需要有另一个语位来宣布，那么该语位便不是最后一个。至少这一悖论应该带给 x 这种晕眩和信念。不要以为最后一个语位当真是 x 说出的最后一个语位，它只是 x 作为直接或"当下"说话者说出的最后一个语位。

18. 应当说，说话者和受话者都是语位项（instances），不管有没有标明，它们都由语位表象出来。语位并不是一个从说话者到受话者，且与两者不相干的信息（Lawler, 1977）。和指称、含义一样，说话者、受话者都置身于一个由语位所表象出来的世界。"x 的语位，我的语位，你的沉默"："我们"作为可辨认的个体（"x"和"y"），说出了语位或保持沉默，从某种意义上，难道我们不是它们的作者？又或者当语位或沉默发生时，它们表象了自己的世界，而在其中，"x""y""你"和"我"是处于这些语位或沉默的说话者位置吗？如果真是这样，以什么样的误解为代价，对 x 的威胁会威胁到"他的"语位呢？

19. 当我们说，x 可能受到威胁，是因为他能够说话或保持沉默，这就预设了他有权使用或不使用语言，而别人可以通过威胁来剥夺他这一使用语言的自由。没错，这是一种以遵守认识语位家族（人文科学）规则的方式来谈论语言、人类及其关系的方法。"在威胁、折磨、禁闭、感觉被剥夺的情况下，一个人的语言行为可能是受支配的"，这是一个形式合格的语位，也可以举出例子来，由此科学家们可以说：这里就有一些案例。而语言人文科学仿佛就是劳资仲裁委员会的评审团一般。

20. 正如这些评审团会假定他们要判决的对立双方拥有用于交换的东西，人文科学也假定它们应该要了解的人类也拥有用于交流的东西。而（意识形态、政治、宗教、警察等）权力则假定他们有义务要指导或至少是控制的人类也拥有可交流的东西。交流是信息的交换，而交换是财产的交流。作为交换的交流实例只能根据"适当"来定义：信息的得当类似于使用的得当。正如我们可以控制使用流量，我们也可以控制信息流量。正如我们可以禁止不正当使用，我们也可以禁止提供危险的信息。正如我们可以改变需要，创造动机，我们也可以引导说话者说些别的什么东西而不是他想要说出的话。由此，从交际的角度来说，语言问题导致了对话者的需要和信仰的问题。语言学家成了交流仲裁委员会的专家。他们要解决的根本问题，就是意义问题，即与对话者的需要和信仰无关的交换单位。同样，对于经济学家而言，（他们要解决的）根本问题是财产和服务的价值问题，即与经济合作方的需求和供给无关的交换单位。

21. 你是否会说，当对话者被视为交流的双方时，他们沦为了语言科学和政治的受害者；就如同劳动力转化为商品时，工人沦为受害者一样？是否应该设想某种类似于"劳动力"的"语位力"（une «force de phrase»），它们无法用这种科学及政治的语言来表达自身？——不管是什么力，必须立即打破这种平行关系。我们可以设想，劳动不是商品的交换，必须找到劳动仲裁以外的语言来表达它。我们也可以设想，语言不是信息的交流，需要一种不同于人文科学话语的语言来表达它。在这里，这种平行关系终止了：在语言的例子中，我们试图求助于另一类语位家族；而在劳动的例子中，我们并不是求助另一劳动家族，而是仍然求助于另一语位家族。对于隐藏在诉讼中的所有异识，无论其主题如何，都是如此。承认"异识"的存在，就是要建立起新的受话者、说话者、含义和指称，由此让错误得以找到表达的途径，让原告不再沦为受害者。这就需要语位建构和链接的新规则。毫无疑问，语言应该能够欢迎这些新的语位家族和新的话语风格。每一次伤害，都应该能够用语位来表达。我们得寻找新的能力（或"智慧"）。

22. 异识是语言的不稳定状态和瞬间，在这种状态下，某样东西可以用语位来表达，却尚未被表达。这一状态包括沉默——否定性的语位，但是它同时也呼唤理论上可能的语位。我们通常称之为情感的东西就表明了这种状态，例如，"我们找不到词语（来表达）"，诸如此类。倘若我们不希望诉讼话语扼杀这一异识，不希望情感所发出的警报变得无效，那么我们就要努力寻找，努力发现新的语位构成和链接规则，它们可以表达异识，让情感得以显露。文学、哲学或者政治学的关键，就是在创造语位的过程中，见证这一异识。

23. 在异识中，某些东西"要求"被放入语位链接，并苦于不能立即被放入这样的链接。这是一度将语言当成交流工具的人类从伴随着沉默的痛苦情感（以及创造新的语言表达式的喜悦）中所学到的。他们认识到，语言需要他们，要求他们不是为了自身的利益通过既定习语来增加可交流信息的数量，而是承认可能的语位链接超过了当下现存的语位链接，他们必须允许尚不存在的语位创造。

24. 幸存者可能不会说话，即便他们在以后开口说话时，其说话能力并没有受到威胁。社会语言学家、心理语言学家、生理语言学家都在寻找他们保持沉默的原因、情感、利益或语境。让我们来看看他们的逻辑。我们发现这些都是语位的替代品：交谈、质问、论辩、心理分析的谈话、忏悔、批评性的评价、形而上的表述，这些替代了语位。取代沉默的语位是一个否定的语位，它至少否认了构成一个语位世界的四项当中的一个：受话者、指称、含义和说话者。沉默暗含的否定语位可以被分别表述为：这不关你事，这种情况不存在，这没法表达，这跟我没关系。一个沉默可以用不同的语位来表述。况且，这些否定表达否认了指称、说话者、受话者和含义可以在当下语位中被表象出来，它们也不指向另外的语言表达式，即可以将这四个语位项表象出来的语言表达式。

25. 简单来说，一个语位表象的是它所涉及的东西，即指称（le référent）；它所表达的意思，即含义（le sens）；说给谁听，或以谁为目标，即受话者（le destinataire）；谁在说，或以谁的名义在说，即说话者（le destinateur）。一个语位世界的安排由这四项的相互关联构成。一个语位可能蕴含多个指称、多种含义、多个说话者和受话者。这四项可以在语位中标明，但也不一定（Fabbri et Sbisa, 1980）。

26. 沉默并没有指明上述哪一项被取消了：可能是一个，也可能是多个。幸存者保持沉默，可以被理解为：（1）提及的处境（事件）不关受话者的事（他没有能力或这件事不值得向他提及）；（2）它从来没有发生过（弗希松就是这么理解的）；（3）没有什么可说的（事件本身太荒谬了，无从表达）；或者（4）谈论它不是幸存者的事务（他们不配谈论这件事等）；或者，是几个否定项的集合。

27. 正如弗希松认为或假装相信的那样，幸存者的沉默并不一定证明毒气室不存在。沉默同样也可以见证，质疑说话者的权威（我们没有什么可向弗希松解释的）、质疑证人本人的权威（作为幸存者，我们没有权力谈论它），以及质疑用语言来意指毒气室（一种无从表达的荒谬存在）的能力。如果我们试图确认毒气室的存在，那么我们必须取消沉默的四个否定：不存在毒气室，对吗？——不，存在着。如果存在着毒气室，它们不可能被表述，是吗？——不，可以表述。即使可以被表述，至少没有人有权力来表述它，或聆听它（它不是可以交流的）？——不，存在这样的人。

评注：高尔吉亚

上述建构实在的论证采用了高尔吉亚在《论非存在》中的虚无主义推理模式："没有什么东西存在；即使存在，

它也不可知；即使存在而且可知，也不可能向别人说明。"（佚名 979 a 12）

论证结构基于对对手的让步。我们称之为 x。

x 说：存在着某物。——高尔吉亚说：根本没有东西存在。[1]

x 回答：存在着某物，而且它是可把握的。——高尔吉亚：如果存在着某样东西，那么它是不可把握的（Sextus, 65）。

x 继续：这一可知之物可以传达给他人。——高尔吉亚：即便可把握，它也不能传达和解释给旁人（Sextus 83; oistos 是 pherô 的动词性形容词，"忍受、承担[可忍受、可承担]"之意；佚名文本这样写道："即便实在是可把握的，我们又如何能够让别人明白通晓呢？"）

这里涉及逻辑让步的情况，就像（弗洛伊德所说的）水壶的"诡辩术"。原告 x 声称他借给被告（高尔吉亚）一把完整的壶，被告却还给他一把有孔的壶。论证如下：

x 说：我借给了你壶。——高尔吉亚说：没有借。

---

[1] 存在和非存在的问题，其实是公元前 5 世纪希腊哲学争论的一个重要问题。各派哲学对这个问题发表了不同的见解，概括起来，主要有四种不同的观点：第一种是赫拉克利特的观点，他最早提出"一个事物既存在又不存在"的命题。第二种是巴门尼德的观点，他认为，只有存在物存在的，非存在物不存在。第三种是留基波和德谟克利特的观点，他们主张一个东西（例如原子）存在，另一个东西（例如虚空）是非存在，但是非存在也存在。第四种就是高尔吉亚的观点，即存在不存在，非存在也不存在，也不可能既存在同时又不存在。——译者注

x说：我借给你的是完好无损的壶。——高尔吉亚说：是有洞的壶。

x说：我借给你的是完好无损的壶，而你还给我时是有洞的壶。——高尔吉亚说：我还给你的是完好无损的壶。（Freud, 1905: 79-80）

即便是存在一个实在（借壶的事实），它也是不可预知的（完整或破损）；即便它可预知，关于属性的情况也是不可指明的（还时有洞/还时无洞）。当逻辑让步离开了指控的论证路线，它就是荒谬的，它揭示了认知语位家族的规则：确定指称（壶借了还是没借），将谓词属性赋予该陈述的主词（借时有洞或无洞），指明可以证明的情况（还时有洞或无洞）。要注意的是，在这一审判中，高尔吉亚是替被告辩护的。

巴巴拉·卡森（Barbara Cassin）指出，高尔吉亚在替巴门尼德的命题进行"辩护"。他试图找到论据，而不是坚持神的启示，而他也因此而毁了这个命题："既不是是，也不是不是，这是可能的。"这是他的结论。结论是这样推出来的："如果'不是'是'不是'（正如巴门尼德所言），那么就像'是'一样，'不是'就是：事实上，'不是'是'不是'，就像'是'是'是'。以至于实际是的事情(ta pragmata)，也只不过是它们所不是的东西(979 a 25 s)。"他接着说："但是如果'不是'是；那么，它的对立面，'是'

就是'不是'。事实上,如果'不是'是,那么'是'就是'不是'就说得通了。"因此,没有什么东西是,要么"是"与"不是"是一回事,要么不是一回事。如果是一回事,那是因为"是"是"不是";如果不是一回事,那是因为"是"不是"不是",而且通过双重否定才是。[1]

高尔吉亚预见到黑格尔在《逻辑科学》第一章中的论证。黑格尔将"生成"称为"结果",这个内在于其论证的东西,就是高尔吉亚称为"既不是存在又不是非存在"的东西。不过他"忽略"了黑格尔的结果规则(参见评注:黑格尔),后者是思辨辩证法的原动力。这一规则预设了大写的自我

---

[1] 汪子嵩、王太庆曾经撰文详细讨论了西方哲学的核心范畴"being"(希腊文 es int, to on)的翻译问题,参见汪子嵩、王太庆,《关于"存在"和"是"》,载于《复旦学报(社会科学版)》,2000年第1期,第21-36页。传统上统一译为"存在",近来有学者主张改译为"是"。这个词有"有""在""是"的三重意思,但在中文中,"存在"和"是"的意义是不同的。该文认为,只有用"是"和"不是"构成的肯定和否定命题,可用以辨别"真"和"假"。只有将它译为"是",才可以正确理解西方哲学重视逻辑和科学的传统精神。本文中的有些 être/étant 依照传统,翻译为"存在"或"有",因为译为系动词"是",中文必然不通畅,佶屈聱牙,很难理解。但是,此处若译成"存在/非存在"或"有/无",反倒是有些不知所云,因为正如汪、王两位所言,"存在"的反面是绝对的"不存在",是绝对的"不是",是"无"。而"是"和它的反面"不是"的关系则不一样,"是"是未分化的、普遍的,它的反面是"不是",但是"不是"也是一种"是"。例如,说某样东西是 A 的时候,必然包含着说它不是非 A。说"这是白的",也就是说"这不是非白的";而作为非白的红、黄等,本身又是"是"。所以"是"总是和"不是"联在一起,而"不是"也是一种"是"。当利奥塔在这里说"是""只能通过双重否定得到肯定",他是指,"是"只能通过不是"不是"来获得肯定,例如"白色"通过"不是(不是白色的)红色、黄色、蓝色……"来获得肯定。由此,"是"只是作为否定的否定而被肯定,并且是通过"不是"而成为"是"的。后现代思想家在智者派这里找到了反本质主义的灵感。原文中"是"与"不是"都未加引号,为了中文的表达习惯,此处引号为译者所加。——译者注

（Soi）的目的（某种亚里士多德式的上帝），他不会抵制高尔吉亚式的反驳。

逻各斯，即论辩，在建构自己的过程中，毁灭了有魔力的语位（la phrase démonique），即巴门尼德的诗歌所通向的神灵启示的语位。[1] 论辩并没有反驳该诗歌语位，而是将其转化为了语位家族。存在论和诗学是被允许的，它是一种话语类型。这一类型与（希腊人意义上的）辩证话语没有相同的规则。具体来说，（诗歌）女神不是受反驳规则约束的对话者。巴门尼德指明了两条思想之所以可能的路径：存在之路和非存在之路，高尔吉亚将其转换为正题和反题，让论辩双方在女神缺席的情形下，互相反驳对方。对存在论而言，路径的二重性是不可容忍的，因为它暗含了对立冲突，并认可了否定的辩证法。

辩证法遵守规则（亚里士多德的目的是建立这些规则，尤其是在《论题篇》和《辩谬篇》中）。不管它们是什么，也无论这一任务有多艰难，这些规则本身预设了某种元规则。通过为一个有争议的语位提供原创性的解释，巴巴拉·卡森（称之为最古的源头）把它从佚名的"论文"中

---

[1] 这个"有魔力的语位"有三个特征。第一，具有神性的维度；第二，它本质上是一种揭示性的话语，例如，诗歌所展示的神圣语位就是真理，这一知识是自我揭示、自我敞开的，是存在、神、在场的直接自我展示；第三，具有魔力的语位会对受话者产生影响，会引发某种"沉默的情感"，一种晕眩，即感觉到神灵附体时陷入迷狂状态的自我遗忘。参见评注：柏拉图，§1; Keith Crome: *Lyotard and Greek Thought: Sophistry*, New York: Palgrave Macmillan Press, 2004, pp.132-133。——译者注

分离开来:"如果没有任何东西存在,那么论证则可以没有例外地言说任何事情。"(980 a 9)我们既是从虚无主义的立场又是从话语论(logologique)的立场来接受和研究实在的问题。实在不是被女神用食指所赋予的,它必须加以"指明"(«démontrer»),也就是说,必须提出论据,必须表象为实例,而且,一旦实在被建立,它就是认知语位的指称状态。这一状态并不排除,"没有什么存在"。

就像维特根斯坦一样,颜色在高尔吉亚那里是实在问题的范例。像这样的语位,"一开始,他没有说一种颜色,而是一个陈述"(980 b 5),或是"既没有构想也没有看见颜色,也没有噪音,只有倾听"(980 b 6),被放置在如下语位之后:"人们不能通过观看来了解任何关于颜色的概念。"或是:"让我们想象患有色盲的一群人,这种事很容易。他们和我们没有相同的颜色概念。即便他们承认自己说法语,由此也拥有所有的法语颜色词汇,他们仍会用与我们不同的方式来运用这些词汇,用不同的方式来学习它们的用途。但是倘若他们说外语,对我们而言,要将他们的颜色翻译成我们的词汇就很难了。"或者:"我们不想建立起(生理学或心理学的)颜色理论,而是关于颜色概念的逻辑性。而这就产生了人们通常对理论的错误期待。"(Wittgenstein, 1950-51: I 72, I 13)

28. 要建立起指称的实在，必须以相反的顺序来反驳高尔吉亚指出的四个沉默：得有人意指指称，得有人理解语位的意思，指称可以被意指，指称存在。如果我们不遵守证据的管理规则，我们就无法得到毒气室的真实证据。这些规则决定着认知语言世界，也就是说，它们将某些功能分配给指称、说话者、受话者和含义。因此，就指称的含义来说，说话者应该寻求受话者的认同：证人（说话者）必须向受话者解释"毒气室"这一表达式的含义。而受话者倘若对于这一解释性语位没有异议，他应该予以回应：接受还是不接受说话者的解释，即含义。如果他不接受，那么他得提供另外的解释。一旦说话者和受话者双方达成共识，我们就有了一个形式合格的表述。双方都可以说：我们同意毒气室是这样或是那样。只有这样，可能适合作为这一表述的指称的实际存在或许才可以以如下语位形式被"显示"出来："这就是（或那就是）毒气室的例子。"这一语位充当了指示功能，这也是认知类型的话语规则所要求的。

29. 但科学真是这样子吗？我们对此表示怀疑（Feyerabend, 1975）。倘若事实不是如此，这个问题甚至都不必回答，因为被质疑的语位游戏是不科学的。这就是拉图尔（Latour, 1981）所断言的东西：游戏是修辞的。但反过来说，这最后一个语位是属于什么游戏呢？确切地说，我们应该这样回答：应该由你来提供证据，证明事实并非如此，而是相反。这将根据举证的最小规则（参见65）来进行，否则根本无从下手。如果说科学中的情况并非如此，那就是着手确定真正发生了什么，而这只能根据科学认知的规则来实现，科学认知的规则允许建立起指称的实在。如果断言"科学是修辞"这一语位是科学的，那么我们将得到两个判断中的其中一个：第一，这句话本身就是修辞的，因为它是科学的，而它既不能证明指称的真实，又不能证明其含义的真实性。第二，因为这句话不是修辞的，所以它被宣称为科学的。它是声称具有普遍性的一个例外，因此，不应该说科学是修辞，而是说某些科学是修辞。

30. 为什么要说"形式合格的表述"（expression bien formée）而不是"一个有意义的语位"（phrase significative）呢？前者服从于认知语位的规则，在这里，真假是至关重要的。反过来，这些规则成为形式逻辑的研究对象，并且，只要这些语位涉及指称领域，它们就是公理研究的对象。就好的形式而言，服从规则的语位是否有意义，从日常语言的角度来看并不重要。倘若改写成日常语言，它们或许看上去是荒谬的。反过来，日常语言里看上去"有意义"的表达，在认知语位的规则看来，却可能是不合规范或者模糊含混的。X给久未谋面的朋友Y打电话，对他说："我可以去你家。"（*Je peux passer chez toi*）（参见137，139，140）在危急情况下，一个高级官员命令下属"不要服从"（*Désobéissez.*）。第一个语位是模糊的，第二个语位是不合规则的，但两者对于受话者而言都有意义。同样，"垃圾桶满了"这句话并不会引发逻辑学家或是学者的共同反应："好的，我会去那里。"（Fabbri, c.1980）为了让这些语位的证实或证伪有效，对科学中可接受语位的"限制"是必要的：它们决定了那些有效程序，而程序的反复实践赋予了说话者和受话者以共识。

31. 这些并不是真的是"限制"。恰恰相反，我们越是明确语位验证的规则，我们就越能区分不同的语位，构想其他的语言表达式。倘若规则限定球不能触地，或者所有选手只能在还击时球触地一次，或者每个球队只能在发球时球触地一次，或者每个球队只能在还击时球触地一次，那么球赛都不一样了。这就仿佛是含义的条件都发生了改变。维达尔-纳杰引用吕西安·费弗尔（Lucien Febvre）的话，而费弗尔引的是西哈诺·德·贝热拉克（Cyrano de Bergerac）的话："我们不能相信关于一个人的任何事，因为他可以讲任何事情。我们只能相信他人性的部分。"（1981：268）历史学家质问道："什么叫人性的？不可能？问题在于我们要知道这两个词语是否仍然有意义？"难道我们不该相信奥斯维辛证词所报道的不人道行为吗？——"不人道"意味着与人性概念的不和谐。这一含义与伦理、司法、政治、历史语位家族息息相关，对它们而言，人性的理念必然是至关重要的。在认知语位中，"人类"基于与人种相关的事件，我们可以展示其实例。奥斯维辛的受害者、刽子手、证人都属于人类；我们从他们那里获得的信息是有意义的，它们为证实奥斯维辛提供了材料，即使这些信息与人性的理念不协调。"旅行者二号"关于土星的信息在第二层意义上，几乎可以说是非人类的，因为大部分人都对其一无所知，也无法证明它，但是在至少第一层含义上，它们是人性的，因为倘若不是知识进程中的人性理念有所要求，它们压根儿不会发生。

32. 即便是证实程序按照合适的方式被规定，说话者如何知道受话者正确地理解了他想要表达的意思？他又如何知道受话者，和他一样，期待着他们谈论的真理得以成立？——说话者假定了这一点。他相信事实如此。他也相信受话者相信他所讲的东西。在这里，你正在做"人文科学"：探索意义、欲望、信仰，你将它们看作人类存在这一实体的特质。同样借助于这些东西，你假定他们运用语言达到特定的目的。心理学、社会学、语用学、语言哲学，都共享这一前提：在思想和语言之间存在某种工具性的关系。这种关系遵从某种技术模式：思想有目的，而语言提供手段。受话者如何在信息中通过作为手段的语言来辨明说话者的目的呢？对语言而言，关于人、造物的人、意志、善良意志的理念本属于其他领域，但是在这里没有引发任何疑虑！

33. 结果仍然是，如果弗希松"心怀恶意"，维达尔-纳杰没法说服他相信"有毒气室存在"是真实的。历史学家痛苦地指出，"反-德雷福斯"[1]以某种类似的方式"依

---

[1] 19世纪90年代法国法军事当局对军官德雷福斯的诬告案。德雷福斯为犹太人，在总参谋部任上尉军官。1894年9月，情报处副处长亨利诬陷德雷福斯向德国军官出卖军事机密，以间谍罪和叛国罪逮捕，1894年12月22日军事法庭在证据不足情况下判处他终身监禁。1896年3月，新任情报处长皮卡尔在调查中发现真正的罪犯

然存在"(1981: 269)。即便是在一个案件上——例如亨利上校编造的谎言,也缺乏共识,因为谎言的真实性已经确立,就如同实在建构程序所允许的那样。由此,恶的意志、恶的信仰,或盲目的信仰(例如"法兰西祖国联盟"的意识形态),它们会阻止真理的显现,妨碍正义的伸张。——并非如此。你所称为恶的意志的东西,不过是你赋予事实的名称,即对手并不以建立实在为目标,他并不接受认知语位的构成及验证规则,他的目标不是要说服。如果弗希松"玩"的是另一种语言游戏——在他的语言游戏里,信念,或者说获得对既定现实的共识并不是关键,那么,历史学家无须努力说服他。倘若历史学家坚持这么做,他最终将沦为受害者。

34. 只要我们还没有劝服他,只要他没有用行为表达

是亨利的朋友埃斯特拉齐,因此他要求军事法庭重审。亨利伪造证件,反诬皮卡尔失职,后者被逐出参谋部,调往突尼斯;后来埃斯特拉齐经军事法庭秘密审讯,被宣告无罪,激起了法国民众和知识分子的公愤。1月14日,作家左拉在《震旦报》发表致总统的公开信《我控诉》,抨击政府,要求重审德雷福斯案件。整个法国陷入一场严重的社会和政治危机,法国社会分裂为德雷福斯派和反德雷福斯派两个阵营。在这样的背景下,人权联盟(La Ligue des Droits de l'homme)于1898年成立,以便维护种族主义受害者的权益;而民族主义者们,也在同一年成立了法兰西祖国联盟(La Ligue de la Patrie française),继续散播对犹太人和外国人的仇恨。民族主义右翼分子妄图借此推翻共和政府。不久,亨利伪造证件的事实暴露,被捕供认后自杀。埃斯特哈齐也畏罪潜逃伦敦。1906年7月12日,最高法院重审整个案件,撤销原判,宣布德雷福斯无罪。——译者注

对科学认知规则的蔑视,我们又如何知道对手是恶意的呢?——我们玩着认知规则所允许的游戏,而受话者的反驳表明他并不遵守这些规则。——可是,倘若对手竭力隐瞒他不遵守规则的事实,表现出来一副谨守规则的样子,我们又该怎么办呢?我必须知道他的意图……——他说出的语位,要么是满足规则,要么违背规则,两者必居其一。在这一点上,语位不可能模棱两可,因为规则本身排斥模棱两可。——但是我们可以假装它们遵守规则,假装它们意义明确;我们可以伪造有罪的证据。在德雷福斯案中,法国的高级将领(就是这么做的)没有任何犹豫。——当然,理当由被告来反驳论据,驳斥证人,拒绝证词,尽其可能,直到撤回指控。届时,你会看到被告在玩另一种游戏。——毫无疑问,但是我们不能通过预期来避免异识吗?——这似乎不可能。有什么东西可以将预期和偏见区分开来呢?不管这偏见是有利还是不利的,不管它针对的是你的对手本人,还是他说话的方式?现在,科学认知排除了预判。——但是那些建立起认知规则的人难道不是预先就设定了自己制定规则的能力?事实上,只要规则还没有被确立起来,只要他们因此还缺乏区分能力的标准,他们又如何可能不做预判呢?

评注：柏拉图

§1 强与弱

苏格拉底说，梅里图（Mélétos）在法官面前指控我。但让我更忧虑的是，在他之前就已经出现的那些谣言，例如我对地下和天上的东西都做过可疑的研究；我知道如何将弱势辩论转变为强势辩论；我教导人们不要相信神（*Apol.*18b, 19b-c, 23d）。实际上，这也正是阿里斯托芬二十五年之前在其作品《云》中针对苏格拉底的主要控诉。这个喜剧家还攻击了苏格拉底的性倒错。

对苏格拉底的审判针对的是说话方式的倒错，即某种亵渎宗教的说话方式。亚里士多德将这种艺术——将弱势论点转化为强势论点的艺术——归于毕达哥拉斯和克拉克斯（*Rhét.* II 24: 1402 a 23）。由于缺乏时间和明显的证据，我们不知道神是否存在，或者即便存在，我们也不知道他们是什么样子；于塞伯（Eusebe）、塞克斯丢（Sextus）、第欧根尼·拉尔修（Diogene Laërce）、斐洛斯塔德（Philostrate）、艾西休斯（Hesychius）、柏拉图和西塞罗（DK 80 B4, A12, A1, A2, A3, A23）将这一宣言归因于毕达哥拉斯。第欧尼根、斐洛斯塔德、艾西休斯都讲述了毕达哥拉斯的书曾被雅典人查封和烧毁，而塞克斯丢也提到毕达哥拉斯为逃避不信神明的迫害而逃跑的故事（DK

80 A1, A2, A4, A12）。除了逃跑，苏格拉底和毕达哥拉斯的名字在逻辑倒错的罪名指控下是可代换的。

解决不虔敬这一问题是柏拉图作品的关键之一。它涉及确认"存在论"（ontologos）的衰落，以及为新的"话语论"（logologos）定义规则。从巴门尼德一直传到我们的语位，就是他从神的口中所听到的语位。作为一种话语类型，存在论预设了这一模糊的解释：它所言及的存在本身就是它用嘴所说出的东西：指称也就是说话者。"存在与思考是一回事。"存在论语位首先是接收到的语位，而存在的思考者是一个受话者，一个证人。于是修辞学家和诡辩学家传唤证人到法庭，要求他出示证据。他没有任何证据，要么是因为根本就没有指称，要么是因为它不可理解，或不可交流。高尔吉亚称为是与不是（存在与非存在）的东西，毕达哥拉斯称之为诸神。前者和后者成了指称，成了可以被建构起来的语位项。正是由于这一原因，新的话语被认为是"不虔敬的"，因为它并不带来神启，它要求的是辩驳（证伪），其目的在于建立起指称的实在。不虔敬的罪名就在于，说话者和受话者承担了论辩的责任。"逻各斯"（logos）一词改变了含义。它不再说"接纳"，而是说"论辩"。

对柏拉图而言，这是一个建立起论证规则，禁止最弱论点凭借劝说（即魔咒，goétèia, *Ménexène* 234 c –235 a）

的效果来战胜最强论点的问题。劝说的效果在《美涅克塞努篇》(*Ménexène*)中有所描述，它们是关于葬礼演说类型的话语，以摹仿艺术的名义作掩护（Loraux, 1974: 172-211; 1981: 267-332）。苏格拉底发现了葬礼演说中语位项的置换。"logos epitaphios"，是一种宣德典礼演说（épidictique）的类型[1]，它将元老院推荐的演说家当作指定的说话者，将公民大会的公民当作听众，将在战争中为国捐躯的公民当作指称。它的既定含义就是要表彰这些牺牲的烈士。演讲会在受话者身上产生某种"魔咒"效果（让演讲的听众相信自己被带到了极乐岛）。

由此这一情感，对应着一系列语位项名称的置换：战争中的死亡是"美丽的死亡"；美丽的死亡意味着"美好的"生活；雅典人的生活是美好的；过着这一生活的雅典人是幸福的；你是幸福的。在由宣教式演讲所展现的世界里，各语位项名称的处境是：作为演讲者，我现在告诉你们（公民大会的公民），那些为荣耀而牺牲的生命是美好的。在同时出现的（潜在）语位世界里，处境表现为：我告诉你，你是幸福的。或者，通过（演说者）代言，通过最后的"化

---

[1] 亚里士多德根据听众的种类，将演说分为三种：政治演说、诉讼演说和典礼演说(deliberative, judicial, and epideictic)。政治演说用于劝说和劝阻；诉讼演说用于控告或答辩，典礼演说用于称赞或谴责。参见亚里士多德，《修辞学》，罗念生译，北京：生活·读书·新知三联书店，1991年，第30页; Aristotle. *On Rhetoric*. translated with introduction by George A. Kennedy. New York: Oxford University Press。——译者注

身法"（prosopopée）[1]（死去的英雄开始说话），我们（死去的英雄）告诉我们（活着的公民），我们（活着的和死去的人）是幸福的。第一个语位世界里的受话者同时也是第二个语位世界中的指称。而第一个语位世界里的指称则变成了第二个语位世界里的说话者（参见 156 和 160）。

我们没指望公民大会的公民会发言，会争辩，更没有想到他们会判决。宣德典礼式演说不是辩证的，它也不是法庭的诉讼修辞或公民大会的政治协商修辞，它偏向于诗学。它不仅要在听众的心里引发语位，而且要引发准—语位，即沉默的情感。如果语位发生了，它们或多或少会去掉悲伤的含混性，消除它的魅力。（在这里我们可以看到，在某些语位家族——譬如诗学语位——里，关键是要注意听众的沉默，它是情感的信号）。情感的沉默，苏格拉底称之为"晕眩"（vertigo），就是来自各语位项名称的心理情境的普遍存在：听众听到了关于自己的话语，仿佛他不在演说的现场，仿佛他既是活着的受话者，也是作为指称的英雄，死了，却永垂不朽。（我们可以将这种普遍存在称为欲望的实现，但这一称呼是形而上的。）

这一系列悖谬推理的活动在柏拉图的词汇中，被称为改变（métabolè），摹仿（mimèsis），劝说（peithô）。

---

[1] "化身法"或"拟人法"（prosopopée），古希腊的一种修辞手法，说话者以另一个人物的身份说话。——译者注

它预设了受话者的某种"易感性"(passibilité, patheia),一种容易被感动的能力,易变形的能力(由此它的标志是云);而它预设了说话者的掩饰、隐藏和伪装的能力。(我不是说话者,我只是神或英雄的传话者:我不过是化身为死去的英雄,化身为巴门尼德的女神而已)

§2 不敬神明

这些活动如何又与不虔敬扯上关系?第一,神被看作受话者。"当人们相信,存在着神,像存在着法律一样,那么他就不能违逆神明而行动,也不能在了解事实的情况下随口说一些不符法律的言辞。如果他这么做了,那是因为他是情感(affection, paschôn)的受害者。有三种情况的受害者:第一种,不相信神的存在;第二种,即便相信神的存在,也认为他们根本不关心人类;第三种,认为这些神根本就容易被祭品所收买,被祈祷所诱惑(《法律篇》Lois X 885 b)。"有三类不虔敬的行为:第一,神不是我们语位的受话者;第二,即便他们是,他们也不回答,他们不是我们的对话者;第三,即便他们愿意回答,也只是屈从于贿赂或一时的激情,他们根本就不公正。由此,他们不是受话者;即便是,他们也保持沉默;即便他们说话,他们也只是说些我们让他们说的话。倘若转换为第二人称,即标明受话者的第二人称话语,我们对着神说话,不虔敬的语位可以表述为：你不存在；你不说话；你只是说我让你说的话。无论哪一种情形，你都不如我厉害，因为我存在，我可以说话，我说自己想说的话。不虔敬就存在于力量关系的倒转。因为神通常被看作"最厉害的存在"，尤其是在阿里斯托芬和柏拉图那里（Des Places: I, 299-300）。

我们还可以把另一种方式看作不虔敬，不是对着神说话，而是谈论神。由此，神成为人与人交谈的语位中的指称。很多传统叙事（muthoi）便是如此：神可以成为恶的原因，也可以成为善的原因，而且他们善于变形（由此他们会说谎），两种人可以用来证明他们的这一弱点：诗人和演说家／诡辩论者（Rép. II, 376 c sq.）这种话语类型的经典语位就是：我告诉你，他们（神）和你我一样脆弱。这也就是我们为什么要将这样的语位（诗歌）赶出理想国（Rép.），为什么它们在现实城邦中被看作最糟糕而予以谴责的一类语位（Lois）。

最后，不虔敬还存在于背弃神的真实。我们将他们放置在语位说话者的位置。不虔敬就是让他们说：我们在撒谎，我们在欺骗你们，我们这么说，即便事实不是如此。此处，柏拉图的批评（Rép. III 392 c - 398 b）主要攻击的是过程，让神说话的过程，而不是攻击他们所说的内容，即攻击的是演说的方式（lexis）而不是演说的内容（logos）。过程是摹仿性的：通过将神放置在说话者的位置，过程将原本是叙述者的说话者掩盖了。摹仿诗学的完美例子就是戏剧：作者都不出现在舞台上，他隐藏起来，伪装起来。而赞美诗，是一种直接的写作，它保存了某种"真实的"说话者的痕迹。荷马的史诗混淆了"摹仿"和"叙事"（mimèse et diégèse）（同上）[1]。

所以，根本上我们要拒绝摹仿。它创造了第二自然，它通过伪造和变化（métabolai）助长不得体的东西（*Rép.* III 395 d, 397 b）。木匠与床的关系就如同神与床的理念的关系一样，传递的仍然是一种表象与存在的敌对的、可悲的、存在论结构。但是，当木匠将床的外形加于理念之上时，我们获得的是拙劣的假象，它只不过是通过复制最不牢靠的、最感性的存在物来重复这一存在论的悲剧。

苏格拉底在《理想国》第七卷中也运用了相同的假象。为了解释太阳之于万物就如同善之于理念一样，苏格拉底运用最富于摹仿性的类比来重复了这一类比。他说，这就好比放在洞穴入口处的火之于它所投射出影子的物体。由此，苏格拉底利用了以下机会：我们应该禁止摹仿，但是我们又不可能做到。事实上，我们不可能理解事物本身，

---

[1] 在《理想国》中，苏格拉底就区分了"摹仿"（mimesis）和"叙事"（diegesis）两种方式，大致相当于英语中的直接引语和间接引语之分。"摹仿"即直接展示人物话语，而"叙事"的特点是："诗人自己在讲话，没有使我们感到有别人在讲话。""摹仿"是诗人竭力创造一种不是他在说话的错觉，他"完全同化于那个故事中的角色……使他自己的声音笑貌像另外一个人，就是模仿他所扮演的那个人"。参见柏拉图，《理想国》，郭斌和、张竹明译，北京：商务印书馆，1986年，第95页。——译者注

我们只能理解它们的影像。如果我们可以理解事物,那么便没有语位链接的必要了。又或者说,如果我们不用语位链接,也就没有摹仿的必要了。语位链接就发生在"有一个语位"的这一存在的缺乏。语言就是"我们不知道存在物的存在"的记号。当我们知道了存在物之存在时,我们就是存在物,这就是沉默(*Lettre* VII, 342 a-d)。由此,我们只能与摹仿和解。

和偶像(idole)一样,拟相(simulacre,模拟的事物)也是欺骗性的。但是,作为逼真的相似物(eikos, vraisemblant),它仍然是通往真理和"本义"之路的标志(*Phèdre* 261 sq.)。因此,我们应当管理好这一相似物。应该有好的模型(typoi),有好的模具以便制作出合适的拟相(*Rép.* II. 377e-379a)。摹仿是必要的,语言是在我们年幼之时,在保姆和母亲所讲的故事中就已经切近我们的东西(同上:377b)。你如何回避它?我们只能提高摹仿的能力。柏拉图诗学的经典语位应该是:我尽可能少地欺骗你。

§3 对话

正是在指称实在的丧失或衰退(所引发)的问题中,合适的规则被建构起来,以便各方就某个语位达成共识,确定自己的指称为其应有的样子。在辩证话语类型的内部,我们需要一种新型的话语。谋求共识，不是要成为雄辩术（éristique）的理想调控器，因为后者的目的在于不惜一切代价夺取胜利；不是要成为诡辩术（sophistique）的调控器，因为它不过是某种可以被收买的论辩术；也不是要成为检验（peirastique）或是实验的辩证法，因为它的目的只是验证意见（Aristote. *Réf. Soph.*: 2, 8, 11）。语位的构成规则、链接规则、证据的管理远未确立，甚至对于那些试图通过讨论来获取真理的人而言，这些也远未成为共识的目标。讨论经常被"这不合规则"打断了。这些规则的建立同时也是《论题篇》《辩谬篇》和《修辞学》的主题。

苏格拉底反对波洛斯（Polos）（*Gorgias* 471e-472 b, 474 a sq., 475 d-476 a），认为他们的辩论不属于法庭诉讼或政治辩论的修辞，而属于辩证法（dialegesthai）。我们不是在法庭上，"我不是政治家"。律师和法案评议委员会委员认为他们可以通过大量的证人来改变决定。"这种驳斥"，苏格拉底说，"对于真理毫无价值。"在他看来，唯一重要的证词，就是对手波洛斯的证词。倘若波洛斯能和他就一个语位达成一致，这就是真理的标志。这一要求应该是相互的：苏格拉底认同的就是波洛斯所希望的。第三方证人由此被拒绝：关于指称的唯一可接受的证据就是他们俩的证词，在对指称的争论中，他们借用反驳的筛子，考察了关于所指对象的所有证词。

在《理想国》中（I 348 a-b），苏格拉底建议取消介入法庭及公民大会的第三方：法官。他对色拉叙马霍斯描绘了反逻辑类型：如果我们的论点是相反的，每个人都会反驳，因此有必要统计并评价各方的论点，由此需要有法官来替他们裁决。但是，"倘若我们考察事物的目的是达成一致（anomologoumenoi 也意味着：即便不一致），那么我们将既是法官，又是诉讼人"。

双重拒绝（或双重缩简）使得对话摆脱了不以辨认指称为目标的修辞或辩证的束缚。由此，（教育）机构产生了，远离了公共场所。其关键，不是要彻底征服对方，而是要达成一致。语位之间的竞争是协商政治和政治生活的规则（参见 210-215）。但在柏拉图学园内，就我们所知，规则类似于数学家——包括那些接纳奥尔甫斯或毕达哥拉斯的教义，一直到相信神灵启示的人（Detienne, 1963）——所遵守的规则。对于政治家而言，教授数学不需要详细说明。

秘密传授的知识，与公开教授的知识，两者之间的区别就如同口头对话与书本之间的差别。书写意味着对话的死亡：它不是自身话语的言说者，不能为自己辩护（*Phèdre* 275 d）；它不能选择自己的读者，而口语的对话者却可以选择自己的伙伴（275 e）；通过运用书写的符号，它唤起的是一种形式的、机械的记忆术，而不是像声音那样，唤起的是关于内容的活生生回忆（275 a）。书面学习在模拟的(短暂)时间内发生,就好比植物在以阿多尼斯(Adonis)[1]命名的人工花园中生长一样,而鲜活的口头语则需要对话的时间,既长又慢,甚至没完没了(276 b-277 a)。

由此,书写的悲伤统治着政治:如果需要制定法律,那就像写医嘱一样,是为了在懂行的人——医生或是作为立法者的"王室成员"——缺席的情况下,我们也能够自我驾驭(*Politique* 293 a-295 c)。失望的毕达哥拉斯表达了存在论和政治上的哀悼:必须书写,必须通过书写来统治,通过书写来教育,必须向摹仿让步("文字写作让人觉得可怕的是,它与绘画相似"。*Phèdre* 275 d),必须教育受话者,因为他们不配进行对话,他们被称为政治的(politikos)读者。作为口头对话语位的对应物,需要有书面的教学语位。

§4 选择

不是所有人都能被允许参与口头对话。"苏格拉底"遇到了对话者的难题:要是他是傻瓜,或是恶意的,我们怎么办呢?从来没有人质疑最终达成一致的可能性,达成一致是理念的目的,只不过为了让它始终作为目的而存在,这一目的不需要被实现。毋宁说,它需要不被实现,

---

[1] 阿多尼斯(Adonis)是爱与美的女神阿芙罗狄娜所爱恋的美少年。打猎时被野兽撞死,爱神非常悲恸。后来被允许每年回阳世6个月,与爱神团聚。为司掌春季植物的神灵,每年死而复生,永远年轻容颜不老。——译者注

这或许就是为什么充满活力的对话时间何以是无限的。不过，对话机构所要求的至少是对话各方就关键问题——大家就追求一致本身——达成一致。阿弗罗迪西亚的亚历山大（Alexandre d'Aphrodise）将方法上的共识称为"商谈"（koinologia）[1]：如果命题最终要一致，至少双方的习语及其使用方法从一开始就是共同的。假定一个对话的候选人是农民，或者是个傻子、骗子，这些情况必须排除。苏格拉底问来自埃利亚的外邦人，他会用什么方式来进行论辩，是长篇大论，还是提问及回答呢？外邦人说道："如果谈话的另一方在回答时没有制造任何麻烦，又或者他是坦率真诚的，那么采取和他对话的方式就比较容易；否则，不如一人独讲。"（Sophiste, 217 c-d）例如，我们可以与喜欢形式（理念）的朋友对话，相比动不动就将所有事情简化为身体的唯物论者，他们更加"容易被驯服"（同上，246 c）。在允许后者进入对话之前，他们必须接受教化。但实际上，不存在这样的问题。我们可以假装他们很有教养，可以代替他们说话，重新阐释他们的观点（246 d），使他们能参与对话。

事实上，这不仅仅关系到淘汰掉那些想加入对话的傻子白痴的问题，也关系到如何吸引和驯服那些倔强而不愿

---

[1] koinologia 对应希腊文 κοινολογία，有"对话""商谈"之意。——译者注

意参与对话的人。模拟对话，目的就是引诱他们加入对话。唯物论者没有进入对话的场景，但是他在对话中被呈现出来。好的摹仿就是去摹仿"商谈"，显然是在语言中（logô），实际上（ergô）它根本就不存在。[1] 在《法律篇》中，雅典来客将这一过程仔细地刻画出来（X 892 d sq.）。他对克里特人克里尼亚斯和斯巴达人梅奇卢斯说，在进入灵魂比身体具有优先性的争辩之前，设想我们不得不跨过一条水流湍急的河流。我比你要强健，要有经验，那么让我先过，看看你是否能过得去。如果我过不去，那么只有我有危险。这难道不合理吗？同理，"你看吧，话语的论证太难了，依照你的力量，未见得能通过"。你一向没有回答问题的习惯，因此你会失败的。"由此，我觉得现在有必要按照如下方式行动：我先给自己提问，你安全地待在那里听着，我会给出自己的答案。这样，我们可以完成整个论证。"（同上）然后，立马进入行动："如果有人给我提出刚才我们提到的问题，我就能够以如下方式非常安全地给出答案：——有人对我说：你这个外邦人，是不是……？——我回答说：这取决于……"接下来就是一段摹仿性的对话（893 b-894 b），最终以此结束："那么现在，我的朋友，是不是……？"

---

[1] logo 是 logos 的单数与格，可译为"用语词"（in words），"在语言中"；ergô 是 ergon 的与格，意思是"实际上"（actually）。——译者注

谁是朋友？是雅典来客在他一个人进行的对话中的模拟交谈者，还是"真实的"对话者，如斯巴达人梅奇卢斯和克里特人克里尼亚斯呢？不管是哪种情况，总是克里尼亚斯用一个问题链接上"我的朋友"，不管这个朋友是虚构还是真实的。他因此而跨过了急流。诗评家将其称之为转喻（métalepse）（Genette, 1972: 243）[1]，在指称获取的层面所发生的改变。亚里士多德考察了作为转喻而存在的"论点转移"（translatio disputationis）（*Top.* II: 111 b 31）。但是他所描绘的变化是发生在论据之上的，而不是对话者之上的。由此，热奈特所说，以及他所举的例子，赋予了转喻以不同的意义：它是两个世界之间不断移动、神圣而不可侵犯的边界的通道，一个是我们在其中叙述的世界，一个是我们谈及的世界（245）。他举了一些例子，例如巴尔扎克和普鲁斯特的比较温和的例子，以及斯泰恩、狄德罗、皮兰德娄和日奈等人大胆创新的例子。

他在《泰阿泰德篇》的序幕中看到了转喻的原型。欧几里德向泰尔普西恩（Terpsion）提及一次发生在泰阿泰德（Théétète）、泰奥多尔（Théodore）和苏格拉底之间的辩论，苏格拉底最后将这场辩论告诉了欧几里德。然而，为了避免重复冗长的叙述标记，例如"他说""他回答""我说""他

---

[1] 转喻（métalepse）是西方古典修辞学的术语，指"故事外的叙述者或受述者人擅入故事领域的行为"。——译者注

同意",欧几里德凭借记忆写下了这些谈话,在书中去掉了这些表达。泰尔普西恩和我们,作为欧几里德的读者,因而读到了苏格拉底和泰阿泰德以及泰奥多尔之间的对话,仿佛泰尔普西恩和我们,是在现场听到这场谈话,而没有任何中介。这就是完美的摹仿:抹去作者,且借助于欧几里德的伪装(apocryptie),我们确认了这一点。《法律篇》中的雅典来客至少在其一个人完成的对话中留下了模拟的痕迹。而现在,作为作者的柏拉图,同样在我们读到的(且归于他名下的)对话中隐匿了自己。由此,从表面上来看,他也违反了苏格拉底在《理想国》中立下的诗学法则。即便不算他的论点,柏拉图的形式同样也面临着"不虔敬"的指控。

但是,大多数对话的序言都打上了场景安排(la mise en scène)的痕迹:x 对 y 说,他遇到了 z,z 告诉他说……最重要的层次转换(Genette, 1972 : 238 sq.)在这里不断变化:在《法律篇》中是一层转换(柏拉图),→雅典来客和他的对话者;在《理想国》里是两层转换:(柏拉图)→(苏格拉底)→苏格拉底和他的对话者;《泰阿泰德篇》里,是四层转换:(柏拉图)→欧几里德,泰尔普西恩→欧几里德,苏格拉底→苏格拉底,泰奥多尔,泰阿泰德(通过书写)。此外,我们还必须在"开场"(proimia)中考察人物和距离的变化(Genette, 1972 : 251, 183)。层次的增加会加大受话者（读者）与指称的距离。由此，在我们刚刚提到的《法律篇》的段落中，克里尼亚斯和梅奇卢斯从现场被遣回大厅，在那里，他们和雅典来客一起，聆听后者虚构的对话。作为柏拉图对话的读者，我们也在遭遇同样的命运：舞台布景把我们推到了远处，我们与对话者之间的认同也就被推延了。

在柏拉图的诗学中，这种叙事的距离化扮演着一个"苏格拉底式的"对话中对第三方采取的排斥策略类似的角色。作为读者，较之于克里特人和斯巴达人对模拟对话的态度，我们不会更多或更少地认同书写的话语。和他们一样，我们过于软弱无力；和唯物论者一样，我们过于粗俗、执拗。我们无法就对话的规则达成一致，而对话的首要原则就是我们理应为自己达成指称的一致。我们相信第三方在实在问题上的决定。我们认为在第三方面前获得的成功是真理的标志。我们相信竞争学。只要略施手段，我们允许较弱的一方获胜。

§5 转喻

由此，在主张用竞争和主张用对话来创建实在的方法之间，存在着异识。这一异识如何得以调解呢？后者说，当然是通过对话；前者说，当然是通过竞争。如果坚持下去，自然只有永恒的冲突，它会变成某种元-异识，即关于如何调解"创建实在方法之冲突"的异识。在这一点上,竞争学派的原则远远没有被消除,它仍然占了上风。为了去除竞争回归的危险,柏拉图安排了对话者的转喻,后者或许是其教育学的核心所在。

不过,这一安排的悖谬之处就出现了。对话原则上消除了回到第三方来建立起论辩指称实在的可能性。它要求各方就实在的标准达成共识,而标准就是用同一语位来指涉这一实在。第三方的排除,就发生在已经是对话的场景中。但是这一场景吸引了第三方:在场的听众或观众,那些被排除在对话场景之外的人。实际上,它们转向了竞争,即三方游戏:传统的修辞、辩证和诗学(尤其是戏剧)游戏。相对于对话场景,他们被放置在第三方位置,被引导着见证或是评判某个回答、某个片段或某个插曲是否是对话的。但如果真是如此,对话就仍然是三方游戏,而诗学或修辞的竞争学就仍然是其根本原则。除了色拉叙马霍斯,"苏格拉底"瞄准的是参与对话的听众,作为读者的大众,而他们将决定谁是强者。由此,有必要在他们认为自己作为第三方介入对话的一瞬间,就停止作为第三方,作为对话的观众、证人和裁判而存在,而是作为对话者参与对话。转喻就完成了辩论中这一角色的转换。通过这一转换,他们不再是场景中对话的受话者,而是"苏格拉底"的受话者,或是站在色拉叙马霍斯或克里尼亚斯一边的雅典来客的受话者；就如同我们，起先是读者，现在成了与"柏拉图"对话的受话者。

我们是否要承认某种对话的动力学，它可以通过转喻吸纳异识，引导异识走向某种即便不是关于指称的共识，也至少是某一种公共语言呢？假定如此，那么我们必然要承认，某一个要胜过其他大多数，而在分歧中可以找到或赢得共识。还没有证据显示我们可以掌控具有这种价值的语位。辩论的参与者，甚至是对话的见证者，是否能转换为对话的伙伴，我们也从不确定，甚至觉得不太可能。我们唯一能确定的是，这是一种不同于传统辩证法的话语类型。它同时创建和试图制定我们称之为科学认知的规则。

35. 但是作为证人的那个人，作为"有这事存在"这一语位的说话者，简言之，作为原告，他难道不是至少应该服从能力、道德（亚里士多德的精神气质）、真诚或真实的标准，来决定他的证词是可接受还是不可接受的吗？维达尔-纳杰质疑他自己的权威，即是否有权力（autorité）证明毒气室的真实性。他感觉自己在两个动机之间摇摆不定：保存记忆，使它不被遗忘；完成复仇。第一个动机仅仅让证人服从于科学认知的规则：重建人类过去的事实。第二个动机显然不一样。历史学家在夏多布里昂的一句话中发现了它的原型:"在屈辱的寂静中,当唯一可听见的声音就是奴隶的铁链和告密者的声音,当一切都在暴君面前发抖,当得到他的恩宠与失去恩宠都一样危险时,历史学家会出现,他肩负着替人民报仇的使命。"(1981: 270)夏多布里昂说,这就是长期以来他所理解的历史学家的工作。但是现在,"战争结束了",悲剧被世俗化了,"人民",无论如何,犹太人,有了表达自己意见的途径,也得到了补偿,他们不再是受害者。我们面临着第26和27条所谈及的第四种情形,由于证人没有作证的权力,因此唯有沉默;或者是第二种情形:根本没有指称,没有受害者,我们无从指证。历史学家因此只剩下知识的权威,他的使命顿时失去了升华的机会(White, 1982: 12)。

36. "再也没有受害者了。"(参见35)但是,认为犹太人不再是受害者是一回事,认为不再有受害者存在则是另一回事。我们不能从特殊推导出普遍。语位"不再有受害者"(与语位"不再有异识"是同义反复)不是一个认知语位,不能根据认知语位的建构和确认方法来证实或反驳。例如,指称"劳动力"是一个概念对象,但如康德所言,它并不产生直观,也不会因此而引起知识法庭前的争议和判决。它的概念就是一个理念（Idée）（参见评注：康德3，§2和§3）。另外举一个例子：一个马提尼克人是法国公民，他可以对损害其法国公民权利的行为提出申诉。但根据法国法律，他认为自己作为法国公民所遭受的伤害不是诉讼问题。这个问题或许可以在国际私法或公法下解决，但如果真要这样做，那么这个马提尼克人就应该不再是法国公民。可他又是法国公民。最终，他断言由于其公民身份，他遭受了伤害，但是这一断言是无法用明白无误的、有效的程序来检验的。这些是（康德意义上的）"理念"的语位世界——民族的理念，价值创造的理念——所表现出来的各种情况的例子。这些情况并不是认知语位的指称，并不存在制度化程序来建构和反驳它们在认知意义上的实在。这就是为什么这些情况会导致异识。异识的表达是荒谬的，至少在认知语位家族的规则看来是如此。

37. 我们接受你的假设，伤害源于如下事实：损失无法用法庭和另一方的公共语言来表达，这就引发了异识。但在这个假设中，当受害者语位的指称不是严格意义上的知识的对象时，你又如何判断存在着异识呢？你又如何证明这一情况确实存在（参见1）？难道是因为有证人的缘故？

但是假定他们无法建构自己所断言的实在时,你又如何相信他们的证词?要么异识的目的是既定的实在,那么它就不是异识,而是诉讼;要么,如果对象没有任何既定的实在,异识没有对象,那就根本没有异识。——实证主义就是这么说的。它混淆了实在和指称。但是,在很多语位家族里,指称根本就不表象为"真实的":"所有的山岗上/皆是平静""2×2=4""滚出去""那一会儿,他选择了……的道路""这可真漂亮呀"。没有什么阻止这些语位的发生。(但是"发生"和"真实的存在"是一回事吗?根本不是一回事。)(参见131)

38. 有人会觉得,相比对人的损害,对动物的损害所带来的痛苦会更多些。这是因为根据人类确定的损害赔偿的规则,动物已经被剥夺了作证的可能性;由此,每次损害都像是一次伤害,并使得动物成为事实上的受害者。——但是,如果它根本就没有证明的方式,那么甚至都没有损害,至少你无法证实这一点。——你所讲的恰好定义了我想说的伤害:你把动物保护者置于两难困境(参见8)。这就是为何动物是受害者的典范。

39. 假若属于不同体系和类型的语位(例如认知和理念

类型）相遇会产生异识，那么它们必须有一些共同的特征，它们的"相遇"必须发生在同一个世界，否则，它们根本就不会相遇！——你所想到的世界将会是一个先于语位的世界，是一个语位在此相遇的世界；但是，是由你的语位来表现这一世界，仿佛它已经在那里，先于所有语位。这是一个悖论，它总体上表明了实在：即便没有认知程序的有效证明（参见 37 和 47），也是如此这般。——不是，我并不是说这个世界就是实在，而只是说它是语位相遇的条件，即产生异识的条件。——相遇的条件不是这个语位世界，而是你用以表象这一世界的语位。这是一个先验条件而不是经验条件。就这一语位世界而言，我们可以说，它既是语位相遇的结果，也是语位相遇的条件（这两种表达是等价的）。同样，语言学家的语位是它所指语言的先验条件。这并不妨碍语言成为语言学家的语位的经验条件。"先验"和"经验"仅仅表示两个不同的语位世界的术语：批判性的哲学语位和认知语位。最终，来自不同语位体系或话语类型的语位在专名中，在由专名网络所决定的世界中"相遇"（参见 80，81 和 60）。

40. 为什么异质体系之间的语位会相遇？你告诉我

们，相遇产生了异识。——难道我们不能避免这种相遇吗？——那不可能，因为相遇是必然的。第一，对于一个发生的语位，我们必然要链接（即便是沉默，也是一个语位），不可能没有链接。第二，链接是必然的，但如何链接则是偶然的。就语位"我不能去你家"而言，有很多种链接的方式（参见137，139和140）。——但是，其中一些是相关的，而另一些则不连贯。删去那些不连贯的链接，你将避开异识。——我们承认可以这样，但是你如何知道有些链接是相关的链接？只能通过尝试各种链接，包括不连贯的方式。——有些话语类型（参见147，179和180）确定了链接规则，只要遵守这些规则,就可以避免异识。——话语类型决定了至关重要的东西，它们让不同的话语体系听从于一个单一的目的：在法庭修辞中，提问、举例、论证、叙述、欢呼，这些都是劝说的不同方式。这并不意味着语位之间的异识被消除了。从任何一个语位出发，另一种话语风格都可以让该语位从属于另一个目的。话语类型仅仅是让异识从体系的层面转向目的的层面。——但是因为多种链接是可能的，就一定意味着它们之间存在着异识吗？——是的，因为每次，只有一个语位可以发生（被实现）（参见184和186）。

41. 必须链接,但是链接的模式从来不是必然的。链接是合适的,或不合适的。比如以下链接:

"我可以去你家吗?"——"美元现在怎么样?"

或者:"这是过度资本化的危险。"——"你刷牙了吗?"

或者:"救命!救命!"——"救谁的命?"

或者:"或者是 p,或者是 q;如果是 p,那么就是非 q"——"你知道她已经到了吗?"

或者:"关门!"——"你说要关上门。"

这些不合适的链接都是第二个语位带给第一个语位的损害(dommages)。你会说,当第一个语位不能和第二个语位连起来,以获得其有效性时,这些损害就变成了伤害(torts)。——这不是一回事。有效性是一种话语类型,它不是一个语位体系。没有语位可以在其语位体系内部获得有效性:描述性语位只能借助于指示语位(une ostensive)("看,这就是实例")从认知上获得有效性。指令性语位只能借助于规范性语位在司法上或政治上获得有效性("准则规定……");同时,它只能借助于情感在伦理上获得有效性(与"你有义务"相联系);等等。

42. "只有受害者的复仇才有权作证。"(参见 35)

在这里,"权力"(autorité)一词是有歧义的。受害者并没有法律手段来证明他所遭受的伤害。倘若受害者或他的辩护者试图"伸张正义",那只能是在罔顾法律的情况下才可能。法律保留了确认罪行、宣布判决、确定刑罚的权力,而双方都必须在法庭前,用同样的法律语言来陈述自己的观点。受害者呼唤的正义不是法庭的正义,它不能通过司法或诉讼话语来表述。而法律正是在后面这种话语类型中才得以阐明。因此,复仇的权力不应该被称为法律权利(droit)。控诉是由原告(说话者)对第三方(法官)提出的损害补偿要求。而复仇者则是正义的伸张者,他的正义要求(呼唤)是对自己(受话者)发出的,就好比是对法官发出一样。即便是为了实现(自己的习语),这种对正义的要求不能转让给第三方,它的合法性不允许被讨论,它不能被分配、被测量,因为它的指称——"伤害"——是不可被认知的。

43. 但是,如果控诉没有结果,就可以复仇。既然受害者无法获得补偿,那么不如复仇。——这仍然是心理学或社会心理学。在任何情况下,我们都毫无疑问地承认,目的论原则支配着从一种话语类型(认知话语)到另一种话语类型(理念话语)的过渡。不过,我们又有什么证据可以说,在不同的话语类型之间存在补偿原则呢?我们是否可以说,既然我无法成功证明这一点,那么总可以讲述它吧?首先,当指涉指称的语位不是来自相同的语位家族时,指称不是同样的指称。损害不是伤害,有待证明的财产不是要讲述的事件,我的意思是:即便它们拥有相同的名字。其次,为什么这个指称必然是"第二个"语位的对象呢?唯一的必然性就是链接的必然性,除此以外,没有必然。在某个话语类型的内部,链接遵守自己的规则,这些规则决定了利害关系和目的。但是从一种话语类型到另一种话语类型,我们不知道有这样的元规则或是总目的。一个经典的例子就是将指令型语位链接到认知型语位之上:如果某一指称被确认为真实的,不见得我们就应该根据它来说什么或做什么(参见义务一节)。相反,从一个指令出发,我们可以有各种可能的语位链接。"我们说:'既然命令要求这么做',那就这么做吧;但是我们也可以说:'命令要求这么做,我应该……'。我们有时候把这样的命令转化成命题,有时候转化成证明,有时候是行动。"(Wittgenstein: *PhU*, §459)或者是转化为一个评价:军官跳出战壕,大喊"前进!",战士们群情激奋地大喊"好呀!",

可就是不动。

44. 复仇没有合法性的权威,它动摇了法庭的权威。它呼唤那些没有什么重要性,在任何情况下都没有话语权的习语、语位家族和话语类型。它要求审查新法庭的权限和机制。它剥夺了任何将自己说成是独一无二、至高无上的语位法庭的权力。把复仇所要求的违背法律的行为称为"人权"是错的。"人"当然不是这一复仇要求的适当名称,"权利"也不是它可以自夸的权力名称(参见42)。"他者的权利"也不比前两个更好。"无限的权威"(Autorité de l'infini)或者"异质的权威"(autorité de l'hétérogène)这两个名称或许合适点,尽管不是那么有说服力。

45. 我们回到"历史法庭",即黑格尔提出的"世界法庭"。这只能是象征,就好比最后的审判。在什么话语类型中,在什么语位家族中,最高法庭可以就所有语位的有效性主张给出它的裁决呢?而这些主张其实并不相同,因为它们属于不同的语位家族或类型?我们可以在引语运用(元语言)中找到共同的答案,它使得所有的语位都归于一个认知语位体系之下。如果是命令"打开门",法庭理解的不是命令,而是描述型语位:"门被要求打开";如果是问句:"这是口红吗?"法庭也将其理解为描述型语位:"有人问这是不是口红。"如果是描述句"墙是白的",法庭仍然将其理解为描述型语位:"有人宣称墙是白的"。之后,法庭提出的问题就是:是否确实有人问这是不是口红,是否确实有人宣称这墙是白的?"确实"(effectivement)的意思是:以上列举的语位(命令、提问、描述)是否准确地反映了我们所说的语句的特点(这真是命令吗?等等。)它是否真的发生了(真是如此吗?)。在验证认知语位时(例如"这面墙是白的"),上述两个问题是相关的。但是,我们能以这样的方式来验证一个命令(例如"不要再唱了")或是一个评价(例如"这首咏叹调真美呀")吗?毋宁说,受话者停止歌唱,命令才得以生效,受话者分享说话者的情感,评价得以才生效(参见149)。

46. 引用使得语位经历了自指的转化(transformation autonymique)。语位本来是:"开门!"变成引用,就成了"那一句'开门!'"我们因此说,这一语位失去了当下语位(phrase actuelle)的特征。但什么是"当下"?这么说可能更好理解:当命令给出之后,我们等待着它的执行(而不是等待着评论或估价),就可以说它是"当下的"。

而命令的自指转化首先就在于它不期待命令的实现。士兵将中尉的"前进!"——命令他们进攻的指令——转化为"好呀!"来链接时,语位就发生了自指转化!由此,语位的当下性取决于后续语位的链接方式。"会议取消",只有当接下来的语位不再提及会议议程,且不再将说话者和受话者放置在优先于指称含义的处境下,这句话才成为一个当下的实效性语位。

指称、名称

47. 我们怎么能够让指称的实在服从于证实的程序，甚至服从于某些指令，即允许有这些想法的人去执行这些程序？这与我们自发产生的实在（réalité）观念是背道而驰的：当我们认为某些东西存在的时候它就是真的，即使没有人能够证实这种存在。例如，如果桌子总是在那儿的话，我们就会说桌子是真实的，即使在它所处的位置并没有人证实这一点。——或者，我们可以设想一场接力赛。实在或许可以被看作接力赛跑中运动员传递的"接力棒"（证据）。跑步者并没有通过跑步使得这根棒子存在；同样，说话者也没有使他们在辩论中谈论的东西变成现实。实存（existence）不是推断出来的。存在论的争论是错误的。如果不预设实在，我们就根本无法谈论它。

48. 驳斥这一常见的实在观念（参见47），形式上等同于本书第8条提出的难题。抹杀毒气室的真实性与在证实程序中抹杀指称的真实性是一致的。历史学家维达尔-纳杰称弗希松为"纸上的艾希曼"，因为他"试图在纸上继续大屠杀的灭绝行动"（1981: 226）。对他而言，除非在纸上证明，否则毒气室的事实不存在。罗塞说：多亏了这一实在的双重性（Rosset, 1976）。维达尔-纳杰指出，（寻求最终解决方案的）修正主义者在说明毒气室的问题时使用了"非存在论的证明"。但是，当我们不得不反驳实在的命题时，至少在这一点上，他们和你我一样。这是西方从巴门尼德和高尔吉亚便开始的做法。

49. "我在那里，我当然可以谈论它。"弗希松的论证也是一样的原则："用他的眼睛，真正地看到了那一幕。"（参见2）目击证人的所有权威来自某个历史学家称之为亲身经历"尸检"（autopsie）的方式（Hartog, 1980: 271-316）。我们回答弗希松，没有人可以见证自己死亡。我们可以对每个实在主义者说，没有人可以看见真正意义上的"实在"。这预涉了实在有一个专名，而专名是看不见的（Kripke, 1982: 31）。命名不是显示（Nommer n'est pas montrer）。让对雅克说："我确信路易曾经在那里。"雅克问在哪里。让回答："就在我告诉过你的音乐厅嘛！"我们假定雅克有可能知道让所说的音乐厅的名字。但是在音乐厅的哪里，哪一天呢？倘若让想要路易在场的事实得到承认，他应该在某个定位系统中确定他的时间和地点，该系统独立于他的第一个语位提到的时空。于是他说："在音乐厅的后面,右手边,面朝舞台,圣诞节前的那个星期六。"通过求助于年代学、地形学、地名、人名的系统,让给了雅克得以确认这一语位指称的实在的方法,但并不意味着"让那一会就在那里"。

50. 指示词(les déictiques)关系到语位世界所呈现出的各语位项,它们被放入"当下"时空的原点(une origine),即"我—此处—此刻"。这些指示词是实在的标志符。它们将客体作为外在于语言的永久存在,作为"被给予的东西"(une donnée)标示出来。然而这一"原点"并没有将自己建构为永恒存在,而是和被标记的语位世界一起,被表象或共同表象出来。它和这一世界、这一语位一同出现,一同消失(Hegel, 1806: I, 83-85; Gardies, 1975: 88)。"轮到我了",这句话的意思是,当这一语位"发生"时,轮到说话者我(此处未指明做什么事)了。"你刚刚想到什么?"这句话的意思是,当这一语位"发生"时,受话者(你)被询问,在这个语位"发生"之前,他给(某个此处未标明的指称)以什么虚幻的感觉。"说话的主体"(le « sujet de l'énonciation »)就在当下语位所表象出来的世界中,处于说话者位置。这一语位项可能被(专名或者代词所)标明(例如,"我向你发誓,我知道什么?"),也可能没有被标明(例如,"这一方法是错误的,停下来吧!")。和那些被其他指示词所标明的语位项一样,该语位项经历了同样的命运。

51. 我此刻跟读者解释,在这几行里,"此时、此地、我"指向某个"原点",该"原点"处于由"当下"句子所表象出来的世界。我的读者知道,像"此地、此时、我"这些词不能根据它们当下的指示价值来理解,就像是在"我正在解释"或是"这几行"等句子里的指示词一样,而是应该根据任何给定语位中的一般指示词的含义(即用法)来理解。读者可以在"现在"(maintenant)和"那个现在"(le maintenant)之间做出区分。当我说"'现在'是自我指涉的"时,"现在"被看作自身的图像,这个"现在"具有自指价值(valeur autonymique)。倘若别人问你:"你什么时候离开?"我回答:"现在。"这个"现在"和前面那个"现在"不是一回事。在"'现在'是自我指涉的"这一语句中,"现在"并非自我指涉,因为它处于这一语位世界的指称项,它是"被提及的主体"(le « sujet de l'énoncé »)。在"我现在离开"这句话中,"现在"标志着指称的状态(即我离开的动作),而离开这一行动和语句"发生"的时间直接相关。这句话里的"现在"和前一个语位不一样,它本身不是后一个语位的指称[1]。

52. 当我说某个语位的"说话主体"时（参见 51），该语位的说话者被放置在(我的)当下语位的指称位置。(如果它们被命名的话，)两个语位都拥有一样的专名。可是，两个语位世界并不相等。例如：我说，康德写到了法国大革命，后者激发起了其看众的极大热情。在这里，"康德"是"法国大革命激发起了其看众的极大热情"这一语位的"说话主体"，但是在我转述的句子中，他只是语位"康德说法国大革命……"的指称（或被提及的主体），（而"我"是该语位的"说话主体"）。如果康德不是"我的"这句话（第二个语位）的被提及主体，我又如何能说他是第一个语位中的说话主体呢？他所拥有的名称是被公认的（不一定是从"我"这里），或许所有专名都应该被公认。

---

[1] 一个是使用，一个是提及。表达式的使用 (use) 是指用它去命名事物、指称对象或陈述事件与事态，而表达式的提及 (mention) 是指，表达式本身被作为一述说对象，而不是用来指称对象或陈述事态。在"我现在离开"这句话中，"现在"是使用，而在"'现在'是自我指涉的"这一语句中，"现在"并非自我指涉的(sui-référentiel)，因为它是"被提及的"，它不指向具体的对象或行为；但在同一句话中，即在"'现在'是自我指涉的"这句话中，"现在"被看作自身的图像，具有自指价值(valeur autonymique)，是指它可以作为这一语句的指称，指向该语词自己。因此，表达式的使用指称对象、事件、行动或事态；而表达式的提及可以指向自己，指向语词本身。当利奥塔说，« Maintenant » est sui-référentiel 中的"maintenant"不是"自我指涉的"(sui-référentiel)时，"自我指涉"在这里是指语词使用时指向外部对象的性质，但这个外部对象具有当下自反性，而此语位中的"maintenant"用的是自指价值(valeur autonymique)，即语词指向语词本身。——译者注

53. 专名从第一个语位中的"说话主体"转变为第二个语位中的"被提及的主语"无异于当下语位 p 世界中的说话者转变为当下语位 q 世界中的指称。在语位世界 p 中，"康德"写到了关于法国大革命的某些事，然后，在语位世界 q 中，另一个人（"我"）写到了关于康德的某些事。这一转换至少需要两个句子，而它们看上去应该是相继发生的。这"另一个人"可以用同样的名字。例如：《系科之争》的作者以"康德"之名写下了关于法国大革命的语位。语位（1）是："法国大革命激发起了其看众的极大热情"；语位（2）为"康德指出法国大革命……"。我们看到，第二个语位中的说话者仍然是未命名的：谁在说这句话？他或许是"康德"，或许是其他人，但是需要第三个语位来命名：（3）"康德（或者 x）说康德指出法国大革命……"不管由谁来命名，貌似非常重要的一点是，至少要有两个语位的链接，第二个语位指明第一个语位尚未命名的说话者，并把他放在第二个语位的指称的位置。

54. 通过命名，从"说话主体"到"被提及的主体"的置换，没有出现任何模糊性，这其实是将当下语位转换成为引用语位，正如弗雷格对含义的研究，但在这里应用于说话者（Frege, 1892: 112-122；Descombes, 1977: 175-178）。正如

p的含义成为q的指称,所以在命名的时候,p的说话者成为q的指称。——罗素希望"概念"(弗雷格的"含义")像柏拉图的理念那样是永恒的,独立于它们在语位中的位置。他担心这样一种与引用相关的转换,即通过将p句中的概念转换成q句中的指称,使得概念成为一个确定的"对象"而抹杀了它的普遍价值。他在这里看到了黑格尔辩证法的威胁(1903: § 49)。但是对弗雷格来说,语位的含义是独立于语境和说话者的。将语位(1)转换成语位(2)并不改变语位(1)的含义:语位(1)包含在语位(2)的含义中,并改变了它的指涉价值。通过指示句(une phrase ostensive)("这就是实例")来建立一个可表象的实在的证明程序,不再适用于语位(1)的含义而是适用于语位(2)的含义。需要被证明的不是语位(1)的含义,即"法国大革命激发起了其看众的极大热情",而是语位(2)"康德认为这是事实"。语位(1)的含义始终没变,不管康德是不是这么认为。说话者的名字在整个引用(嵌套)以及转化为指称的过程中也保持不变,只不过原因不同。问题不在于证实名称的真实性,名称并不是通过描述(即认知语位)归属于指称的特性。它仅仅是一个指号,例如在人名中,它指称并仅仅指称某一个人。我们可以证明该名称下的某个人的特性，但是我们不能证明该名称本身有什么特性。名称不会加给人任何特征。如果最初名称是有意义（signification）的，它们必须失去意义。命名句（la phrase nominative）——例如"我称这个为 x"（洗礼），"那个叫 y"（学徒）——不是认知句，也不是指示句（参见 62 和 63）。

评注：安提斯泰尼

安提斯泰尼（Antisthène）是高尔吉亚的学生，苏格拉底的朋友和仰慕者，据凯兹（Caizzi）的传记，他和第欧根尼一样，是犬儒派的奠基者。如亚里士多德所言，他支持两个悖论。第一个涉及错误和矛盾。亚里士多德试图建立辩证法的规则。他将辩证命题称为"断言"，与某个重要哲学家所主张的"意见"（悖论）相反。他将安提斯泰尼的命题作为例子："矛盾是不可能的。"（*Top.* 104 b 21）在《形而上学》第四卷的概念目录中，亚氏考察了"假"这一概念："而假语位（逻各斯）是指不存在的事物，事物既假，语位亦假。由此，当每个语位指向别的事物，而不是指涉真实的事物时，它就是假的。例如，把表示圆的语位运用于三角形时，该语位就是假的。在某一意义上讲，每个语位对应一个指称，也就是说，该语位指向'其存在之所是'（ce qu'était qu'être）（Aubenque, 1966: 462），但是在另一意义上讲，每一个语位可对应许多指称，因为某种意义上，指称和以某种方式修改后（带有某些属性）的指称是同一指称，例如：'苏格拉底和音乐家苏格拉底'是同一人。假语位是绝对不会指向任何东西的语位。由此，安提斯泰尼简单地认为，除了自己的语位，没有东西可以被言说，因为一个语位对应一个指称。照他这么说，世间没有矛盾，也不可能有错误"（*Met*.1024 b 27-34）。

柏拉图借欧绪德谟（Euthydème）之口，谈到了一个相似的论点，其中克特西普（Ctésippe）的搭档被看作安提斯泰尼的替身。我们看到，从古代哲学家传记一直到今天，这些论点所引发的误解（及其蔑视）来自希腊动词"legein"[1]一词的含混，它是指讲述某事，谈及某事，还是命名某事？

"——你认为我们会搞错吗？——是的，当然会。除非我失去理智。——当我们谈论某一语位（la phrase, logos）所涉及的东西时，还是当我们不谈论它时？——当我们谈论它时。——如果这就是被谈论的东西，我们因此不会谈论其他东西，而只会谈这些，对吧？——显然如此。——那么我们所谈论的东西就是存在物之一，独立于其他存在物啰？——当然。——那么，当我们谈论它

---

[1] legein 对应的希腊文为 λέγειν，有"说,讲,叙述,宣告,吩咐,告诉"等意思。——译者注

时，我们谈论的是存在之物？——是的——那么，当我们谈论存在之物时，我们是在说实话。当狄奥尼索多洛（Dionysodore）谈及存在之物时，他因此是在说实话，不会骗你。"（*Euthydème* 284 e）

在这里，我决定赋予希腊词"ti legein"指称价值："提及某事，指涉某事"，而忽略它的语义价值："谈论某事，想要谈论"。两者都是可能的。但是，我选择的含义似乎是由于欧绪德谟的第一个问题而非此不可，没有歧义："……该语位所涉及的事（该语位被看作与此事相关）。"

至于矛盾的不可能，以下是狄奥尼索多洛的论证。他承接欧绪德谟，将对话者带入沉默："当我们两个都不是在谈论事物的语位时，我们如何会相互矛盾？"——克特西普也认同。——"但是当我在谈论事物的语位时，我们是否会相互矛盾呢？我谈论的是某事，而你压根没涉及，没有谈及与谈及又如何自相矛盾呢？"

在这里，为消除悖论，我们只需将 ti legein（谈及某事）的含义理解为仿佛是"命名某事"就够了，legein 就有这层意思。对于每件谈及的事情，都有一个特有的名称，也是唯一恰当的名称。反过来说，每个名称对应一个指称，而且是唯一的一个指称。由此，当你与别人意见不合，认为与别人是在谈论同一件事时，实际上你们谈论的是两件不同的事情。倘若是一回事，你会告诉他相同的名称，自然你们讲的也就是一回事。应该这样来理解亚里士多德提到的安提斯泰尼的"一一对应"原则(hèn eph 'hènos):被指定的名称,反之亦然。如果没有错误,那是因为没有"非存在/不是":错误语位的指称并非虚无,它是另一个对象,而不是该语位所指的对象。

《欧绪德谟篇》里的两个智者经历了巴门尼德诗歌中的"是"与"说"的冲突,这也是由前面我们已经谈到的高尔吉亚所开启的"既是又不是"的冲突(参见评注:高尔吉亚)。"关于指称,我们可以说什么?"在知道别人所谈论之事以及将要谈论之事的真与假"之前",我们首先得知道他在谈什么。但是,倘若我们不赋予该指称以特性,也就是说,不事先就指称说点什么,我们又如何知道谈论的是哪一个指称呢?和麦加拉学派以及之后的斯多葛学派一样,安提斯泰尼提出了"赋义"(signification)和"指示"(désignation)谁先谁后的问题。他借命名跳出了这个怪圈。指称必须固定;名称,如克里普克所言,是固定指称的严格指示词。

"指示"本不是,也不可能是"语位"与"存在者之是"之间的一致。安提斯泰尼没有任何理由支持柏拉图在《克拉底鲁篇》中归在克拉底鲁名下的观点,即认为名称的起源或动机是来自被命名物,尽管柏拉图像是一时兴起混淆了这一问题(*Cratyle* 429 c- 430 a)。这一动机没法被描述为真理,除非我们已经知道独立于其名称的被命名之物的本质,这显然是荒谬的。这一被热奈特称为"名称由来"(1976: 11-37)的"摹仿"正好与安提斯泰尼的唯名论相悖。命名是积极的指派,是"制作"(poiein)(*Euthydème* 284 c),即将不确定的"既不是'是'又不是'不是'"(ni être ni non-être)中(参见评注:高尔吉亚)的独特性抽离出来。

亚里士多德引用的第二个悖论关系到决定,来自作为指派者的语位的同一概念。亚里士多德告诉我们,当我们说房子这一名称时,不能只是将其理解为砖块、物质材料,而不包括将其转换为居所的构造的最终形式。如果我们执着于物质要素,我们就无法获得房子的本体(ousia)。那么,要素本身是如何被决定的?"因此",亚里士多德说,"安提斯泰尼及其他没有学识的人所提出的困境,并非不合时宜:他们说,我们无法定义'这是什么'(因为定义是很大的语位)。但是,我们可以辨认并指出'这像什么';例如银,我们没法说它是什么,但是我们可以说,它像锡。因此,存在着某种类型的复合实体——不管是可感的,还是可思的,它们可以被定义,可以被链接。至于构成对象的普遍要素,我们无法定义,因为定义把 A 事物和 B 事物联系起来,而定义的一部分扮演物质的角色,而另一部分则扮演形式的角色。"(*Mét*.VII 1043 b 23-32)

尽管表示了不屑，但是我们对命名所做的让步还是很大的。我们并不定义简单的事物，我们替它们命名。它阐明含义，给出每个事物合适的语位（oikeios logos）[1]。oikeios logos 不是一个定义，因为定义是一个"大语位"，至少包括了两个组成部分，主词和谓词，即亚里士多德的物质与形式。它是一个简单语位，一个语位对应一个位置，即一个词。如果语位是"合适的"，这不是因为它符合了指称的本质（逻辑先在的问题），而是因为它唯一地指向了某个与其他指称不同的指称，正如我们说"欧绪德谟"。这个词，不管它的语法特性是什么，它都拥有名称的价值。如果我们将安提斯泰尼所提出的问题，转化成亚里士多德的术语，便是如下表述：我们或许可以说指称的"本质是什么"，但是在我们做出任何预测"之前"，指称必须被命名。简单或根本，它们不是对象的组成部分，而是对象的名称，名称被放入定义语位世界的指称位置。这一简单逻辑——因而也是前逻辑的——其实与真理的规则不相关（Wittgenstein, *PhU*: § 49）。

55. 形而上学的需要和幻觉：名称必须是正确的，世界

---

[1] oikeios 对应的希腊文为 ικείος，意为"合适的，合乎事物本来性质的"。logos 按照利奥塔之前的说明，此处意指"语位"。——译者注

中的客体必须对语言的召唤做出正确的回答。否则，独断论说，真正的认识是如何可能呢？维特根斯坦认为"对象"是简单的（*TLP*: 2.02），而事态是对象的结合（2.01）；"对象的配置"构成事态（2.0272），事态是不稳定的，而"对象"是"不变的"和"实存的"（2.0271）。在"图像"中，在认知语言中，"要素"与对象相对应（2.13）。这些要素是简单记号（3.201），而在命题中使用的简单记号就是"名称"（3.202）。"对象"是弗雷格意义上的名称的指称（3.203）。"名称在命题中代表对象。"（3.22）对象只能被命名，由此对象本身是不可知的（3.221）。在简单对象和图像要素之间，存在着某种触角（2.1512）。它们的固定允许我们认识变化不定的东西，对象的复合物。——尽管如此，认知不只是要求要素语言与简单对象世界之间的词汇对应。它还要求，构成语言要素的规则必须和构成世界的简单对象的规则是"相同的"（2.17 和 2.18）。当图像是逻辑形式时，图像的形式，命题形式构成了一把衡量实在的标尺（2.1512）。只有在以与图像同样的方式来建构实在时，命题形式方可如此衡量。那么这一符合性如何得以被证实？如果不事先预设，那么表象和再现的形式就无法被表象和再现（2.173）。现在，这些预设同样要求词汇理论：在名称和对象之间应该（通过某种触角）存在着"一一对应"的关系。但是因为简单对象是不可知的，因此我们无法知道简单对象的命名是真是假。

56. 在让的第一个语句的世界中（参见49），实在是"被给予的"。至少通过指示词"那里"和"然后"，实在被暗示了。尽管指称被"给予"到了当下语位的说话者，这些指示词的标记却仍然不足以将指称转换为一个实在。我们可以在梦境、引起幻觉的妄想、感觉错误和一般的个人习语中发现反对意见。实在必须被确立，如果我们有独立的证据，实在将会更好地被确立。这些证据是拥有相同指称的语位，但是它们并没有即刻链接在一起。我们如何知道指称是相同的？"同一指称"至少意味着在共同的、可获得的参照系中，指称位于相同的位置。年代学、地形学、人名使得我们可能确立起指称的同一性。一旦被置入这样的系统，指称将会失去当下的"被给予"特征："在那里""在那一时刻"。被给予的地点和时间可以根据需要，进行多次验证。对于同一个指称来说，"那儿""那会儿"是不可重复的，但摹状词"1957年12月23号，在普莱耶尔厅（Pleyel）的右手边的最后一排"却似乎是可以重复的。

57. "关键是要有两个语位来进行链接"（参见53）。克里普克这样来解释他的"链条"概念："一个婴儿诞生了；他的父母给他取了一个名字。他们对朋友们谈论这个孩子。另一些人认识了这个孩子……他（说话者）与交流链条相连，该链条的另一端就是他所指的那个人。"（1982: 79）[1] 在这里，关键是："他的父母给他取了一个名字，他们跟朋友谈论起他。"自称为"康德"的说话者首先是"我给你取名为康德"这一语位的受话者，是"康德这个星期长大了许多"这一语位的指称。专名和指示词一样，是实在的指派者；它和指示词一样，没有含义（signification），[2] 也不等价于

---

[1] 按照克里普克的解释，名称不具备某种先天必然性，但是具备经验必然性。言说者是通过学习的方式从语言共同体中习得名称的。既然名称没有确定不变的本质属性，没有先在的实体，那么学习就只能把名称放在与其他名称的关系中。例如我学习"白色"总是通过"白雪""白纸"和它们相关的含义以及可能的指称：比如"那就是雪等"。名称的严格性是在经验中获得的合法性，这种合法性不是由主体的先验认识能力来保障的。参见A. P. 马蒂尼奇，《语言哲学》，牟博、杨音莱、韩林合等译，北京：商务印书馆，1998年，第550页；Saul Kripke. "Naming and Necessity". In A.P Martinich ed. *The Philosophy of Language*. Oxford: Oxford University Press, 1990: 287。——译者注

[2] 所谓指称就是指言者A如何运用语言表达式X向听者B指涉外部对象γ的问题。那么语言表达式X如何得以与外部事实γ相连呢？在分析哲学围绕指称问题所进行的争论中，分歧表现为：名称是否具有某个或某些确定的基本特性，而通过这些特性我们可以识别出外部世界中的某个对象。这样的"特性"使得语言表达式具有某种将对象标示出来的"能力"，被称为语言表达式的"含义"。分析哲学中的传统阵营肯定这种"含义"的存在，并将之作为表达式和对象之间的认知中介；而新阵营则否认这种"含义"的存在，将表达式和对象之间的关联描述成偶然的历史事实。前者是弗雷格—罗素传统的经典描述主义的主张，后来得到维特根斯坦、塞尔、斯特劳森的进一步阐述和发展，而后者则是由唐纳兰—克里普克为主要代表人物的直接

一个限定摹状词或一簇摹状词（同上）[1]。它只是指派功能的一个纯粹记号。它不像指示词，因为这个记号独立于当下的语位。就人名而言，这一记号的独立性意味着，从一个语位到下一个语位，它都是不变的，尽管它有时是在说话者的位置，有时是在受话者、指称的位置（有时甚至是在谓词的位置："这是康德"）。它的严格性就是它的不变性。名称指称同一事物因为它始终保持不变。即便穿越其他"可能世界"（参见18和25），专名仍然保持不变。"可能世界"不仅仅包括那些描述不同的可能世界，例如："康德，《纯粹理性批判》的作者""康德，《判断力批

指称论的见解。争论的焦点集中在名称是否具有含义这一问题上。根据描述主义的主张，我们可以得出名称是有含义的，它的含义（意义）由一个或一簇摹状词D给出。因此它的基本预设就是标示特性的摹状词和该名称可以保真替换，且如果名称X存在，则"X是D"是一个必然真理且为说话者先天认识。通过反驳描述主义的基本主张，克里普克提出了自己对于名和指称的看法，即名称没有含义，它直接指称对象，而且它是"严格指示词"（désignateur rigide）。利奥塔采纳了克里普克的名称是直接指称表达式而无含义的观点，把名称称为"严格指示词"。他和后者一样，也认为指派（designation）或命名（nomination）先于赋义（signification），在任何谓词（属性）被赋予指称之前，指称必须被命名。名称并不是通过描述（即认知语句）归属于指称的特性。它仅仅是一个指号。如果最初名称是有意义的，它们必须失去意义。换言之，如果我们用名称来指称对象，并不是根据名称或对象先在的某些同一性标准来识别对象；恰恰相反，只有当我们通过无意义的名称来严格指称对象，对象在任何可能世界的同一性才可能获得保证。——译者注

[1] 关于经典描述主义的主张，克里普克在《命名与必然性》一文中曾经用六个命题来概括描述主义的基本特征，参见A. P. 马蒂尼奇，《语言哲学》，牟博、杨音莱、韩林合等译，北京：商务印书馆，1998年，第539页；Saul Kripke. "Naming and Necessity". In A.P Martinich ed. *The Philosophy of Language*. Oxford: Oxford University Press, 1990: 282. ——译者注

判》的作者""康德，他的晚年生活由托马斯·德昆西讲述"……"可能世界"首先是指那些专名占据不同位置的语位世界："我给你取名康德""亲爱的哥哥，拥抱你，康德（签名）""这听上去像是康德""康德那会正在撰写《对美感和崇高感的观察》"。

58. 名称将"此时"转换为一个日期，将"此地"转换成一个地点，将"我""你""他"转换为让、皮埃尔、路易。即便是沉默，也可能指向诸神（L.Kahn, 1978）。以日历、地图、系谱、公民身份汇集在一起的名称是可能实在的指示器。像数据一样，它们给出了对象的指称、日期、位置以及身份。语位，去掉了指示词的烙印，表象为"罗马"而不是"在那里"。名称"罗马"作为指示词起作用：指称、说话者、受话者被置于与"仿佛在这里"的关系中。作为准指示词的名称在语位链条中是保持不变的。而指示词则不是这样：语位 p 的"这里"在语位 q 中可能就变成了"那里"了。罗马是在很多个语位中被实现的"这里"的"意象"（例如，它是古罗马历史学家李维谈论的地方，是我们的朋友 B 一家生活的地方）。当"当下"发生的语位表象出来的世界被命名时，这一固定的意象就变得独立了。

59. 名称指派的严格性扩展到了它们的关系。在"仿佛这里"是罗马和"仿佛那里"是博洛尼亚之间,另一个语位填充了时间和距离上的间隔。这一间隔可以通过"旅行"来确定,也就是说,用络绎不绝的中间地名代替"这里",用不同时刻的中间名称代替"现在"。然而,我们无法确认对间隔的测量,测量预设了它本身就是固定指示词,即测量单位,例如法尺、古里、英里、米、时间单位。这一指示词就算穿越所有的语位世界都不发生改变,因为它是名称(Wittgenstein, *PhU*: § 50;Kripke, 1981: 42)。我们说"这是一米",就如同我们说"这是罗马","之后",我们会寻思这是什么,并试图定义所命名的东西。——可能我们应该从颜色名称的指称功能的角度来考察颜色的逻辑(参见评注:高尔吉亚)。这些名称,也是约定的,它们并不提供关于命名对象的知识。当我们说"这是红色"时,难道它不比"这是罗马"更加神秘莫测吗?

60. 由"对象"名称和关系名称所构成的准指示词网络,指明了"被给予物",以及它们之间的给定关系,即世界。我之所以称之为世界,是因为这些名称是"严格指示词",它们指向某个对象,即便对象并不在那里;是因为在所有通过对象名称来指涉对象的语位中,这些对象都是相同的;

同样也是因为，每一个这样的名称都独立于指涉它的语位世界，尤其是独立于在该世界中的说话者和受话者（参见56）。这并不是说，在不同语位中拥有同一名称的事物也拥有相同的意义。对于这一事物，我们可以生成不同的描述，而对它的认知是敞开的，并没有因名称严格指称而被封闭。认知使得人们放弃一个名称，用另外的名称取而代之，引导人们承认或创造新的名称。名称服从于安提斯泰尼的原则：每个指称都有一个名称，每个名称都有一个指称。如果"晨星"和"暮星"的描述是一样的，那么我们将赋予它们的指称以单一名称（在同音异义字中则相反）。——然而当指称在不同的时间和地点出现时，人们如何知道只存在一个指称呢？——那是因为，实在并不是仅仅通过实指（ostension）建立起来的。通过摹状词所确立的属性允许我们解释在实指中存在的差异（例如地球转动的假设）；实指对这些属性做出了证实（这就是实例）；最后，如果我们能够知道实指本身有差异的，那是因为我们用历法名称、用与已命名星球的距离等替换了指示词；这些名称不再将所指的东西置于与"当下的"实指语位的关系中，而是将之置于与实指无关的名称世界的关系中。

61. 一个认知语位要生效，全靠另一个语位，即实指

(ostensive)或展示(monstration)。它的公式就是:"这就是它的实例"。在这个语位里,"它"是指认知语位的实例。它要展示一个实在,即此实在是认知语位为真的例子。我们应该清除实指句的指示词,在独立于"我—此处—此时"的系统中表达指称(实例),以便受话者能够借助于系统所提供的定位标记重复实指行为。例如"这里有一朵红花"的语位可以转换成两个句子:一个是认知语句或定义:"红色是客体发出的对应于光谱中 650~750 毫微米的辐射波长"。另一个是实指句:"这朵花的颜色,这儿有一个实例"。不过还有必要去掉后边这句话的指示词"这儿",代之以独立于当下语位的定位标记系统("1961 年 4 月 17 号在 x 研究所的植物研究室由 y 所观察到的那朵花")。

62. 一旦我们去掉自指世界(指示词)的痕迹,任何一朵红花(而不是在初始语位中作为指称而出现的红花)都可以成为实指语位的指称,只要它能证实认知语位关于红色的定义。因此,所有辐射波长为 650~750 毫微米的花,都可以看作证实这一认知语位的例子。事实上,这一可能性从来没有实现,因为它涉及"红花"的总体。实在屈从于相反的东西:实在是由语位描述给出的,它成为一个档案馆,从这里,我们可以获得证实描述的证据和例子。——

当然，证据仍然包括了准指示词的定位标记，例如颜色表中的红色。即便是描述性语位也不例外，由于毫微米的术语属于测量词汇，它纯粹是指涉性的。描述没有办法完全摆脱命名，而指涉也无法完全简化为含义（Tarski, 1923-44: 295）。命名只有指称功能，这一事实使得描述（认知）陷入永无止境的精细化。但是命名向实在敞开了什么大门呢？

63. 难道我们不是很容易区分指称是真实的名称和指称不是真实的名称吗？我们不会把波拿巴和冉阿让、乌托邦和美国混为一谈。没有人真正遇到过冉阿让，除非是《悲惨世界》的人物（在构成该小说"世界"的名称系统中）；也没有人真正去过乌托邦（拉斐尔·希斯拉德忘记给我们这个岛的地理坐标了）。在语位世界里，名称严格指称，它进入名称网络，使得实在的定位成为可能，但它并不赋予其指称以单一的实在。如果"燃素"（phlogistique）和"氢"（hydrogène）都是名称，那么显然第二个有真实的所指，而第一个没有。——但是，"遭遇"冉阿让，"进入乌托邦"并不是关于实在的检验。我们总结一下。"这是凯撒"，这是命名语位，而不是实指语位。但是，这个语位也可以在凯撒的肖像面前"发生"，就好像在凯撒面前一样（Marin, 1981: 279-284）：这是因为替指称命名并不意味着指出它的"在场",赋义(signifier)是一回事,命名(nommer)是一回事,而指示(montrer)又是另一回事。

64. 指出 x 是认知语位"x 是 P"的实例即是将 x 表象为真的。因为实指语位将它的指称表象为"被给予的",它可以根据认知要求证实一个描述(摹状词)。某物是"被给予的"意味着它的指称在那里,而即使没有人指出它来,它还是在那里。即使没有进入语位的链接,它还是在语言之外存在着(参见 47 和 48)。对于一个反对这一观点的人来说,很容易驳斥那些确认指称的现实性的人,只消将他们放入这样的困境:要么被显示的指称仅仅是所显示的东西而已,那么它并不必然为真(它或许只是表象呢);要么它不只是被显示出来的东西,那么它也不必定为真(我们怎么知道不在那里的东西是真的呢?)这个难题打击了建立在实指之上的所有哲学(Descombes, 1981-a)。他们通常是借助于某一绝对可靠的第三方的证词来规避这一难题,对第三方而言,实指语位中向"当前"受话者所隐藏的东西假定被完全(持续)地展示出来。在这一点上,笛卡尔式的上帝和现象学的前谓词的"我思"并没有什么区别。两者都承认一个处于"宇宙流放"状态的实体(McDowell in Bouveresse, 1980: 896)。

65. 不管是真还是假，指称在语位世界之中被表象出来，因此它处于与含义的关系之中。例如，"门是开着的"，与指称相关的含义处于描述语位的体系之中。（当然，含义并不总是在描述语位体系中被表象出来，而指称也并不总是占据着话语主词的位置。例如，指令句"打开门！"表达了一个含义，而指称[类似于：在下一刻门被你打开]并没有成为描述的对象。感叹句"什么门，总是开着！"，疑问句"是他打开的门吗？"，陈述句"门开着"，这些语位都有含义，但它们的指称并没有根据描述语位的规则被赋义。）不管前一个语位是属于什么体系，指称的实在只能由对该语位问题的回答来得以确认。例如，"你在说哪扇门呢？"对应此问题，通常的回答是个实指语位："这扇门。"但是这一实指语位并不足以让前一个语位具有效力，还得借助独立于当下语位的定位，方使确定门的位置成为可能。由此必须借助于名称系统："阿尔贝家朝西开的门。"通过名称，稳定和共同的时空就被引进来了。描述性语位："帝国的政治中心是首都。"命名语位："首都叫罗马。"指示性语位："这就是罗马。"（"这个城市就是实例。"）另一个例子："这里就是罗陀斯，就在这里跳！"（Hic

Rhodus, hic salta)[1] "跳"这个语位表达了指令体系的含义，"Rhodus"是名称，"hic"是实指。指称是真实的，因为在赋义、命名和指示的三种情形下，它都宣称是同一指称。相应地，在集中营里，存在着用（充满齐克隆 B[2] 的）毒气室来进行的种族屠杀；集中营叫奥斯维辛，这就是它。还会有第四个语位来说明，被赋义的，被命名的和被指示的是同一指称。

66. 三个语位的指称同一性并不是一劳永逸地建立起来的。它必须"每次"都予以确认。事实上，同一性受制于实指语位的指示词，而指示词在语位"发生"时进行指派，仅此而已。在 t+1 时刻的"这就是实例"的指称并不必定是 t 时刻的指称。为了确认，我们必须借助于一个名称："罗马就是这样"。毫无疑问，作为严格指示词的名称指向的是稳定指称，但命名指称本身是独立于实指行为的（凯撒的肖像就是凯撒；不管金属尺子怎样，一米就是一米）（Kripke，1982：42-44）。由此，我们回到适用于命名对

---

[1] "Hic Rhodus, hic salta"是拉丁语，译为英语就是"Here is Rhodes, jump here"。这句话源自《伊索寓言》里的一则故事。一个爱吹嘘的年轻人声称他可以跳 100 公尺高，但是只能在罗陀斯岛才能做到，而村民则敦促他表演给大家看，"这里就是罗陀斯岛，要跳就在这里跳！"——译者注

[2] 齐克隆 B 是德国化学家弗里茨·哈伯发明的氰化物化学药剂，原为杀虫剂，"二战"中纳粹德国曾在奥斯维辛集中营用该化学药剂进行过大屠杀。——译者注

象的描述的同一性问题。如果在 t 和 t+1 两种情况下,"罗马"都拥有同一性质,那么我们可以在"t"时刻和"t+1"时刻说"罗马就是这样"。如果就含义而言,只有用一个重言式,我们才能将 t 和 t+1 的指称等同起来:x_t is P = x_{t+1} is P。如果赋予它不同的特性(含义),你又如何知道它是同一个 x 呢?例如"x 是帝国的首都城市""x 是参议院坐落的城市"(或者,跳出描述性语位:"应该包围 x 城市吗?")。当 x 的定义拥有两个谓词时,只有预设了亚里士多德意义上的 x 本质或莱布尼兹意义上的 x 概念,我们才能知道两个 x 是否是同一个 x。这一本质或概念被表述为:"x 是 (P, Q)。"它反过来意味着不管是将 P 或是 Q 赋予给 x 时,x 都指称同一对象。这一预设与 x 的命名相关。因此并不是含义提供了两个指称的同一性的可能性,而恰恰是名称的虚空的"严格性"。如果名称在带有指示词的实指语位和拥有含义的任何给定语位之间充当着某个关键角色的话,那是因为它独立于当下的实指行为并被剥夺了含义,即它拥有指派和被意指的双重能力。事实上它起了关键作用,它赋予了指称以实在,至少是偶然的实在。这是实在为什么从来不是确定的缘故(它的可能性从来不等于 1)。

67.（由实指语位所指明的）"这个"实在是必要的，例如，它对于验证认知语位是必要的，该认知语位的指称与此实在拥有相同的名称。实在并不是可以归因于名称指称的属性。存在论的证明是错误的，而这似乎也足以阻止我们遵从思辨的方式，即要求在含义和实在之间划等号（参见结果一章）。但是"这个"实在也不处于指称的位置，后者在康德那里对应于以直观形式出现的感官能力（感性）的"被给予"表象。这一表象并不是"主体"从被给予事物那里获得的纯粹"感受"（参见康德1）。它只是实指语位的家族名称："这个在那里""那个在不久之前"（就好像指令是命令、祈求等语位家族的名称）。它求助于指示机制。实在不能仅从含义中推断出来，也不能仅从实指中推断出来。我们也不足以得出结论说，若要获得实在，两者都需要。必须说明的是，实指语位"这就是它"和描述语位"它是帝国的首都城市"，是如何连接起来成为"这就是帝国的首都城市"的。名称在这里起了关键的作用。名称"罗马"可以替换指示词（"这就是罗马"），可以作为描述语位的指称（"罗马是帝国的首都城市"）。名称可以在不同的语位体系中占据其他位置："罗马是我唯一不满的城市！""我（罗马），宣布你为异教徒"等，这些语位可以替换前面所举例子的描述性部分。名称之所以发挥着关键的作用,正是由于它是空的,是不变的。它的指示范围既独立于当下的语位,又可以接受很多语义价值,因为它只是排除了那些与其在名称网络中的位置不相容的语义价值("罗马"不是日期,罗马在意大利,在乔治亚州、纽约州、俄勒冈州、田纳西州,但是不在加利福尼亚州等)。

68. 赋予名称的功能是不是就是康德赋予图式(schème)的功能呢(参见康德《纯粹理性批判》中的"判断力分析")?在康德那里,图式的功能也是要连接感性和概念。——不过,第一,图式是在认知验证的唯一框架内运作,而名称不是;第二,在批判反思中,图式要求它的演绎是作为(康德意义上的)认知的先天必要条件。在这里,我无疑可以从实在的断言中推导出名称的功能,但是我推导不出它们的独特性:罗马,奥斯维辛,希特勒……我只有通过学习。所谓学习,就是运用语位将它们与其他名称关联起来。奥斯维辛是一个波兰南部的城市,纳粹1940年建立集中营实施种族灭绝的地方。这些不是像数字一样的图式。名称系统表象了一个世界。将名称集结起来的语位所表象的世界其实意味着世界的碎片。名称的学习是通过其他名称来完成的,对这些名称而言,含义附着于其上,而我们也知道如何运用实指语位来展示它们的指称。例如我学习"白色"（倘若颜色名称和专名一样）（参见61；评注：高尔吉亚），总是通过"白雪""白毛巾""白纸"，与它们相关联的含义（"滑下去""睡在里面""写在上面"）以及可能的实指句（"这，就是雪"等），而实指句的有效性又得回到名称（"你知道的，这是霞慕尼[Chamonix][1]的雪"）。在亚里士多德那里，也是同样的问题。

69. 当名称不是为含义所决定，而含义也不为名称所决定时，含义是如何附着到名称上呢？是否不需要借助于某种经验的概念就可以理解两者的链接呢？这里，我们只能借助现象学的辩证法来描述经验。例如，描述感知中的经验：事物从这个角度来看是白的，而从那个角度来看是灰的。事实就是一会儿之前它还是白的，而现在它就成灰的了。当然，它不是同时或者在同一角度看上去既白又灰的，但至少在时间序列中它是这么回事。白与灰都与同一指称相关，一个是指它现在的色彩，而另一个则是指现在可能的色彩。连续印象的时间综合从感知的角度回答了指称在空间存在的构成（三维性）。由此，"客体"和"主

---

[1] 霞慕尼（Chamonix）小镇，欧洲滑雪胜地，坐落于阿尔卑斯山最高峰勃朗峰脚下。——译者注

体"通过感知的两极融合在一起。——这一描述中唯一要保留的要素就是,实在的构成中包含了可能性的存在。我们所看到的事物有其另一面,而这一面不再或还不曾被看见,但有可能被看见。现象学家们认为:同样地,视觉并不沿着直线发生,让见者和被见者直接碰面,而是在不停地偏向某个侧面的可见性领域中发生。如果要看见的话,我们要通过不断重复的身体变动,在当下的和可能的视觉之间摇摆不定。由此,实在应该表述为"x 既是如此这般又不是如此这般",而不是"x 就是如此这般"(参见 81 和 83)。对实在的肯定断言,总是对应着与否定性相关的不一致描述。这一不一致性就是可能模态的特征。

70. 实指语位,即实际例子的展示,同时也是"事实并非如此"的暗示。实指语位的说话者,即证人,在验证某个描述之时,他要通过这一语位证明(或者他相信自己在证明)某物在某个方面的真实性。但也是通过这一语位,他应该承认,事物可能有不能指出的其他侧面。他不能看见所有事情。倘若他确认可以看见全部,那他就是不可信的。如果他是可信的,那么就意味着他不能看见所有东西,而只能看见某些方面。由此,他不是绝对可信的。这就是为何他又陷入了第 8 点(参见 8)的两难困境:要么你不在那里，因此你无法作证；要么你在那里，但是你也不能看见每一样东西，因此你不能为所有事情作证。在管理经验概念的过程中，辩证逻辑所依赖的，正是这一与否定性相关的不一致性。

71. 经验的概念预设了一个我的概念，它通过汇集所发生的事物（事件）的性质而形成，并通过它们的时间综合来建构现实。正是在与"我"的关系中事件被理解为现象。现象学就是由此得名的。但是我的概念以及与之相联系的经验概念对于描述实在而言，并不是必要的。这些概念将真理问题屈从于证据的原则。这一原则由奥古斯丁和笛卡尔根据（海德格尔所说的）存在论的撤退建立起来——我更喜欢称之为逻辑撤退，它滋养了高尔吉亚的虚无主义（参见评注：高尔吉亚）。但是实在的中立化（"既不是'是'又不是'不是'"）导致高尔吉亚遵循"论证决定一切"的原则，开了论证哲学和语位分析的先河。相反，一神论和单一政治原则允许我们将实在的中立化，或者将至少是运用可能性规则来对实指所作的限制归因于证人的有限性；而证人被剥夺了所有的快乐（jouissance），快乐被留给绝对的证人（上帝，凯撒）。经验的概念连接了相对与绝对。辩证逻辑在相对性中保留了经验和经验的主体，而思辨逻辑赋予它们以累积的特性（结果 Résultat，回忆 Erinnerung），并使它们与最终的绝对保持连续性（参见评注：黑格尔）。

72. 现代我思（Cogito）（奥古斯丁，笛卡尔）的语位，通过第一人称标识出当下的说话者，同时得出说话者存在的结论。代词像指示词一样工作。"我"提供了类似于"这个"的性质，不多也不少。——现在，指示词本身并不保证它所指涉的东西的有效性。真实的指称在那里，即便"它不在那里"（参见 47 和 48）。指称必须超越当下语位的世界。而超越它所指称的语位世界，指示词便没有意义。因此，"我思"的"我"和"我是"的"我"，需要一次综合。笛卡尔写道："'我是'，'我存在'，不管我什么时候说出或在脑海里想到这一命题，它都必然是真的。"（*Méd* II, § 3）。可是，从此刻到下一刻，没有什么可以保证我是同一人。根据这一哲学原理，实际证据（实指）的综合反过来要求一个当下的证据，要求它和其他的东西综合起来（Hume, 1739, II: 342-356）。主体由此不是其"自身"经验的统一体。实在的断定至少不能离开名称的使用。正是通过名称，一个空洞的链接，"t"时刻的"我"才可能与"t+1"时刻的"我"链接到一起，由此才能说"这就是我"（实指）。在实在被某个经验所展示、所意指"之前"，实在的可能性，包括主体的可能性，都在名称网络中被确定。

73. 因此，实在并不来自经验。但这根本不妨碍我们从经验的角度来描绘它。该描述要遵守的规则是思辨逻辑的规则（参见评注：黑格尔），也是小说诗学的规则（遵守某些决定叙事人称和叙事模式的规则）（Genette, 1972: 183-184; 251-252）。不过，这一描述没有哲学价值，因为它并不质疑它的前提（我，或者自我，即思辨逻辑的规则）。若要断言指称是真实的，这些前提并不必要。真正必要的是，指称从命名它的名称的不变性而来（被命名之物的严格性是由严格指示词即名称所投射的影子）。对于这一断言而言，同样必要的是某个特性，与前者貌似相矛盾的特性：当被命名的指称也是（由一个当前尚不存在的语位所表达的）未知含义的可能实例（实指语位的对象）时，该指称是真实的。在实在的断言中，所指对象的持久性（"我确认，这就是 x"）结合了含义的突发事件（"瞧，我才发现，x 可以是这样的"）。

74. 我们无法先天决定什么含义适合真实的指称。含义是由尚未发生的语位所表象的"事件"（le cas）。"亚里士多德"借用描述（包含名称）的方式来获得意义："生于斯塔吉拉城市，柏拉图的弟子，亚历山大大帝的老师。"在命名语位中，这些摹状词对于"亚里士多德"而言都是可替换的。"这是亚历山大大帝的老师"可以被"这是亚里士多德"替换，而指称价值不变（即命名网络的严格性）。但是，我们事先并不知道，有多少这样的摹状词是合适的，也不知道它们是哪种摹状词。每次，（历史学家、哲学家、语文学家）讲出某个语位，赋予"亚里士多德"或是已被接受的等价摹状词以含义，由此在同样的逻辑条件下，一个新的表达是可以与"亚里士多德"或其他等价摹状词相互替换的。例如："那个皮埃尔·奥邦克认为其形而上学缺乏科学地位的思想家"。现在，"这一"摹状词（及其包含的名称）不是可预见的。相反，一个名称倒是可能通过论证，与独立于它的语位相关联，以便阐明语位的含义（例如，一个画家的职业以及他与颜色的关系可能会用"俄狄浦斯"这个名字来说明）（Kaufmann, 1967）。

75. 一个命名指称的含义，以及可以用语位来表达的替换这一名称的含义，其数量有没有可能无限制地增加？在尊重可替换原则的前提下，我们尝试着数一数可以替换"摩西、荷马、伯里克利、凯撒"等名称的语位……我们无法证明，关于一个名称的所有事情都被表达出来了（即"关于 x 的一切都被出说来了"），不仅是因为这一总体性无法被证明，也因为名称本身并不是实在的指派者（如果真要如此，就要有一个含义和一个可指明的指称与之相对应），而附加于其上的含义膨胀并不受其所指对象的"真实"属性的约束。

76. 当然，名称的含义膨胀可以用弗雷格的逻辑规则来缓解（1892: 122）。例如，"患了肝病的国王将自己的警卫派上了战场"与"拿破仑将警卫派上了战场"，虽然说至少意义没有发生变化，但两者是不可替换的，因为前者意味着在健康状态和策略之间存在着某种（因果或让步）关系，而后者显然没有（但这并不意味着第一个语位是荒谬的）。我们还可以运用认知语位的验证规则来限制含义的膨胀。这就是历史科学这一看重名称的话语类型的首要功能。倘若我们要用"拿破仑"替代"患了肝病的国王"，且不违反既有叙事又有认知功能的历史话语类型的规则，那么我们就要确认拿破仑患有肝病，也就是说，可以拿出证据，说明在历史提供证明的一般条件下，指称是真实的。名称（例如产生神话素）对含义的吸引力，由此受认知语位体系的制约，至少是那些包含非当下指称的认知语位。

这就是所谓的历史批评。——但是,由于两个原因,这一制约没有什么影响力。第一,名称不是它们所指的实在,而是空的指示词,只有当它们通过实指语位指明自己的指称就是如此这般时,只有被赋予了含义时,它们才能完成当下的实指功能。我们并不证明某个东西,我们只能证明某个东西表达了它所赋予的特质。在证明之前,必须先赋义。因此,历史认知本身也引发了众多的含义(假设、解释),用筛子把含义筛出来,这就是证据的援引。

77. 与名称相关的含义膨胀不可能绝对被禁止的第二个原因(参见76)是,即便经过真理条件的筛选的认知语位,它们也没有垄断含义。它们是"形式完美的"语位。但形式不完美的语位不见得荒谬。在司汤达时代,波拿巴这一名字被赋予了指令价值:"像波拿巴一样,做一个受大众欢迎的品德高尚的英雄。"即便该语位既不是认知语位,也不是指令语位,我们也要考虑这一含义的价值。将一个人名与生活理想联系起来,并将该人名转换为"口令",这一语位就是潜在的指令,是某种潜在的伦理或策略语位。这个名称就是康德意义上的实践理性理念或政治理性理念。该语位说明了什么是该做的,也引出了应该这么做的受话者。它不是来自真假标准,因为它不是描述性语位;但它来自正义和非正义的标准，因为它是指令性语位。我们可以寻思它是正义还是非正义的。可即便它是非正义的，它仍然被赋予了含义，就像语位仍然被赋予了含义，即便它是错的（Wittgenstein, *TLP*: 2.21, 2.22, 2.222）。但是，与正义标准相关的含义和与真理标准相关的含义是异质的。将认知语位的验证规则运用于与真理标准不相关的含义之上，并不能削弱名称对含义的吸引力。在年轻的波拿巴主义者的例子中，"波拿巴"一词的关键是美学的、伦理的、政治的，而不是认知的。

78. 不同体系之间的语位是不可互译的。我们只需要考虑属于语位形式（句法）的含义，不需要考虑从词汇而来的含义。从一种语言到另一种语言的翻译预设了由源语言语位所表达的含义可以被目标语言的语位再修复。现在，与句法形式相关的含义取决于该语位所遵从的语位体系（régime de phrases），也取决于该语位所嵌入的话语类型（genre de discours）。语位体系和话语类型决定了语位要遵守的一系列形成、链接和验证规则。翻译假定一种语言中的某种语位体系和某种风格在另一语言中存在着对应物，或至少假定，在一种语言中的两个体系或风格之间的差异，在另一语言中也存在。例如，在法文中，存在着描述性语位和叙述性语位的对立("他打开门"/"他把门打开了"),在中文中,至少是在我们试图将法文翻译成中文时,我们应该可以发现与此对立相关的含义。由此,翻译要求语言之间的"横向"相关性,而语位体系之间的差异和话语风格之间的差异直接或间接地保证了持续的相关性。那么属于不同体系或风格的语位(不管是在同一语言之间还是两种语言之间)是如何互相翻译的呢(参见79)?

79. 无疑,按照语位一词的本义,语位无法被翻译。不过,它们难道不能互相改写吗?"你得出来"可改为"出来吧";"这幅画真漂亮"可改为"多么漂亮的一幅画呀!"。在这两个例子中,第一个语位中的义务或评价难道不是保留在第二个语位中了吗?逻辑学家相信这一点,因为他满足于含义(定义)的同一(Wittgenstein, *TLP*: 3.343),认为我们可以忽略以下事实:义务在这里可能被表达为邀请或告知,在那里可能是命令;而评价有时候表现为陈述句,有时候表现为感叹句。但是,对于初始语位和"改写"语位,不同的人——孩子、外交官、下级或上级以及图像的作者——不会以相同的方式来进行链接。对他们而言,两个语位之间的"含义"类比,不仅包括将语位简化后的抽象概念之间的类比,还应当包括它们所呈现的以及所处的情景世界的类比。世界是由各个语位项（不仅有含义，而且有指称、言者、听者）的处境及它们之间的相互关系所构成的。感叹句中说话者与含义的关系，显然与描述句中说话者与含义的关系是不一样的；而命令句中受话者与其说话者和指称的关系，也不同于邀请语位或信息语位中受话者与说话者和指称的关系（参见80-83）。

80. 不同家族的语位可以指派同一专名的指称，它们可以把该名称放在自己所表象的世界的不同语位项上。例如，一对夫妻要离婚。第三方（法官、证人）描述这一情况：x 和 y 要离婚。x 的语位是评价性的声明："我认为我们最好还是分开。"y 的语位是充满伤感的质疑："那么我们为什么要在一起十年呢？"我们承认，在这一情形下，与 x 名称相关联的语位出现在上述三句话中。如果在这种情况下需要定义 x，那么这三个定义中的哪一个比其他定义更好？ x 难道不是声明语位的说话者，质疑语位的受话者和描述语位的指称？我们只能说，在三个独立的语位中，他的名字逐一占据了三个不同的语位项。这是在这种情况下对他的恰当描述。如果要这样描述，我们得借助第四个语位，它来自另一个语位体系（元语言），可以指涉前三个语位。在最后一个语位中，x 的名字（以"嵌入的方式"）

占据了（前三个语位的）其他处境，并被赋予了另外的含义（x 的名字提供了一个异质含义的指称实例）。

81. 专名的指称，例如"波拿巴""奥斯维辛"，在很大程度上是由它在名称网络中的定位及它与其他名称（世界）的关系所决定的（参见 60），在较小程度上是根据大量事实的含义以及语位世界的异质性来决定的。在语位世界中，专名可以作为语位项发生。但是这绝不允许混淆作为专名指称的历史对象和感知对象（参见 69），后者是由包含指示词（例如，"我"和"你"，"这里"和"那里"，"现在"和"刚才"）的实指语位所表象的。通过分析这些语位的世界，感知现象学家阐明了场域（champ）和经验的概念。专名的指称（历史对象）是由名称指派的，名称不是指示词，但它是准指示词。名称将对象放入命名网络中，而无须参照它与"我"或其他指示词的关系。感知的对象源自某个领域（它是实指和指示词的松散复合体）；而历史的对象来自一个世界（它是相当稳定的命名复合体）。当历史对象进一步服从认知语位的验证程序时（当它成为历史科学的对象时），它就成了实指语位的指称，由此发现自己处在指示词的场域中（"看这个，我一直在找的证据！"）。

82. 实在就是一堆含义，它们被放入由世界所标明的场域。实在可以同时被赋义，被实指，被命名。重点有时在赋义，有时在实指，有时在命名。例如重点在实指："瞧，在那里，艾莉萨给你的刀。"此处顺序是：实指、赋义、命名（montré, signifié, nommé）。例如重点在命名："这位就是埃克托尔，总统的丈夫。"此处的顺序是：实指、命名、赋义。例如重点在赋义："有什么东西可以录音吗？用那个麦克风呀，和这个一样，我在布鲁塞尔买的。"此处的顺序是：赋义、实指、命名。

83. 实指语位的指称（感知对象）和命名语位的指称（历史对象）是截然不同的（参见81）。不过它们都有共同的特征：那就是两者都是由不属于现在的语位和现在尚且不知道的语位来指涉它们，赋予它们以不同于当下语位的意义（参见69）。正如"这张纸是白的"（从这个角度看），"它不是白的"（从另一个角度看，它是灰的）；我们也可得出："拿破仑是个战略家"（在某个名称网络），"他不是个战略家"（在另一个名称网络，他是皇帝）。（感知）场域和（历史）世界就是被命名和指示分别蕴含的否定所掏空的两个洞。而在量与质上都不确定的"众多可能意义"，就栖居在这一"虚空的洞"中。

84. 这些含义可能存在是什么意思？难道不可能有含义的本质属性吗？如果我们局限于含义的逻辑意义，那么它是由形式合格的命题所表达的。这些命题占据着"逻辑空间"的位置（Wittgenstein, *TLP*: 3.4）。命题的位置是由其真理的可能性来定义的。我们可以通过真值表来计算真值，而真值表可以确定两个基本命题之间的所有关系。维特根斯坦通过建立起真值表，勾画出这一"逻辑空间"的轮廓（*TLP*: 5.101）。它的边界一边是重言式，另一边是矛盾式。第一个为真，第二个就必然为假。一边是"如果 p，那么 p，及如果 q，那么 q"，另一边是"如果 p，那么非 p，如果 q，那么非 q"，重言式和矛盾式记号结合的极限情形，即记号的解体（*TLP*: 4.466）。恰恰因为它们是必然的，所以它们是丧失了意义的表述，它们不告知我们任何东西。表达式"天在下雨或不在下雨"，没有给我们关于天气的任何信息（*TLP*: 4.461）。但它们仍然是命题，它们不荒谬，而且仍然属于"逻辑空间"（*TLP*: 4.462; *TB*: 12.11.1914）。

85. 逻辑话语风格不是认知话语风格。真实的指称是否满足命题含义，这一知识的问题并不从前者而来。认知性问题是要知道它所处理的记号结合（表达式是真值条件适用的情况之一）是否使得真实指称符合那一表述。"命题的真值条件规定它给事实留出的范围"（*TLP*: 4.463）。但是这些经验事实不能确认或驳倒任何逻辑命题（*TLP*: 6.1222），因为它只能在"逻辑空间"的位置保留可能的真值。由此，可能只是含义的逻辑模态。如果命题是必然的，它就没有任何含义。实在是否为真不是一个逻辑问题。一定要区分含义和指称（*TB*: 236）。但这一区分是艰难的，因为为了建立起相应指称的实在，逻辑的可能性（含义）被预设。由此，我们仅仅得出，认知体系预设了逻辑体系，但它们并没有混在一起。

86. 逻辑上来说，"可能性"不会给"含义"增添任何东西（参见83）。但是，它涉及一个被命名和被实指指称的可能含义，那么这一可能性不再是唯一的"逻辑空间"，它包含了该逻辑空间与一个语位指称的关系，更确切地说，是和两个不是命题的语位指称（例如命名和实指语位）的关系。实指语位和命名语位都不符合"逻辑形式"。它们都不是符合逻辑形式的表达。也可以说，它们相互协调，将指称置于命题的"镜头"（objectif）下。含义的可能性由此意味着，逻辑上已确立的意义通过实例加以验证的可能性，即通过例证，通过命名和实指的指称来加以验证的可能性。当维特根斯坦考虑"（命题的真值条件）给事实留出的范围"时，他阐述的就是这种可能性（他并没有很清晰地将这种可能性与逻辑可能性区分开来）。（《逻辑哲学论》时期的）维特根斯坦受命题图像的一般模式的束缚，他将可能含义与实在之间的相遇，比作某种对可以被语言外的事实世界所把握的东西的（本质上是光学的）表象限制。"重言式和矛盾式不是实在的图像。它们不表述任何可能的情况。因为前一种允许每一种可能的情况，后者则排除任何可能情况。"（*TLP*: 4.462，4.463）记号结合（含义）所打破的限制同样是对实在表象的限制：对于重言式而言，"光圈"打开得太多，而对于矛盾式而言，打开得太少。曝光过度时，逻辑空间标示为白色，曝光不够时，逻辑空间标示为黑色。如果我们撇开（如维特根斯坦后来所为）光学仪器的隐喻，即在命题形式下提供事物状态图像的隐喻，那么就剩下以下表述：在认知语位体系下，通过"实在"而获得的逻辑语位的证实要求我们指出"这一个"，即给出对应于含义的指称实例，并且将其命名为"这一个"（将其转化为这一个）。

87. 为了实现这一双重操作，有必要求助于由名称指派的"简单对象"的假设，名称就好像触角在触摸它们（参见 55; *TLP*: 2.1515）。这不是一个假设，因为它不能被证伪。它实际上依赖于名称与对象之间的同构性,即世界中的对象配置和语言中的名称配置所"共有的形式"(*TLP*: 2.17, 2.18, 3.21)。但是,我们无法验证这一原则,因为它是授权验证的原则:"命题能够描述全部实在,但是不能描述逻辑形式,后者是命题为了能够描述实在而必须和实在所共有的东西。"(*TLP*: 4.12)"命题不能描述逻辑形式:后者反映于命题之中。语言不能描述自行反映在语言中的东西。命题指明实在的逻辑形式……能够被指明的东西,不能被说出来。"(*TLP*: 4.121, 4.1212)——倘若这是事实,那么我们没有必要讨论语言和实在的共同逻辑形式。对于那些为了让一个赋予了含义的表达在认知上生效所必需的东西,即实指语位和命名语位而言,这一逻辑形式没有改变什么。这与理论建构不相干,而是与描述相关(*PhU*: §109):逻辑上有意义的命题若要获得认知上的有效性,即在认知上为真时,什么是不可缺少的条件。实指并命名某个事物就足够了(该事物可以根据需要多次被实指,因为它在名称网络中是固定的,且独立于指示词),而这一事物可以被当作证据,直至有更为充分的信息表明,它所阐明的认知语位被新的论据所反驳,或者有人提出了反例。因此,"今天被看作现象 A 的附带经验现象的,明天会被用来定义现象 A";这就是"科学定义的变动不居"(*PhU*: §79)。的确如此,今天具有定义性价值的东西,明天就被当作无关紧要的弃置一边。只有某种形而上的需要会对此感到困惑,因为它不仅希望概念不要含混不清(*PhU*: §70 sq),而且希望实在可以被表述为概念。

88. 实在不是一个完美论证的问题,而是未来尚待建构的事务。对逻辑学家而言,没有任何东西是偶然的,连可能性也必定已经预含于对象之中;要不然,这一是其所是的对象(简单对象理论)(参见55),会事后(nachträglich)受新的含义影响,仿佛是碰巧一样。这一要求借助于"逻辑空间",运用于命名的世界,它暗示了谓词"孤注一掷、胜败一举"(passe le Rubicon[1])已经预先铭刻在凯撒的概念之中了(Leibniz, 1686: §XIII)。此概念是这样一个语位,它的说话者应该是一个完美的证人,上帝。即便是在逻辑中,这一原则只有当我们承认简单对象,且承认真理的标准是重言式时才有效(*TB*: 20.11.1914)。然而,"简单对象"是回应名称的空指称。它们(和实在一起)只能被(至少是认知体系下的)描述性语位和实指性语位来填充,而

---

[1] passe le Rubicon 渡过卢比孔河,中文意思近似于"孤注一掷、胜败一举、破釜沉舟"。——译者注

它们与命名语位的连接总是不确定的。在这一情形下,赋予命名指称以新含义这一事实并不构成难题。"凯撒"这个名字的指称不是一个完全可以描述的本质,即便凯撒已经死了(参见74)。本质主义将名称的指称理解为仿佛是某个定义的指称。只有这样定义的指称才是可能的(*TLP*: 2.011, 2.012, 2.0121)。为了让指称成为真实的,必须能够命名并实指不会歪曲公认定义的指称。"对象"由此服从于实在的验证,验证仅仅是否定性的,它包含了一系列自相矛盾的尝试(参见90),试图通过使用名字来指定验证者可以访问的实例。在验证的过程中,没有"简单"可以保存下来。如有必要,我们可以改变简单对象。

89. 恰恰相反,绝对必要的是未来的偶然性。不仅要理解"事件"的偶然性,还要理解含义的偶然性。卡罗尔·沃伊蒂瓦(Karol Wojtila)可能会在1932年的某一天当选为教皇,尼尔·阿姆斯特朗(Neil Armstrong)可能会在某一天登上月球。两个"事件"在逻辑上都是可能的,因为两者都不是荒谬的,而类似于"三角之和是沃伊蒂瓦"的语位则是荒谬的。但是,就认知语位体系,即现实而言,在1932年,两个"事件"并不拥有同等程度的可能性。在那个时候,我们有办法(运用命名和实指语位)证明所有与谓词"成为教皇"相关的语位,却没有办法证明与"登陆月球"相关的任何语位。后者属于叙事虚构类型的语位,它混合了可验证的和不可验证的。到1982年,后者也可验证了,可以根据认知语位的规则来宣告它有效或无效。通过命名和显示指称的"可能含义",我们至少可以理解以下语位,用p来命名表达了如下含义的语位:"p是可能的当且仅当它现在是真的,或者p将会是真的。"(Rescher, 1967: 33 sq)我们可以让可能性定义摆脱与指示词"现在"的相关性,并明确真理的含义:"存在着时刻t,它与作为初始时刻的o时刻同时或是在o时刻之后,在那一刻,由p表示的含义被确证。"由此,通过含义的确证以及初始时刻的命名,我们将可能性引入了认知秩序。与逻辑学家的警告相反,我们不再考虑"事件",一个预先假定某些新的东西正在发生的词汇,而是考虑显示命名实例的实指性语位(Gardies: 85)。

90. 否定是证明的核心。我们不展示含义,我们展示某样东西,给它命名,然后我们说:"至少不会禁止承认这一含义。""确证"就是要指出没有预先弄虚作假的事实。实在是实指性语位(命名性语位)的指称,而这一指称被(例如科学辩论)引用:1)作为反驳那些与相关含义相矛盾的含义；2）作为支持相关含义的证据，直到有进一步的信息出现。确切地说，提交给认知法庭的例子并没有任何确定性的权威，它是包容的："某些时候（至少这会我在显示给你看时）我们可以认为……"没有证据，只有怀疑论式的延迟。不是"我们很明确……"，而是"我们不排除……"。在命名和显示中，我们试图排除。在可反驳的意义上，证据是否定的。辩论中引用了证据，如果就其引用的程序达成共识，那么论辩就是竞争性或对话的。例如，如果实指语位和命名语位足以排除掉查理曼是一个哲学家的话，我们也只能得出他是一个非哲学家。而这不是说他是什么。否认语位 p，那么非 p 就被确认了，但是非 p 是不确定的。"非哲学家"不是"国王"。后面一个宾词仅仅作为一种可能性被保留。通过实指和命名，实在乞灵于禁止，以否认所引证的意义。它允许将所有与其对立的含义放置在可能的位置之上。在这些含义之中，某一个最大的可能含义通过新的实指和命名来反驳其他含义而得以被证实。由此，由命名和指示指称所包含的"虚空"（维特根斯坦所说的"阴影"）（*TB*: 9.11.1914，15.11.1914）也是实在所包含的可能含义。而这一可能性是指向未来的模态，这一"虚空"也是时间，被看作模态化条件的时间。

91. 通过将命题设想为一个在"逻辑空间"里占据了一个"位置"的"物体",并且将命题的否定看作将"物体"投射到"空间"的"阴影"(*TB*: 9, 15, 23.11.1914, 9.6.1915),维特根斯坦将在感觉领域包裹着实指指称的"虚空"转化成逻辑秩序。他由此承认了逻辑否定和"感觉"否定之间的类似。正如他将后者理解为主体(眼睛)的感觉经验的模式(*TLP*: 5.6 sq),他打开了一半通往现象学逻辑的门(Tsimbidaros)。现在,在"经验描述"的借口之下,现象学将无节制地控制下一步的研究。现象学会设想一个"我",与"另一个"或是"另一群人"在"游戏中""使用"语言。这是神人同形同性论的成功,不过也是思想的失败(参见188)。相反,有必要将维特根斯坦为逻辑语言明确制定的原则运用到日常语言:要理解后者,所需要的不是"某物表现为如此这般状态"的经验,而是"某物是"(quelque chose est)的预设。"但这恰好不是经验"。日常语言的逻辑,和逻辑一样,"先于所有经验"。它"先于'如何'的问题,而不是先于'什么'的问题"(*TLP*: 5.552)。一个感性的、历史的场域,不能借助于经验来予以描绘。应该像"逻辑学家"那样来理解未来的不确定性(这不是在搞"时间逻辑")。我们应该这样来理解实在所蕴含的可能性模态所包含的否定，即它们是语位的链接，而不是主体的经验。和指称、受话者和含义一样，说话者应该被理解为在语位世界中的某个处境下的语位项。"我们"并不运用语言（*PhU*: § 569）。而且，如果涉及实在，我们应该知道实在不仅仅涉及与命名和实指语位相关联的认知语位；实在不仅在上述三种语位体系发生，也在其他语位家族中发生（它们既不可翻译为前三个语位体系，也不可相互转译）。

92. 实在蕴含了异识。"这就是斯大林，这就是他。"我们承认这一点。但是这一"斯大林"意味着什么？跟该名字相关的语位，不仅描述了这一语位的不同含义（仍然可以在对话中争论含义），也不仅是将名称放在不同的位置（语位项），同时也遵守异质的语位体系和话语类型。由于缺乏共同的习语，这一异质性使得共识不可能。将定义赋予斯大林，必然会对其他非定义性语位——至少是某些时候——造成伤害，即与斯大林相关的、被定义所忽略或背叛的非定义性语位。报复一直围绕着名称展开。或者历来如此？

93. "奥斯维辛被叫作'灭绝营'不是没有原因的。"（Kremer in Vidal-Naquet, 1981: 258）数百万人在那里被屠杀。很多证明罪行及其数量的途径也被销毁了。即便是可以确认罪行及其数量的法庭机构也被消灭了,因为《纽伦堡法庭宪章》要求盟军在"二战"中取得胜利,而"二战"被看作仿佛是某种内战(Descombes, 1981-b: 741;参见评注:1789年《人权宣言》,§5);由于在国际关系中缺乏对合法性的共识,罪犯在他的法官身上看到的,仅仅是比他在战争冲突中更幸运的罪犯。那些与纳粹名字——希特勒、奥斯维辛、艾希曼——相关的异识,不能转化为诉讼,用法庭判决的方式来处理。那些被最终判决不仅剥夺了生命,也被剥夺了表达伤害权利的受害者,他们的亡灵仍然在不确定性中飘荡。通过建立以色列国,犹太人的幸存者将伤害转换为损失,将异识转换成诉讼;通过运用国际法和威权政治的公共习语开始发声,他们结束了被迫陷入的沉默。但是建国之前在奥斯维辛所受的伤害,这一事实依然存在,并有待确认,但是该"实在"无法被确认,因为伤害无法通过共识来获得确认(参见7和9)。历史科学可以确认的是犯罪的数量。而证明罪行所需的文件本身就在数量上被销毁了。至少可以证明这一点。可结果却是:我们无法拿出屠杀的数字实例,而为诉讼复审辩护的历史学家便可长久地提出反对意见,因为罪行无法在数量上被确证。但是抑制真相，并不能抑制遗忘，它引发了某种情感（参见22）。假定地震不仅摧毁生命、建筑和物品，还摧毁直接或间接测量地震的仪器。虽然无法测量震级，但是它并没有阻止，相反会在幸存者的脑海里激起某种理念，即地球的强大力量。学者声称对此一无所知，但是普通人却有一种复杂的情感，即某种不确定性的否定性表象所引发的复杂情感。做一点必要的更改（*Mutatis Mutandis*），历史学家对奥斯维辛罪行的沉默，也是普通人的记号。历史的征兆（参见评注：康德3和康德4）并不是带有含义的指称，可在认知体系下进行验证，它们的存在表明，可以放入语位的某些东西，却无法进入公共习语的链接（参见23）。在语位世界中，所指对象可以被看作征兆，相应地，我们可以推论，在同一语位世界中，受话者可以是被感动的人，而含义可以是没有解决的问题、疑难、谜团、悖论。——这种情感并不是从主体的经验而来。它甚至不能被感觉到。不管怎样，如何确认它有或没有被感觉到呢？我们遇到了个人习语提出的难题（参见144和145）。萦绕着这一语位——"奥斯维辛是灭绝营"——的沉默不是一种精神的状态，它是一个符号（征兆），预示着尚待表达的某些不存在的事物和不确定的东西。奥斯维辛影响了语位的链接。

被抛入悬而未决状态的意义的不确定性,确定因素的消除,否定的阴影挖空实在并让它不断消散,总之,是那些迫使受害者陷入沉默的伤害——正是这些,而不是精神状态,呼唤着未知语位的出现,链接到奥斯维辛这一名称之上。历史学家打算仅将认识规则应用到这一名称之上,以此建立起历史的真相并对其含义进行确证。如果正义仅仅在于遵守认知规则,如果历史仅仅是一门探索查证的科学,那么我们无法指责他们背离了正义。他们将正义与规则等同起来,如此来管理正义,并运用于某种以实证方法建立起来的法律。更进一步,通过将自己放在原告的位置,他们不需要确认任何事情(参见10和11),他们为否定语位辩护,拒绝任何证据,这自然也是作为辩护人的权利。但是,他们并不担心他们在辩护中用作论据的沉默的范围,由此,我们可以确认对这一沉默的符号以及它所唤起的语位所造成的伤害。他们会说历史不是由情感构成的,而且有必要确立事实。但是,在奥斯维辛集中营,某些新的东西在历史中发生了,它不是一个事实,而仅仅是一个符号。也就是说,事实、带有"此处"和"此刻"痕迹的证词、包含了事实及事实含义的证据、名称,以及最后,构成实在的各种语位链接的可能性,所有这些都被尽可能地毁灭了。

难道历史学家不是应该不仅考虑损失，也考虑伤害吗？不仅考虑实在，也要考虑毁灭实在的元实在吗？不仅考虑证词，也要考虑当证词毁灭后所留下的东西，即情感吗？不仅考虑诉讼，也要考虑异识吗？倘若没有异识便没有历史，倘若异识来自伤害，显示为沉默，倘若沉默意味着语位不再是事件，意味着情感就是事件失效所带来的痛苦——如果这些都是真的，那么历史学家当然应该考虑。历史学家应该打破认知语位赋予历史的垄断地位，他应该勇往直前，倾听那些在认知规则下所不能表象出来的东西。每一个实在都包含了这种要求，因为它蕴含了不可知的可能含义。在这一意义上，奥斯维辛表现出实在的最真实一面。它的名称标志着界限，在这里，历史知识看到自己的能力被否弃。这并不意味着我们会陷入无意义。替代的选择并非：要么是科学知识建立起来的意义，要么是包含了神秘主义的荒谬（White, 1982; Fackenheim, 1970）。

表 象

94. 经得起普遍怀疑的考验的，不是思考和反思中的"我"（Apel，1981），而是时间和语位。从"我怀疑"，并没有由此得出"我在/是"，而只是得出"有一个语位"。另一个语位（例如我们刚才读到的"有一个语位"）链接到第一个上，以紧接其后的方式出现。第三个语位，即我们刚刚提到的"'有一个语位'紧随'我怀疑'之后"，根据时间序列的形式（"有一个……紧随……"），被链接到前两个语位上。

95. "我怀疑"并不是第一个语句，"我思"（I think, Es denkt, Cogitatur 或 Phrazétai）更不是。有两个原因。第一个原因："我怀疑"预设了"我"和"怀疑"，或是"我"和"思考"，诸如此类。而每个这样的"术语"其实都预设了其他语位：定义、"用法"示例等。它预设了作为整体的语言（le langage），预设了某种语言体系（une langue）中可能语位的总体。像所有总体性一样，作为整体的语言是某个描述性语句的指称，但是该指称的实在由于缺乏实例（实指语位）而无法被建立起来（在康德那里，描述整体的语位就是理念的语位）。事实上，我可以描述："语言是这样的，或那样的"，但是我们没法指明"这个就是语言的总体"。总体性没法展示给大家看。第二个原因：为了确认"我怀疑"或处于第一的其他语位是事实，至少我们得预设事件的时间序列，从这里，谓词"第一"才获得它的意义。正如维特根斯坦在解释命题时所言，这个序列本身就来自"从一个命题到另一个命题的一般形式"（*TLP*：6.01）。这种形式就是一种运算方法，根据这一方法，整个数的系列得以发生（*TLP*：6.02）。这一运算总是可以运用于它的结果。现在，通过这种方式，即将运算运用于结果的递归原则，后续语位总是被预设好的。这就是系列的计算装置："诸如此类，等等"（*TLP*：5.2523）。由此，确认某个语位是第一个语位，预设了多个语位的时间序列，其中，该语位表现为第一个语位。

96. 有必要补充的是："我怀疑"的语位不仅暗示了语言的总体以及系列（后续语位）的运算装置，它还通过改变先前语位表象其世界的语位体系，预设了该语位之前的语位。现在看来，它所宣称的"同一"世界就是成问题的。除了这一预设的先在语位，我们还忽略了一个问题（Ducrot，1977：33-43）："什么是不可怀疑的？"

97. 但是，即便是说明从一个语位过渡到另一个语位的运算的一般形式的语位，也可能为了形成某种序列而被预设为先天的。尽管如此，在这一过渡的语位之后，该说明语位还是发生了。至少在 94 的例子中是如此，那个阐明第一个语位到第二个语位的过渡形式的语位，即说明发生序列的语位，成了第三个语位。难道我们不该区分逻辑或先验先在和时间先在吗？——关键是，倘若从一个语位到另一个语位的链接是在逻辑或认知体系（尤其是蕴含体系）下进行，我们总是可以做这样的区分，毫无疑问，也必然要做这样的区分。该语位体系的规则就是忽略这一事实，即先在的命题、原理、定义都是被在时间上先于它们的日常语言的语位所表达的。它们的某条规则就是否认时间问题——不管是不是元时间主义，在逻辑先在的理念下（例如在逻辑算子"如果，那么"中），时间的问题没有被考察过。与这些逻辑学家或理论语言学家相反，哲学家的规则是不要背离如下事实：阐明从一个语位过渡到另一个语位的一般形式的语位，它本身服从于这一过渡运算的形式。用康德的话来说，就是"系列的综合本身也是属于这一系列的要素"（《纯粹理性批判》：宇宙论争执的批判性决定 [*KRV*: Décision critique du Conflit cosmologique],376）。

用普罗塔哥拉的话来说就是：关于争论序列的争论也属于这一序列（参见评注：普罗塔哥拉）。用维特根斯坦的话来说，就是"世界是事实的总和""图像是一种事实"，"逻辑图像可以是世界的图像"（*TLP*：1.1，2.141，2.19）。（但是语位不可以被叫作"图像"。维特根斯坦最终否认了这一点）（参见 133）

98. 哲学话语将发现规则视为自己的规则：这一规则的先在性是哲学的关键。倘若要阐明这一规则，也只能最后来阐明，如果存在着最后的终点。因此，时间不能被逐出哲学话语，没有时间，哲学话语将不再是哲学话语。可现在事实相反，时间基本上被逐出了逻辑话语。康德要求将该条款同时排除在矛盾律的陈述之外。矛盾律的有效性并不服从经验可能性的条件，因为这一矛盾律扩展到任何可能的（可思的）对象，不管该对象是否是被给予的（《纯粹理性批判》：一切分析判断的最高原则 [*KRV*, Principe suprême de tous les jugements analytiques], 157）。相反，海德格尔认为这一条款应该被保留，对他而言，这不是对象（存在者）在时间中（内时间中）的同一性问题，而是识别对象的可能性问题。不管后者是什么，对象的同一性要求纯粹识别（recognition）的综合（Heidegger,

1929: § 33c,34），这种综合确保了它是曾经提到的，将来也会涉及的同一客体。由此，海德格尔将矛盾律置于先验而非形式逻辑中。前者的问题在于构建一个与自身同一的对象，在不同的"此刻"穿越不同的目标（他写的是，不同的"视野"）。这就是为什么海德格尔将构成性的时间与拥有一般对象的能力等同起来，先验（或生产性的）想象力或是表象的能力（Darstellung）。但是，当这些能力的理念预设了一个主体，而它们无非是这一主体的工具时，承认这些能力是否可能呢？

评注：康德1

形而上学的幻想在于将表象（presentation）当作处境（situation）（参见115和117）。主体的哲学致力于此。

"被给予的"观念（即刻被给予）是接受和批评某个表象观念的方法。"表象"并不将一个世界呈现给某人，它是（捉摸不定的）表象事件本身。"某个被给予的东西"给到某个主体，他接受它，与它打交道。与它打交道，就是把它放在某个处境之下，将它放置在某个语位世界之中。在先验感性论的开篇，我们就可以看到这种处理方式（KRV, B§1）。

直观是认识与对象的直接关系。这一关系只有当对象被给予"我们"时才发生。相应地，只有当"我们的内心通过某种方式被对象刺激时"，这一直接的给予才发生。这一方式就是感觉（la sensation）。对象只能通过感觉给予内心。因此，在主体哲学的逻辑中，必须预设主体存在某种"接受再现事物的能力"（易感性，réceptivité），即主体以某种感性（la sensibilité）方式被对象影响的能力。[1]

受话者由此被放入了由准语位——感性给予——所表象的世界中，被放入知识主体的核心，这一知性、判断和理性的主体，在康德的语位中，被表述为范畴的、图型的、理念的活动。通过这些活动，主体将自己放置在说话者的语位项上。

但是，活动已经以直观的形式在感性层面上发挥作用。感觉（sensation）仅仅提供了现象的质料，只给出多样性，给出独特性，因为它只不过是情感而已，只不过是对象对于再现能力的印象。仅凭感觉，自然没有获得普遍性的希望。我们不讨论味觉或颜色。倘若我们止步于此，就无法拥有

---

[1] 这段话谈到了康德的感性认识的两个方面。这里面包含了两层意思。第一，必须有对象作用于我们的感官，只有我们的心以某种方式被对象刺激，才有可能产生直观；第二，作为主体的我们要具备某种接受能力，即通过感性而被对象所感染的能力。康德将直观的第一方面称为感觉（sensation），感觉所提供的只是现象的质料，是某种经验性的直观。他把第二方面称为"纯粹的直观"，是人心所固有的某种先天的能力（sensibilité），它对由感觉提供给我们的材料进行加工，由此决定了现象以什么样的形式呈现给我们，即质料在人的感性活动中获得了时间和空间的形式。康德是要从直观的纯粹形式中来寻找知识之所以可能的普遍必然的原理。——译者注

严格意义上的被给予之物,而只能获得与对象无关的瞬间印象或是情感(affects)。只不过是"情感"(Gemüt)的简单状态,或是个人的习惯表达。这是一种可怕的经验主义,总是与易感性(女性?)相关联。

事实上,如果我们考察康德的文本,由感性所给予的对象的构成需要两个语位而不是一个语位(或准语位)。在感性中,存在着主动的"主体",处于说话者的位置。这个主体的主动性就在于将(不是被给予之物的)时空形式加之于感觉之上。在经过时空的过滤之后,物质反过来获得了一种它自己无法产生的感觉,并被其转化为现象。物质成为说话者,成为主动感知的主体,并获得了时空形式。

《先验感性论》的前两页因而可以划分成两个时刻,每一个时刻都被构造为一个语位世界。第一个时刻:某个不知名的说话者向接受这种语言的受话者讲物质(就像我们说,讲英语一样);受话者明白了,至少在某种意义上,他感觉到了。物质-语位讲了什么,指称是什么?它并没有指称,这是一个情感语位,指称功能是次要的。正如雅克布森所言,关键是它的意动功能。物质语位只与受话者,即有感受力的主体相关。

第二个时刻:这一主体进入了说话者的位置,他对着第一个语位的不知名的说话者提出时空语位,即形式语位,此时，第一个语位的说话者成为受话者。与物质语位不同的是，形式语位被赋予了指称功能。它的指称被称为现象。康德说，"与对象相关的"感觉印象被称为现象。由此出现的指称功能来自主体的能力——某种主动的能力，即通过物质，指定时间和地点，并在第一个语位的受话者身上产生效果或感觉印象。这就是我们所说的实指能力："就在那里""就在刚才"。第二个语位，将指示词运用于感觉印象之上，在康德那里，就叫直观。

正如我们所看到的，被给予的"直接性"（l'immédiateté）并不直接。相反，被给予之物的构成，需要说话者和受话者之间交换角色，因此，它需要两个语位或准语位：第一个语位是在印象发生时的语位，而第二个语位则是赋予了印象以（时空）形式时的语位。这种角色的对调需要两个参与者，轮流做说话者和受话者。通过这一对话式或辩证式的链接，指称即现象被建构起来了。

但是，"第一个"说话者，即通过感觉来影响"主体"的说话者，对于主体而言仍然是未知的。这意味着，物质无法被主体所理解，康德的意思是，主体不会，也从来不会知道在说话者的第一个（本体的）语位中所获得的印象是什么。为了赋予物质语位以"客观的"指称价值，必须用第二个准语位——形式语位——加以补充，即接上第一个语位，并将它还给先前的说话者。第二个语位讲时空形式。

反过来,第一个语位的说话者在第二个语位中成为受话者,它会理解主体对它所讲的直觉的形式语言吗?空间和时间本身会有有效性吗?主体对此也一无所知,这就是为什么准语位放在指称位置上的对象归根结底是现象,其实在价值即便不是永远不可知,也至少是无从得以验证("概念和判断的分析论")。康德说,如果存在着"理智直观"(« intuition intellectuelle »),那么批判的大厦就毫无存在的必要了。因为倘若如此,主体就会知道第一个说话者的语言,就会即刻领会(或者至少用两个对话者都明白的语言的某个语位来进行调节)第一个语位的指称价值。

这里有几层含义。第一,在第一个说话者和主体之间存在着异识。主体熟悉他的语言,时空形式,但是他只能将指称价值赋予这一语言说出的语位。但是他知道,作为被感觉所刺激的受话者,即接受者,某样东西,某一含义,试图用另一种语言来表达自己,而不是用时空形式的语言来表达自己。这就是为什么感觉是一种情感模式,一个等待着解释的语位,一种被情感所触动的沉默。这种等待从来没有被满足,发生的语位在时空形式的语言中被大声说出来,被主体"说出来",但是主体却不知道它是不是就是它者的语言。这一异识与自然概念的丧失是相称的。自然概念可以在《判断力批判》的第二部分被接受,但是仅仅作为理念而存在,(在现实中)我们找不到实例,即可以展示的实例，以便在经验中给出证据，证明在主体的目的论的习语中，它者（物自体）"表达了"它给主体的符号。康德并没有禁止理念的存在，但是不允许获得关于理念的知识，除非陷入某种先验幻相。

然而，正如先验感性论的语位分析所指出的，与物自体的异识并没有离谱到去考虑它的无意义。纳入考虑的是它的沉默。但是它的沉默作为一个引发强烈感受的情感语位，已经是一个符号。在经验主义坚持主体首先是受话者这一原则上，与经验主义的断裂并没有发生。真正的断裂发生在构成对象语位的两重性上：在康德那里（与休谟不同），将物质放入时空形式，产生现象，这些与第一个说话者没有任何关系。通过习惯或相邻而产生的印象联想预设了非给定的排序规则，因此并不属于第一个说话者的习语。通过将形式语位（即作为主动主体和说话者的语位）加在物质语位上（在物质语位里，主体是受话者），先验理念论包含了经验现实主义。它并没有取消后者。存在第一个语位，但该语位并不来自主体。这就是为什么这种包含仍然是不稳定的。

第三，对"先验感性论"的考察至少会让我们重新思考康德的表象（Darstellung）概念。在理论上，（已经在感性层面构成的）对象的表象是验证一个确定性判断（即认识语位）所必需的。这一表象是将认知语位与一般的理论语位区分开来的关键，后者包含了理念，而理念是不可表象的。不管直观是"先天"与概念相连（由此可以声称是被建构的），还是通过经验——例如作为概念的简单实例——与概念相连，"在这两种情况中，将直观加之于概念之上的行为都被称为'对象的表象'，没有这一表象（不管是有中介的表象还是直接的表象），就没有知识。"（1791：附录I，第二节）。表象因此不是简单的实指语位，而是直观与概念之间的桥梁。

除了名称相同以外，康德的 Darstellung 其实并不是语位世界的表象。它是两个不同体系的语位的结合。例如，实指语位与认知语位的结合是知识语位体系所要求的结合：我们意指某样事物的指称，并用某个例子来验证它的含义。这就是"判断力的功能"，通过"在概念旁边配上相应的直观"来获得表象（*KUK*，导言VIII）。一般来说，表象预设了找到符合规则的实例的能力，以及不按规则来找到实例的能力 (1798-a: § 44)。

按不确定性方式来判断的能力表现在认知领域之外，比如在道德领域，我们确定行为是否正义，除了道德律之外，不可能借助其他指令，而道德律应该让行为变得不可确定；又比如审美情感，它是依据快乐或不快乐的情感来将对象判定为美的或崇高的，而快乐或不快乐的情感来自理解能力和拥有对象的能力之间（即知性与想象力之间）的和谐或不和谐关系。(在这里,有必要考虑康德术语中的犹疑不定:拥有对象的能力即想象力,也被称作"表象的能力")(KUK: §17, 23)。

"表象"一般来说,是已知或未知规则和直观(或者占据了直观位置的东西)之间的毗连、结合、并置和比较(参见评注:康德3)。主体在规则之前表象了一个对象,不管该规则是确定还是不确定的,其目的在于证实、发现这一规则,或对对象进行评价。表象仅仅来自主体,它是主体的工作与主体其他工作之间的对照,只有一点除外,它们的结合,不管是有规律还是无规律的,都是在异质的能力,即在不同体系或类型的语位之间发生的。

现在,这一通道在"先验感性论"已经发生:在接受感性印象的能力与协调能力以及借助于时空形式将印象客体化的能力之间搭起了桥梁。在这点上,这种表现为感觉的重复意味着主体不可能有表象(présentations),而只能有再现(représentations)。再现不是戏剧意义的,即再现不是为了代替缺席的对象,而是司法意义的,即各种"能力"不停地互相提醒、谴责、抱怨,即通过比较各自的对象来相互批判。由此,这些能力,在说话者和受话者的位置相互轮换。假如感觉没有经历过纯粹直观的指责,那它就仅仅是不可传达的习语;而直观假如没有满足想象力和概念的要求,它就只不过是一个严谨的实指语位,反过来,这些能力如果不允许感性的指责，也不会有任何创造性或认知性的意义。

主体由此既不是积极的，也不是被动的，他两者都是。但他只能是其中一个，因为当他处于某一语位体系中时，他让自己处于与另一个体系的语位的冲突中，即便无法达成和解，他至少也要寻找解决冲突的规则，即寻求永远被威胁的主体的统一。唯一的例外就是感觉，通过质料，某样东西貌似打动了不是来自质料的"主体"。我们也看到，这一质料也立即作为一个语位项，被放置于语位世界的辩证法中，它被看作第一个说话者或是第二个受话者，由此，它的"赠与"被转化为交换的时刻。

因此，在康德那里，Darstellung 不是一个"表象"（présentation），而是一个处境（situation）（参见 114, 115 和 116）。用再现（处境）来压制表象不仅为各种能力的学说和"主体"的形而上学所允许，而且为它们所鼓励。例子不是事件，而是法庭传票（citations à comparaître）。"有"（Il y a）的问题，被感觉之物所唤起的瞬间，很快就被忘记了，被"有什么"（ce qu'il y a）的问题替代了。[1]

---

[1] 利奥塔的"表象"和"处境"之分类似于列维纳斯的"存在"（existence）与"存在者"（existant）之分。"作为一种不在场的在场，黑暗并不是某种纯粹在场的内容。并没有某个事物留下，而是在场的气氛本身。诚然，这一在场的气氛可以在后来作为内容出现，但它最初是作为黑夜和 il y a 无人称、非实词的事件而存在。"参见 Emmanuel Levinas. *Existence and Existents*. 2001: 59。尽管 "il y a" 不指向确定的内容，但并不代表它就是某种形式或是结构，匿名事件的发生是既先于内容又先于形式的

99.毋庸置疑，至少存在一个语位，不管它是什么语位。即便没有事实上的验证，我们也不会否认这一点。"没有一个语位"是一个语位，"我撒谎"也是一个语位，即便它是一个不合语法的表达，也是一个语位（Koyré 1947; Wittgenstein, *Fiches*: § 691, 692）。"我知道什么？"是一个语位，"刚刚链接的那个语位不存在"也是一个语位（Burnyeat; Salanskis, 1977）。语位被视为发生（occurence），它逃离了自指命题所带来的逻辑悖论。当我们将形式合格的表达所属的语位体系应用于自指命题时，尤其是关于否定（或者矛盾律）的一致性原则时，悖论就显现出来了。这一体系禁止命题谈论自身，禁止命题函项成为自身的自变项（*TLP*: 3.332, 3.333）。但语位不是命题。命题是逻辑体系和认知体系下的语位。它们的构成和链接服从真理的原则。在逻辑上为真的命题被剥夺了含义（*TLP*: 4.461, 6.1, 6.11, 6.113）；在认知上为真的命题被赋予了含义（服从实指规则："这就是实例"）。但是否定性语位的自我指涉

存在。并不是说主体、内容、形式都不存在，而是说，只有当此刻发生的"事件"蜕变为一个实词，即蜕变为一个"存在者"时，意识、意义、内容、形式这些要素才初露端倪。这一从由动词表达的存在行为（existence）转变为由实词指称的存在者（existant）的过程，列维纳斯称之为"实显"（hypostasis），它类似于利奥塔的从"表象"到"处境"的转化。当存在者成为存在的主语时，无人称动词 il y a 的特征就消失了，作为事件发生的存在动词就变成了存在者的属性了。——译者注

禁止真或假的决断（Russell, 1959: 92-106），而肯定命题的自我指涉则允许展示任何陈述（Curry in Schneider）。但是语位可以服从逻辑和认知语位之外的体系。除了真值，它们可以有别的关注。阻止一个语位成为一个命题，并不是阻止它成为一个语位。"命题存在"，这一表述就已经预设了语位的存在。当我们惊讶于有什么存在，而不是什么都没有时，我们感到惊讶的是，存在着语位，或存在着一些语位，而不是什么语位都没有。[1] 我们是对的。"逻辑先于'如何'，但并不先于'什么'。"（TLP: 5.552）一个语位就是一个什么（un quoi）。

100. 表达通道的语位使用了连接词"以及/接着"（et），（"例如""诸如此类""等等"）。这一表达意味着一个简单的相加，把一个表达和另一个表述并列起来，仅此而已。奥尔巴赫（1946：第2和第3章）将这个看作"现代"风格的特征，他称之为"并置"（parataxe），与古典的"句法"（syntaxe）相对。通过连词 et "以及/接着"，语位或事

---

[1] 利奥塔喜欢用列维纳斯的"il y a"来指代"事件"在"发生"时的存在。"存在"不是一个有着内容的实词，既不指一个客观存在着的外部世界，也不是由主观意识建构起来的东西。列维纳斯用黑夜来形容对这一"存在"的体验：在黑夜之中，万物退隐，自我消弭，但并不是什么都不在，而是发生了什么，只不过我们无法确知那到底是什么。寂寥无边的黑夜让我们警醒，让我们战栗，然而这种畏并不源自虚无，而是源自"有"的不确定。所以利奥塔说，至少"存在着语位，或存在着一些语位，而不是什么语位都没有"。——译者注

件一个个发生，但是它们的接连发生并不服从范畴的秩序（因为；如果/那么；为了；尽管……）。通过连词"et"，语位从虚无中涌现，并被链接到前一个语位之上。并置因此意味着在语位之间打开的非存在的深渊，它强调的是某种惊讶，即我们谈及被言及之物时，某样东西开始出现了，这是语位链接所带来的惊讶。"et"作为连词，最能使时间的结构非连续性（或遗忘）受到威胁，同时通过时间的结构连续性（或记忆）来挑战它。这也是"至少有一个语位"（参见99）所表明的意思。除了连词"接下来（et）"，如果要保证同样的并列功能，我们也可以用逗号，或是什么也不用。

101. "语位逃离了普遍怀疑的考验"。但究竟是语位中的什么？它的实在，还是它的含义？是这个"当下"的语位，还是一般意义上的语位？我注意到"实在""含义""当下的""普遍"，在构成这些问题的语位世界中，这些都是被当作指称的语位项或量。一个语位引发另一个语位，不管是什么语位。正是这些，通道、语位和时间（语位中的时间，时间中的语位）都逃脱了普遍怀疑的考验。语位的含义和实在都不是不可置疑的。语位的含义不是不容置疑的，因为要推迟到与另一个语位的链接，后者才会对前一个语位给出解释。它的实在也不是不容置疑的,因为实在的确定得服从于实在的建构规则,而规则本身就包含了怀疑的检验(参见指称一章)。但是要说没有语位,那是不可能的。

102. 没有语位是不可能的,因为"接下来,有一个语位发生"是必然的。必然要进行链接。这不是义务(un Sollen),而是必然(un Müssen)。链接是必然的,而如何链接则不是必然的。(参见135)[1]

103. "接下来有一个语位发生"的必然性不是逻辑的

---

[1] 语位链接的规则是:"链接是必然的,如何链接则不必然"。所谓必然,就是指任何一次言语行为(包括以非语言方式来完成的语用行为)都是一个语用事件。这一必然性不是逻辑意义上的必然性,而是存在论意义上的必然性。任何语句、沉默、反抗、行动都是链接,都是对前面的语位的反应。断言"没有语句发生",这断言本身就是一个语位;保持沉默,拒绝作出链接,这一拒绝也还是个语位。眨眼、耸肩、拍脚、脸红都可以是语位。链接的必然性逃脱了主体的意志。如果是义务的话,那么我们可以免除这一责任,或者去履行它。然而对于必须要进行链接这一事实,我们别无选择。虽然链接是必然的,但如何链接却不必然。没有判断的先在规则;自由就在于创造新的链接,在于不断发现自己的规则。在后现代社会里,知识分子面临着这样一个悖论:链接是必然的,我们不得不链接;但是后现代的"去合法化"特征又使得任何超越于语位链接之上的元叙事都成为被质疑的对象。没有先在的规则,更没有涵盖所有语言游戏的元规则,如果不想让链接完全陷入系统、市场、资本和科学技术的掌控之中,那么唯一的途径便是创造新的链接方式,改变理论、方案、设计、纲领的预定轨迹。在这里,利奥塔再次求助于康德的思想资源:没有预先的判断规则,由此我们所使用的就是"反思判断",即从特殊出发来寻找普遍。这就是为什么对利奥塔而言,哲学是康德意义上的批判哲学,以及为什么它是涉及判断的事务。哲学不是一种理论,而是一种做出判断的实践活动,它既不给出确切的指令也不试图使自己成为一个完整的理论体系,因为它不知道自己的规则。——译者注

必然性("如何"的问题),而是存在论的必然性("什么"的问题)。这一必然性并没有建立在任何证据之上(Apel)。证据意味着总是需要一个独立于语位链接的证人,他或她可以证明这一链接总在发生。有三个难题:第一,证人关于对象的证明(即证人可以作为说话者的实指语位:"这就是实例")不足以建立起对象的实在(参见 61-64);第二,"关于某个实在的完美证人"的理念是不可靠的(参见 70);第三,"有一个语位发生"(Et une phrase)不是一个我们可以见证的对象,而是对"对象""证人"及其他东西的预设。

104. 通过"一个语位",我理解这个语位是一个事例(le cas),一个语位殊例(token),一个语位事件。语位-类型(une phrase-type)是语位事件的指称。语位可以逃离普遍怀疑的检验,不在于它是真实的,也不是在于它是正确的(参见 101),而在于它仅仅是"发生"(法文表述为"ce qui arrive",英文为"what is occurring",德文为"das Fallende")。当我们在怀疑时,无法怀疑的是某件事情确实发生了,即:我们在怀疑——这件事件发生了。倘若"我们在怀疑——这件事情发生了"是"我们在怀疑"的另一个语位,那么另一个语位发生了。如果我们发现,语位不是正在发生,而是一直在发生,那么这一发现就发生了。怀疑总是来得太晚。问题总有它的回答,而回答又是另一个问题。

评注:格特鲁德·斯泰因[1]

"语句没有情感,而段落有情感。"(G. Stein, 1931 a 和 b)(因为情感是链接,是通道。情感可能会减弱,或是"什么"?或是"什么也没有",而"什么也没有"也可能是太多了。一个语句,和"以及 / 接着"。)"如果两个语句是一段话,那么一小段就够了,因为它们最好分开。""愚蠢的一段话。""当它在那里时,它就在那里,这是一种情感而不是一个语句 / 现在,它是某样可以链接却不可思考的东西。""因为语句,我感到悲伤,我会为语句而哭,但不会为卡片而哭。""保存语句,太难了。""这也太草率了,这是一份情感,是一个段落;对,一个段落。""语句让你叹息。""如果可以的话,我愿意用一句话。""语句没有被拯救,不管什么语位,还没有任何语位被拯救。"[2] "当"一个语句"被拯救时,其实

---

[1] 这一部分的 phrase 译为语句,斯泰因在《句子与段落》中多用句子(sentence)。——译者注
[2] 这句话的原文是:Une phrase est sauvée pas n'importe quelle phrase non pas n'importe quelle phrase pas encore。这一段很多是不合语法的句子,请参考原文。——译者注

是"接下来有一个语位"被拯救,这可能是说它是赚来的。"不要问任何人,语句是什么,或它曾经是什么。""我们觉得,如果我们讲了,我们定会去的。/ 这是一个简单的意义。语句是简单的,它与意义交汇。/ 一个语句说,你知道我要讲的意思。""你可以看到,语句不是神秘的,神秘的东西是感受,他们什么也没有感受到。""谁知道有多少谨慎的语句。一次一个语句,被塑造得如此奇妙。谁创作的。没有人可以创造出它们,因为没有人可以做到,无论他们看到的是什么。""所有这些让语句如此清晰的东西,我知道我是多么喜欢它们。""语句是什么,基本上它就是什么。""对他们而言,语句和我们在一起,是关于我们的,全是关于我们的,我们愿意和语句在一起。""语句就是他们不能小心,他们对此心存疑虑"。"一个很大的问题就是,我们可以思考一个语句吗。语句是什么。他想到了一个句子。当他这样做时,谁叫他来。"

没有评论。不过,仅仅出于引用的目的而选择这些话,是不合适的。所以我要做点评论。

第一,在法语中,"句段"(paragraphe)是书写中的分段,它将连接在一起的东西区分开来。希腊语的意思是写在边上的东西。Paragramma 是法律或合同的额外条款。paragraphè 是指由辩护人做出的,对控诉的可接受性的抗辩。Paragraphein:加上一个条款,尤其是欺骗性的条款

(Liddell-Scott)。

第二,段落化(paragrapher),也即"接着,另外,不过……"(*Et, Et d'ailleurs, Et toutefois...*),异识再次成为法律和被指控案件之间的诉讼安排的核心。

第三,"它在那里时,这是一种情感。它是某样可以链接却不可思考的东西。"链接会受到怀疑,会很愚蠢,没有被思考,没有规则。

第四,"语位不是神秘的,它是清晰的"。语位只讲它想讲的东西。没有"主体"会为了解释语位而得到它。就好比没有"主体"(为了说点什么)而创造它。它呼唤说话者和受话者,他们将在语位的世界中占据位置。

第五,"一次一个,(语位)不可思议地(被创造)"。不可思议(奇妙)是因为是一次,是发生。拉丁文 vice(变化),英文 weak(柔软可塑的)[1],德文 weichen(变软),或者 Wechsel(改变)?一个语位就是一个事件,是发生了某样事情,而不是什么都没有发生。发生的某样事情放弃它的位置:脆弱。在"拯救语位"(1931-a)中:"语位希望作为事件而存在",希望将它的位置依次让给别人。

第六,拯救语位:将语位从话语中解救出来,让它免

---

[1] 英文 weak 最早指物,有"Of a material thing: yielding, not rigid or firm, pliant, flexible, readily bending",即"柔软的,易折的,可塑性强"的意思,参见《牛津大辞典》。——译者注

受链接规则的控制和束缚，免受话语杂质的包围，免受话语目的诱惑。让语位存在。就像凯奇（Cage）描述声音时一样，在"语位和句段"中（同上）："没有嘈杂的声音"，就像在沉默之中一样。

第七，在格特鲁德·斯泰因的文本中，选择语位的不齿行径包括："'我'运用语位，让它们服务于论辩，服务于某种话语。该论辩或是话语征服语位，在'我的'文本中填补深渊，将它们从远处分开，又结合在一起。"在斯泰因的文本中，一个语位只有一次，它是一个事件，发生的事件。事件不能重新开始的焦虑，存在将会停止的担忧，在斯泰因的文本中不断出现。

第八，"女性书写"写道，从一个语位到另一个语位，无法被填满，这是一种话语类型吗？

第九，语位包括普通语位，也包括元语言的语位，例如："他们用黄油做的，很好。我更喜欢不加黄油的。"也包括他们的错误语位，例如："什么是带泪的语位。她在挂毯中用红色在挂毯中用红色。"

105. "接下来有一个语位发生"是必然的，这意味着语位（沉默等）的缺席，或者是链接的缺席（开始、结尾、无序、虚无等）也都是语位。如何将这些特殊语位与其他语位区分开来？用含混、情感、"愿望"（感叹），等等（参见 22 和 23；评注：格特鲁德·斯泰因）。

106. 给出你所理解的"语位"的定义。——通过这一指令，你预设了一个称之为"语位"的对象，即语位 – 类型（la phrase-type）。你还假设必须给出一个完整的描述，以便我们可以争论，并就这个对象的性质达成一致，不是吗？请允许我提醒你：第一，用语位 – 类型（或语位 – 对象）来替代语位事件，这需要某种语位体系以及某种话语类型，即定义性的语位体系（只有被看作元语言对象的术语才会引入话语之中，其目的在于建构确定性描述）和对话性的话语类型。你的指令就是这种语位体系和话语类型的规则之一。这种类型是否拥有特别的权威呢（参见评注：柏拉图）？第二，构成这本书的语位所遵循的话语类型（如果有的话）似乎并不重视定义类型的话语体系。问题在于：我们如何定义定义？除非诉诸决定或是习俗，否则我们只能在逻辑秩序中不断撤退。或者，我们可以在语位事件中的序列中不断前行，而那里，没有例外，只有时间（Descombes, 1981）。

107. 给出你所理解的"语位"的定义。——定义是遵循逻辑和认知规则的语位。但当你说"给出定义……"时，它是一个不遵循这些规则的指令性语位。——好吧。但是这并没有妨碍你给出这一指令的定义。被定义者和定义没有必要来自同一语位体系。——确实如此。但是，有必要改变定义对象的语位价值，因为它被当作另一个语位的指称，即具有元语言学效力的定义语位的指称（参见43、45和46）。为了让命令"给出语位的定义"生效，必须给出语位的定义。如果我们提醒对方注意，这个命令是一个不遵守逻辑和认知语位体系规则的语位，倘若我们这么回答，那么我们就是将这个命令放置在"当下"语位的指称的位置，它就变成了逻辑和认知语位的反例。作为实指语位的指称（"看，这就是非认知语位的例子"），该命令没有被证实，而是被用来证实另一个描述性语位（"某些语位属于非认知语位体系"）（参见评注：康德2，§1）。现在，你将同样的元语言学的功能赋予了"一个语位[的发生]"。你将表述"一个语位[的发生]"仿佛真看作了一个[有特定内容的]语位[1]。你剥夺了它的"当下性"（actualité）（我不是说它的语境，参见141），剥夺了它作为事件的指称

---

[1] 此处三处中括号是译者为了便于理解而加入的内容，原文并没有。原文为：Or vous faites la même operation métalangagière avec Une phrase. Vous prenez l'expression Une phrase comme une phrase.——译者注

和"语用学"意义,而它本来可以引发诸多可能的语位。你命令我,用一个元语言学的定义语位对它进行链接。你有权这么做。但是要知道你是在下命令。

108. 如果没有"语位"的定义,我们将永远无法知道自己在谈论什么,又或者我们是否在谈论相同的事情。而你自己在谈论语位的时候,是否也在运用某一元语言呢?要知道我们在链接什么并不容易(参见评注:安提斯泰尼),但毋庸置疑的是,我们知道,"我们在链接",只是为了知道这一点。至于在"我的"语位中起作用的元语言,它没有逻辑地位,也不具备确定术语含义的功能。它呼吁日常语言自我指涉的能力:"我已经受够了你的'也许'了!""'玛丽'是一个专名""他所谓的'我爱你'是在演戏而已。"(Rey-Debove)

109. 以下都是语位(这里没有用代表自指功能的引号):天亮了;给我打火机;她在那里吗?他们战斗到最后一颗子弹;但愿他躲开了坏天气!"存在着语位",这句话是指示性语位吗?$ax^2+bx+c=0$;哎呀!我只是想要……;你可能以为我……?存在着语位;这不是一个语位;这是一些语位。

110. 年轻的斯基泰人奉命与亚马孙人联姻生子，因为他们是英勇好斗的战士。其中一个斯基泰女孩在方便时碰上了一个战士，"她没有拒绝他，给了他想要的一切"，还要他第二天再来（Hérodote: IV, 113）："由于无法让对方明白她的话（他们并不讲同一种语言），她用手势比画。"法语的"Aïe"，意大利语的"Eh"，美式英语的"Whoops"，都是"哎呀"的意思，都是语位。"眨眼、耸肩、拍脚、脸红、心跳过速都可以是语位。——那么，小狗摇尾巴，小猫抓耳朵呢？——西边海平面上升起的小红点？——沉默（参见 24 和 26）？——"既然你听不懂我的希腊话，不明白我的意思，那么你就用蛮族人的手势来答复我好了。"（Eschyle, *Agamemnon*: 1055-1061）。从特洛伊回来后，阿伽门农进入阿特柔斯的宫殿，将他的俘虏卡珊德拉留在战车里一动不动。克吕泰墨斯特拉请她也进来。卡珊德拉在看到即将发生的罪行时，既没有听，也没有回答："她的举止就像一头刚刚被捕获的野兽"（1063）。女王不耐烦了："既然你听不懂我的希腊话，不明白我的意思，那么你不用语言，用蛮族人的手势来答复我好了。"——沉默是一个语位；期待"发生了吗？"，这种等待作为沉默也是一种语位；此刻无法言说（无法进入链接）的情感也是一个语位；当下欲望的可交流，或是即将发生的谋杀的不可交流；爱的语位，死亡的语位；在论争中（logos）作为空白的"女性特质"和"兽性"；语位链接的暂停。喜剧的场景：如厕的亚马孙人，以及悲剧的场景：要谋杀亲夫的女王。

111. 一个语位至少表象了一个世界（参见 18 和 25）。不管它属于什么语位体系，都包含了"有"（Il y a）。有意指的内容，有意指的对象，有受话者，说话者，简而言之，一个世界。至少存在一个世界，因为含义、指称、说话者和受话者可以是含混的（参见 137-140）。

112. "有"是语位表象的记号。语位中有关于表象的别的记号吗？

113. 我们可以将一个语位所包含的表象，称为"存在"吗？但语位也是一个表象，或者说，在语位—事例中（phrase-cas）的东西就是事例。存在就是一个事例，一次发生，是碰巧降临的"事实"，碰巧发生的"事实"。每次 [一个语位发生]，不是 [确定的] 存在（l'être），而是 [某个不确定的] 存在（un être）。[1]

---

[1] 此段最后一句法文为：Non pas l'être, mais un être, une fois. 译者将 l'être 译为"确定的存在"，而将 un être 译为"不确定的存在"。利奥塔这里要表达的意思是，每次

114. 一个表象可以被表现为语位世界中的一个语位项。因此，存在（l'être）可以被表达为存在者（un étant）。然而表达这一表象的语位本身也包含了一个表象，一个它无法表达的表象。我们是否能够说该表象是逃离的，或推延的？这就意味着，在多个语位中，它都是同一表象。这就是定冠词的同一效果，这个表象（la presentation）。

115. 一个表象意味着至少存在着一个世界。一个处境则是指，在由某个语位所呈现出来的世界中，由链接到该语位之上的其他语位形式所表明的关系（通过产生某些链接的语位体系）把这些语位项放到彼此的关联之中。"我已经看到它了"，这个语位将三个语位项放入了处境之中（受话者没有出现在这句话里），而这一处境尤其取决于时态。"我就是在那里看见它的"决定了三个语位项所处的时空；"我告诉你，我就是在那里看见它的"，在这里，多亏了表述句（constatif）[1] "我告诉你……"，它明确表

有一个语位发生，但是我们并不确知到底发生了什么，所以当作为事件的语位"发生"时，它们是什么，是不为我们所确知的。这个"存在"，不是一个大写的、确定性的"存在"，而是一个小写的、朝着多种可能性开放的、不确定的"存在"。最后一句"une fois"，汉语表达不完整，所以译者用括号做了补充和增译，以增强译文的可读性。——译者注

[1] constatif 与 performative 相对应，前者是陈述事实或描述状态，后者是做出承诺、命令等行为，本书将前者译为"表述句"，后者译为"施为句"。——译者注

明了说话者的位置（Habermas, 1971: 111sq）。语位的形式表明了各个语位项相对于其他语位项的处境。这些处境的集合就构成了所表象的世界。

116. 一个语位所包含的"表象"，这一"表象"事件不会在自己的世界中被表象出来（但是它可以在语位中被标记，例如通过"有"[Il y a]）。一个语位的表象不能被置于自身的处境之中，但是另一个语位可以在另一个世界中将它表象出来，即将它放入该语位的处境之中。[1]

---

[1] 利奥塔区分了"表象"和"处境"，即区分了事件的"直接发生"和通过概念来再现这一"发生"的"间接意义"。每一个事件既是一个表象，又是对前一个事件的"再现"。作为"表象"，事件在时间中是转瞬即逝的，它无法指涉自身，但是此事件可以通过下一个事件再现出来，也就是说，"一个语位的表象不能被置于自身的处境之中，但是另一个语位可以在另一个世界中将它表象出来，即将它放入该语位的处境之中"。事件在发生时，其内容和性质是不由其本身来决定的，必须通过链接到它之上的另一个语用事件来决定。而这另一个语用事件又是一个新的语位，其意义和性质又必须由后边的语用事件来决定。但是后边的语用事件并不能把握住先前语位的全部潜在含义，它只是把表象限制在更为具体的处境之中，并且消除了在最初语位的表象中所产生出来的众多可能性。由此，我们永远不可能达到对语用事件的原初理解，因为对语位的任何理解都只能是此事件之表象的某种可能处境，而"处境"不可能还原为"表象"。从诠释学的角度来讲，此"表象""处境"二分意味着对语用事件的意义诠释是由下一个语用事件来完成的，其合法性、有效性不是由其自身决定，也不是由悬搁了历时变化的差异系统决定，而是由后边的"迟到者"（nachträglich / belatedness）——诠释者根据特定情景下的含义、指涉来赋予的。这样一来，既不存在本原的意义，也不存在对此意义的唯一正确的再现和反映；意义的阐释不再是唯一的，每一次阐释都是将非语境化的语用事件加上诠释者本身的特定理解将其再语境化的过程。而有效性是由后面的迟到者给出的，其效力是相对的、暂时的，受事件的时间、情景限制的。——译者注

117. 亚里士多德、康德和其他人的范畴，是处境的家族或种类，即在语位世界中各语位项之间的关系所隶属的家族或种类。将它们看作表象（或存在）的类型或模式，这是误用（Aubenque: 176-180）。只有当一个语位的表象成为另一个语位世界的处境时，即被另一个语位所表象时，它才可以被话语类型所决定。这就是为什么我们说，如果存在着关于表象的类型，只有当它们作为处境类型时，才是可被表象的。

118. 为方便起见，我们假设两个语位：（1）和（2）以如下方式链接：语位（1）表象了一个世界，它蕴含了一个表象；语位（2）表达了关于语位（1）的表象的某些东西；在语位（2）所表象出来的世界里，语位（1）处于处境（即指称）的位置；语位（1）表达的表象并不蕴含在语位（2）中，语位（2）蕴含的表象也不会出现在语位（2）中。被表达的表象和被蕴含的表象因此不会有两次表象的机会。语位（1）和（2）两个表象所构成的两个表象的集合，得由后一个语位，即语位（3）来呈现。这最后一个语位的表象并不属于它所表达的表象（1）和（2）的集合，或者说：由某个语位所表达的表象系列的综合包含了一个不进入该语位系列的表象。但是它可以在另一个语位中被呈现出来。

诸如此类。

119. 一个被语位所表象的世界并不表象给某物或类似于"主体"的某人。只要语位是事件，世界就在那里。"主体"处于语位所表象的世界之中，即便作为表象的说话者和受话者的主体——例如笛卡尔的"我思"，胡塞尔的"先验自我"，康德"道德律的来源"，维特根斯坦的"主体"（*TLP*: 5.632, *TB*: 7.8.1916 sq）——被认为外在于世界，即便哲学话语据说是在世界（monde）之外，这个主体还是处于由这些哲学话语所表象的世界（universe）的中心。这就是语位世界与"世界"的区别。"世界"之外的东西，即主体，都在处于超验关系的语位世界中被表象出来，而超验就是内在于语位所表象的世界的处境。[1]

评注：亚里士多德

§1 之前和之后

智者派或诡辩学家可以利用语言表面的词汇、模棱两可的言辞、同形同音异义词、段落的划分等来反驳对手，也可以运用"逻各斯"的范畴来驳斥对手，这就是悖谬推

---

[1] 此处，利奥塔用"monde"一词指与主体相对应的外部客观世界，而用"universe"一词指包含了主体（例如说话者、受话者）的语位世界。——译者注

理（les paralogismes）（*Ref. Soph.*: 166 b 20）。时代错乱（parachronisme[1] 不是亚里士多德的术语）是时间范畴里的悖谬推理（参见评注：普罗塔哥拉）。在辩证法中，范畴是限制指称意指方式的调节器。例如，"白色"可以看作属性、实体或是性质："玫瑰是白色的？白色可以是透明的吗？他们把它加热至白"。

亚里士多德的后补范畴（*Catégories* 第 10 至 15 章）列举了两个在论争中规定时间的算子："先于"（to protéron）和"同时"（to hama）。"同时"是矛盾律的一部分。如果亚里士多德意义上的同一"对象"，同一实体，可以允许有对立的属性，那么一个语位可以说，作为指称的对象拥有某个既定属性，而另一个语位可以说，它拥有相反的属性，两者都可为真。不过，两者不能同时为真。例如，"苏格拉底正坐着"和"苏格拉底正站着"就不行，你得具体说明什么时候（*Cat.*: 4 a 10 sq.）。否则，与时间相关的悖谬推理就是可能的："同一个人既坐着又站着，为了直立，他得站起来，而站起来的那个人，他本是坐着的。"（*Ref. Soph.*: 165 b 38）。这一诡辩也有另一个版本，即同时犯病和健康的版本。亚里士多德驳斥了这一诡辩论，

---

[1] 时代错乱有两种类型，即早于和迟于确切发生的时间。前者的英文表述为 prochronism，指将人、事或物误记在实际发生的确切日期之前；后者的英文表述为 parachronism，指将人、事或物误记在确切发生的时间之后。——译者注

他求助于"先于"的算子:"根据这一语位,坐着的人如此这般行为,该语位并不只拥有一个单一的意义,有时候它是指这个人此刻正坐着,有时候它是指这个人先前坐着"。(同上:166 a 4)同样,已经恢复健康的人肯定不是此刻在生病的人,当然他是个病人,不过是之前生的病。

这一反驳预设了我们能够根据之前和之后的二元对立来计算某物沿着方向轴移动的位置。这就是《物理学》中给出的时间定义:"时间就是前后运动所计之数。"(219 b 1-2)在这里,语位所指称的是处于运动之中的物体。语位拥有真值,它属于逻辑或认知语位体系。但是,倘若我们无法确认赋予语位发生时谓词的位置,我们就无法确认将谓词赋予运动之物的真值。

因此,我们得计算出这一位置。为达此目的,我们可以借用"之前"和"之后"的二元对立来比较两个位置的次序,如此,足以避免悖谬推理。运动的计数不必非得是从年代学或是计时学而来的数字。只要将算子运用于连续运动的"之前"和"之后"两个位置,以便对立属性可以分配到不同的位置,这就够了。多亏了这一算子的存在,运动的连续体可以根据运动物体的位置来排序。这一运动物体的某个位置——不管它处于哪个位置(或是哪个有争议的属性),总是可以在另一位置之前或之后。"思想宣称'此刻'有两个,一个在前,一个在后,正是如此我们

才会说，这就是时间"。（*Phys.*: 219 a 28-29）

倘若要问，在什么之前，在什么之后？倘若我们要为这一定位寻找起点，在这一阶段的分析中，答案就是：比较是以内在的方式进行的：之前先于之后，反之亦然。指称状态系列的运算符在这个系列中运作。因此，指称（运动之物）并不仅仅是指它此刻的准时状态，同时也暗含了它与之前或之后状态的关系。再者，指称的"准时状态"，即假定它此刻的状态，已经包含了它的过去和将来状态的可能性。不仅"之前"和"之后"以某种内在的方式相互包含，"之前/之后"与"现在"也互相包含，它们没有逃离运动物体的语位所表象的世界。

这里涉及的都是处境（参见115）。假定运动物体是语位的指称，而语位根据它的运动位置将它表象出来，即将运动中的物体表象为：首先是a，然后是b，那么它就可以计算（通过区分"首先""其次"，我们刚刚已经证明了这一点）它的位置和属性，而这一计算至少需要一对二元对立"之前"/"之后"。这一对立确实也是运动的计数，也就是指称在该语位所表象的世界中的序列运动。数字和数量一样，并不在真实的指称之中（即在语位世界之外），而是在语位之中，后者以时间副词的方式，两个两个地将运动物体的位置或对立属性按顺序排列起来。"现在"在这一序列化的过程中，没有被赋予任何优先性。"之前"

是尚未达到的"现在","之后"是已经不在的"现在","现在"是夹在它们之间的"现在",从一个到另一个。这又是一个语位表象世界中的定位问题,不过,是"处境",而不是"表象"。

§2 现在

但是这一内在性带来一个困难,这也是亚里士多德对"现在"的地位犹豫不决的原因。现在难道不也是历时定位的原点吗?"时间貌似就是由现在所决定的东西"(*Phys*.: 219 a 29)。这一表述看起来将时间化的功能赋予了"现在"这一瞬间。然而他的表述是"貌似",后面还跟着一个很有保留的术语"我们假定"(*hypokeisthô*),这意味着将这一功能赋予现在的困难。

另一个表述加剧了这一不确定性:"如果'现在'可以用来测度时间,那么这是就它包含着'之前和之后'而言。"(同上:219 b 11-12)我们可以理解为"现在"是时间绽出的永恒原点。这将是时间化的"现代"版本,在奥古斯丁和胡塞尔那里都很流行:一个构成性的时间(un temps constituant)和一个被构成的时间(un temps constitué),前者是由先验主体所掌控的"活生生的当下"(présent vivant),后者是作为叙述性指称客体的历时时间。然而,在哪个时间里,先验时间与经验时间的综合将可能发生？如果现在从来没有逃离历时性，那么这一综合必然会发生。

亚里士多德不喜欢主体哲学，他绝不会选择现象学的方向。他指出了其中的困难："貌似划分着过去与未来的现在，到底是同一个呢，还是它已经成为另一个呢？这很难分辨。"（218 a 8）我们回到内在性的假设。"之前"和"之后"的分界线，或者是"之前"和"之后"的连接区域，本身也会受"之前"/"之后"的影响。"那个现在"（le maintenant）不是"现在"（maintenant），它要么尚未是，要么不再是，我们现在都没法说"现在"，它要么来得太早（之前），要么到得太晚（之后）。在过去是将来的东西，现在已经过去了，这就是语位的时间。[1] 界限不是点状的，也不是线性的，时间上较晚发生的总会侵蚀时间上较前发生的东西。"现在"恰恰是不能维持住的东西。我们无法

---

[1] 亚里士多德在将时间理解为连续之流的同时，也看到了将时间实体化的困难：与过去和未来相连的此刻是始终保持着同一性呢，还是它永远是别的什么东西？这个介于"之前"和"之后"之间的"那个现在"（le maintenant，加了定冠词）似乎不是原初意义上的"现在"（maintenant，没有定冠词）。因为后者根本就无法为我们所言及，它是不可指涉的。"现在""此刻"不断消逝，它不是到得太早，就是来得太迟。试图与"现在"同一的设想似乎是荒诞不经的，因为它根本不作为"实体"而存在，它恍惚而来，不思而至，来不可遏，去不可止。"现在"，就如它的词源所暗示的那样（modo，just now "刚才"之意），总是属于过去。前一小时，前一分钟，前一秒钟，都不复是现在。即使是眼前的这一刻那，也可以无限分割下去，直到"现在"的空间化存在成为问题。如果将现在看作一段稳定的时间，那么我们必然遭遇到芝诺的飞矢悖论：一方面，飞矢在任何时刻无疑是运动的，它飞向某个特定的点；另一方面，在每个特定的点上，它却静止不动。飞矢不动的谬论在于它将时间化分为同质、同量的均匀的点。——译者注

看到"现在"如何可以作为一个原点,将一个移动的位置放入"之前"或"之后"。这些"粗浅的"观察已经足够解构从现在开始的时间构成:要么现在陷入历时之中,要么,它超越于历时之上。不管是哪种情况,它都没法计数。

亚里士多德开辟了另一条路。他追问的是,"现在"到底是一个,同一个,还是它总是成为另一个?他回答道:"一方面'现在'是同一的,另一方面"现在"是不同的。"(219 b 12)就"这一次的存在"(ho poté on: 219 b 17, 219 b 26; ho poté ôn: 219 a 20; ho pot'èn: 219 b 11, 223 a 27)或"每一次的存在"(Aubenque: 436)而言,它就是其所是。但是,就"言说"(tô logô)(219 b 20, 220 a 8)来说,"在语位中",或者,如果我们用另一个表达(在亚里士多德的文本中,两个表达是可以互换的),"作为实体"(to einai, « comme une entité »),作为该语位所表象的语位项时(219 a 21, 219 b 11, 219 b 27),它就是不再是自身,而是别的东西了。"作为这一次的存在","现在"是作为发生(une occurrence),作为事件(l'événement)而存在。或者说,是作为语位事件而存在。由此可以确认:"作为界限,现在不是时间,而是发生(il arrive, sumbébèken)"(220 a 21)。存在着"有"(Il y a),存在着作为发生、作为"什么"(quoi)的语位,确切地说,它不是带有定冠词的"那个现在"(le maintenant),而是不带定冠词的"此刻"

（maintenant）。但是，一旦此"发生"在另一个语位世界里被捕获，后者把它当成一个实体，作为发生的"此刻"就变成了作为实体的"那个现在"，它就无法再被理解为在发生时的"什么"了。它经历了不可避免的历时改变，它隶属于语位体系。[1]

由此，亚里士多德区分了两种时间，一种是语位世界所表现的时间，它将构成该世界的各个语位项放入（前/后，现在）的关系之中，将其语境化、相对化；另一种是"表象—事件"（或发生），是绝对的（此刻）。只要我们将后者放入语位中，它就被放置在语位世界的关系之中。"表象"就被展示出来了。为了抓住语位所蕴含的表象，我们需要另一个语位，在后一个语位中，前一个语位的表象得以展示。"当下的"表象无法在此刻被展示，它只能放入

---

[1] 亚里士多德为此区分了两种不同的时间性："maintenant/now"与"le maintenant/the now"，前者是"当前—事件"（l'événement-présentation /presentation-event），是不可重复的绝对，而当"此刻"被放入既定的关系（例如之前、之后的关系）或处境之中被表象、被再现出来时，绝对不可把握的"此刻"就被相对化了，它就成为"实体"（le maintenant）。利奥塔从这一区分当中获得了灵感，将这一区分转换为"表象"（presentation）和"处境"（situation）之分。这一区分有时也被表述为"quid"和"quod"或者是"il arrive/That it happens"和"ce qui arrive/What happens"。同时参见本书113，131，132，以及 Lyotard. *The Inhuman: Reflections on Time*. Trans. Geoffrey Bennington & Rachel Bowlby. California.: Stanford University Press, 1991: 82, 90。不管以什么方式来表述，基本上，这一区分的前件是指"事件"在"此刻""发生"的独一无二性，是不可重复的本体论事件，而后件则把此绝对相对化、关系化，赋予其确切意义的过程。这一区分不仅是差异语用学的核心概念，也成为他论述先锋艺术的崇高美学的基石。——译者注

下一个语位，作为该语位世界的（之前/之后）处境被展示出来。当然，这下一个语位又是一个（新的）"表象"。亚里士多德区分了语位世界中的历时要素和语位事件的"发生"（或"发生—语位"）。"当下的"表象是不可表象的，但是只要事件（在它发生后）被保存，（在它发生前）被预期，或（在发生的现在）被"维持"，它就很快被遗忘了。

§3 一些观察

3.1 德里达会说，"这一解读"仍然是形而上的，仍然属于在场形而上学的霸权（1968-b: 73）。——倘若时间作为问题，已经属于形而上学，那么，确实如此。不过，我还是想提请大家注意。发生，语位，作为发生的什么，并不是源于时间的问题，而是源于"存在/非存在"（"是/不是"）。这个问题被一种情感所唤醒：可能什么也没有发生。沉默并不是等待中的语位，而是作为非语位（non-phrase），非"什么"（non *quoi*）。这一感觉就是焦虑或惊讶：有什么存在，而不是什么都没有。一旦这些进入某个语位，在这一语位的发生中，前一个语位的发生已经被链接，被记录，被遗忘；通过宣称"有"，通过将发生与"无"对比，语位与发生捆绑在一起。在语位世界暗含的"之前/之后"中，时间发生了，就像是将各个语位项放入有序的系列中。这种序列化是内在于语位的。时间是存在者

（l'étant）的范畴。存在（l'être）不是时间。表象不是给予的行为（尤其不是来自某个"它"[德语 Es，法语 Il]，说给"我们"或"某些人"听的）。我也不将表象（我已经解释了，为何每一个试图对此命名的术语都是幻想）理解为某种强力行为，或强力意志，或某种可以实现的语言欲望。仅仅是有某样东西发生了。而这个东西无疑就是一个语位（参见99）。既然一个语位表象了一个世界，那么语位的发生，我就称之为表象。

3.2——你的"解读"貌似与海德格尔的《时间与存在》以及同时段的作品中的"事件"（Ereignis）概念很相似（Heidegger, 1962: 57-69）。——不同的是，海德格尔坚持将"人"看作赠与的受话者，赠与在"事件"中通过自我保存来给予和被给予；而且，海德格尔坚持认为，接受赠与的人可以转变成通过聆听时间的本真性来完成人的目的的人。目的、受话者、说话者、人，这些是语位表象出来的世界中的各个语位项，或各种关系，它们是处于语位之中的处境。"有"发生了，它就是一个事件，但是它并不向任何人表象任何东西，它也不表象它自己，它并不是现在，也不是在场。当表象是可表达的（可思的），那么它就不再作为发生而存在。

3.3 时间的问题在语位的问题框架中被提出来。赠与（Geben）（？）并不给出存在物，而是给出（？）语位，它们是存在物（语位世界中的各语位项）的派送者。即便语位后来变成了其他语位的存在物，但是它们"曾经发生过"，就像亚里士多德所说的"此刻"。表象就是发生的语位（La présentation est qu'une phrase arrive）。但是"就其本身而言"，作为"什么"，表象并不在时间之内。"流俗的"时间在语位所表象出来的世界中。德里达是对的，没有流俗的时间（同上：59），又或者，只有流俗的时间，因为语位也是"流俗的"。

3.4 倘若没有人成为表象的受话者，没有人可以指涉它，是什么允许你将某些东西说成是表象？你这不是又得出踪迹（trace）的假设吗（同上：75 sq.）？又或者用沉默或空白的假设抹去事件？实际上，"事件"（Heidegger, 1953-1954: 125）难道不是一道闪电，让某些东西（语位的世界）得以出现？而它自己却在它照亮的世界里被蒙蔽，看不见？这种撤退是否也是一个语位（参见22和110）？它究竟是四种沉默中的哪一种（参见24和26）？或者它是另一种沉默？——它是另一种沉默，与语位世界的语位项无关，而与语位的发生相关的沉默。不会再有表象了。——但是你说过："没有语位是不可能的"（参见102）！这句话的意思是：感觉不可能是有可能的。必然是偶然的。我们必须进行链接，但是有可能没什么可链接的。连词"以及/接着"（et）没有什么可抓住。由此，不仅如何链接是偶然的，而且最后一个语位也让人晕头转向。显然，这是荒谬的。但是闪电发生了——它照亮并暴露了黑夜、云层和蓝天的虚无。

120. 没有独立于语位的空间和时间。

121. 如果有人问你，从哪里我们可以得知，空间和时间都是类似于处境的某种东西？我们可以这样回答：从这样的语位"侯爵5点出去了""他已经到了""走开，睡啦！""已经睡啦？"，诸如此类。但是语位"你从哪里得知……"就已经预设了空间和时间。我们还可以加一句：我并没有控制它，语位可以自我掌控，即确定语位项的处境，确定它们相互之间的关系。借助于以下表述，空间和时间是这样一些名称，将语位世界里所产生的情景效果分类："在……背后""很久以后""正下方""出生于""起先"等。有些语位体系要求使用这些标记（例如叙事），另一些则通过假设（例如数学、逻辑学，即便它们有时间逻辑），排除了这些标记。

122. 世界和语位一样多。语位项的处境和世界一样多。——但是你不是说存在着像空间和时间这些语位项的处境类别吗（参见 121）？那么，至少存在彼此类似的语位世界？——一个元语言学语位有好几个不同的语位来充当其指称，并且声明了它们的相似性。但是这些相似性并没有取消它们的异质性（Bambrough, 1961: 198-99）。空间、时间或空间—时间都是这些处境的家族名称。没有元素是所有人共有的。——你是唯名论者吗？不是，我们可以通过指称实在的建构程序而不是通过维特根斯坦的"用法"（人类学经验主义的牺牲品）来获得相似性（参见 63）。但是在这一程序所要求的语位类型中，有用到"在那里""那一会"这些空间—时间指示词的指示性语位！——这仅仅表明了元语言是日常语言的一部分（Desclès et Guentcheva Desclès, 1977: 7）。

123. 你们划分语位世界的方式（参见 18 和 25）难道不是人类学和实用主义的吗？从哪里你们可以确认语位包含四个语位项？——从它们链接的方式。以语位"哎呦！"为例，我们可以针对说话者进行链接："你很痛吗？"；或者针对受话者进行链接："我对此无能为力"；或者针对含义链接:"这很痛吗?"或者针对指称链接:"牙龈总是很敏感。"语位项是链接的化合价。——人类语言或许如此,但是语位涉及的若是猫的尾巴呢?——猫竖起了尾巴,你可以对此分别进行如下链接:"你想要什么?""你真让我烦心""还饿呢!""它们拥有极富表现力的尾巴"。我故意选了这些语位,它们的语位项和处境都没有标示出来。如果实用主义的预设和偏见是认为信息可以从说话者过渡到受话者,且认为即便没有语位,说话者或受话者也可以"存在",那么,这种划分就不是实用主义的。同时它也不是人文主义的:我们可以试着列举无法占据这些语位项的非人类实体!恐怕我们很难找到所有这些语位项都被标明的例子。很多现代文学的技巧就与这种撕去语位项的标记息息相关。仅举最近法国文学的例子,例如《追忆逝水年华》里的说话者,例如布托的《变化》中的受话者,德里达的《明信片》中的说话者和受话者,克劳德·西蒙的《农事诗》中的指称,罗伯特·潘热的《杜撰》中的含义。还有假定的作者(Puech, 1982)。这一去标记化具有某种让语位自动发生的效果,即对"人在说话"这一成见进行批判。"爱语位,不爱人类。""在我看来,他总是喜欢句子,这不是他的功劳,不过我不知道,我的判断是否可靠。"(Pinget, 1980: 149, 57)。

124. 语位所蕴含的表象被它自己忘却了,陷入了忘川(Detienne, 1967: 126-135)。另一个语位将它拉出来,将它展示出来,同时也忘记了它自身的表象。记忆同时也是遗忘。形而上学总是与遗忘做斗争,但是形而上学为之奋斗的又叫什么呢?

125. 奥古斯丁的上帝或是胡塞尔的活生生的当下,被表现为可以将多个现在综合起来的语位项的名字。尽管它是借助于语位被表现出来,而每一个语位中的现在等待着新的语位将它与其他现在综合起来。上帝是为了以后,"在某一刻";而活生生的当下就要来临。只有当什么也没有发生时,这些才到来。这就是贝克特的意思。时间并不是意识所缺乏的,时间使意识本身缺乏。

126. 你将语位蕴含的表象看作绝对。这样子做时,你就已把它表象出来。它的"绝对"性质被放入你的语位所表象出来的世界,那么,绝对就成为相对的了。这就是为何"绝对"不可表象。通过崇高的概念(只要 Darstellung 被这样理解),康德总是要胜过黑格尔。在后者那里,"崇高"不是超验的,而是在"扬弃"之中。

127. 没有被表象出来的不是。蕴含在语位中的表象没有被表象出来，它不是。或者说：存在不在。[1] 我们可以说，当蕴含的表象被表象出来时，它就不再是蕴含的表象，而是某个处境。或者说：作为存在物的存在是非存在。这就是《逻辑学》第一章的意思。黑格尔称之为确定性的东西，以及从存在到非存在的主要通道都是语位世界中存在（或者说表象）的处境；换言之，就是从第一个语位蕴含的表象过渡到第二个语位所展示出来的（第一个语位的）表象。只有当第二个语位的关键是要展示表象，也就是说，当第二个语位是存在论话语的类型时，这一从存在到存在物或从存在到非存在的"解体"才会发生。构成这一话语类型的某个规则规定了这种话语的链接方式，以及由此产生的过渡或"解体"，即结果的规则（参见评注：黑格尔）。不过，也有很多话语类型，其规则的关键并不是展示表象，因此，从存在到存在物的"解体"也不是必然的。

128. 这就是为什么需要通过否定来展示（前一个语位

---

[1] 原文是：Ce qui n'est pas présenté n'est pas，没有被表象出来的不是（例如，不是 A，B，C），此处没有宾词，如果有宾词，就陷入处境之中，陷入相对性了。存在不在（l'être n'est pas），可以理解为，绝对的存在不能被表象为相对的存在者。所以，利奥塔在接下来才会说："当蕴含的表象被表象出来时，它就不再是蕴含的表象，而是某个处境。或者说：作为存在物的存在是非存在（l'être pris comme étant est le non-être）。"——译者注

中）所蕴含的表象。它只有作为存在物，作为非存在时，才是可被表象的。这就是遗忘（Lèthè）这个词所要表达的意思。

129. 亚里士多德在《修辞学》中，将论题"我们知道一些未知的东西，因为我们知道未知的东西是未知的"（*Rhét*：1402 a）归入明显的三段论中。他说这是一个悖谬逻辑：（通过安提斯泰尼的一个错误或诡计），绝对和相对被混淆了。论题实际上求助于坚持可以表象（"我们知道"，绝对）直到断言不可表象（无法被意指的，"未知"），这种不可表象的"未知"由语位"我们知道……"表达出来……，因而也与它相关。但是，将这一链接命名为悖谬推理的，是构成逻辑话语风格的某种决定，它与表示发生的 quod 无关（参见 91）。

130. 我们不能像黑格尔那样，将表象同一指称、含义及其含义的对立面（否定）的能力（表象未知，未知的含义，以及已知的含义；表象存在，存在的含义及非存在的含义），称为否定的不可思议的威力（*PhG*，前言）。倘若它有威力，威力在那儿呢？威力就在于语位具有表象某种指称所不具备的属性的能力？这就是（仅仅是……）"否定之谜"

（Wittgenstein, *TB*: 9, 15.11.1914）（参见 90）。——威力就在于语位具有同时将一个属性表象为在场和缺席的能力？但这不是事实，事实是：一个语位将属性表象为在场，另一个语位将其表象为不在场。这不是"同时"。——还是说，威力在于涉及同一指称的两个语位即可以表达一件事，又可以表达它的反面呢？但是，它们是否涉及同一指称，这还有待确认（参见 68 和 80）。在最后一种情况下，奇迹不是来自否定，而是来自事件。因为很有可能，没有"第二个"语位。"不可能""虚无"或许是可能的。奇迹的就在于，事实并非如此。

131. "所有语位存在"（« Toute phrase est. »）。这是一个语位吗？"存在"不是"那些存在者"（Est n'est pas ce qui est）。"存在"也不是"真实的存在"。我们不能说："所有语位都是真实的存在。"更不能说"所有合理的都是真实的"。真实（实在）是尚待建构的指称属性（参见指称一章），它不是[已经存在的事实][1]。这里涉及的是语位的实在。倘若"合理"指的是"符合指称实在的建构程序"，那么所有真实的都是合理的。在"所有语位存在"

---
1 此处中括号里的内容原文没有，为译者所加。——译者注

中，"所有语位"是指"所有发生的事情"；系动词"est"是指"有"（il y a），"发生"（il arrive）。但"发生"不是指"具体发生的事情"（ce qui arrive），因为 quod 不是 quid（表象不是处境）[1]，存在由此并不意味着"在那里"（est là），更不是指"是真实的"（est réel）。"存在/是"（est）不意指任何事情，它可以意指被赋予意义（内容）之前的"发生"（occurrence）。可以意指，却没有意指，是因为意指就是要（在赋义"之前"）将其放入处境之中，由此在"先前"和"后续"（hustéron protéron）之中遮盖了"现在"（nun）（参见评注：亚里士多德）。系动词"est"因而是指"发生了吗？"（法语无人称代词"il"是指一个可被指称占用的空位置）。

132. 总之，存在着事件。"某事发生了"不等于"具体发生的事情"。你会将具体发生的事情称之为事件吗？事件（le cas）就是某样事情发生了（il arrive），是 quod，而不是"具体发生了什么"（ce qui arrive），即 quid。你会像维特根斯坦那样，认为"世界就是一切发生的事件"吗？倘若我们可以区分"事件"（le cas）和"如此这般的具体事件"（ce qui est le cas），那么我们就可以这样认为。

---

[1] 拉丁语 quod 与 quid 都是中性代词，前者是关系代词，后者是疑问代词，相当于英语中的"that"和"what"。此处参见评注：亚里士多德，§2。——译者注

维特根斯坦也将"如此这般的事件"称之为"事实"（fait）（*TLP*: 2）。因此他可以说："世界是事实的总和"（1.1），或者说"全部实在就是世界"（2.063）。"总体""所有"，它们本身不是事件。它们都是康德意义上的"理念"的指称。或者说是逻辑量词。我们无法对实在的总体进行测试。——不过，事件不是"具体的某个事件"。事件就是："有""发生"，即"事件发生了吗？"（参见 131）。

133. 没有给我们自己所建造的"世界图像"（« image du monde »）（*TLP*: 2.1）。但是，世界作为实在的整体，可以像某个语位项一样，被放入由（宇宙）语位所表象出来的世界的处境中。它产生了康德的二律背反。这些二律背反揭示了，指称"世界"不是认知的客体，它逃脱了实在的验证。事实图像的概念集中体现了语位在事实之后发生所带来的形而上学的幻相、逆转和偏见。在这一意义上，没有再现。——"世界"（参见 60），我指的是一个专名网络。没有语位可以穷尽这一网络。没有语位可以用完整的描述来替代每一个名称："因为看上去——至少就我现在能够看到的而言——我们没有办法用定义来替换名称，并以此解决问题。"（*TB*: 13.5.15）

134."我们不可能什么都说"(Descombes, 1977)。——很失望吗?你很想这样?至少用某样东西,比如说"语言",想达到这一效果吧?想要展示它所有的威力?意志?生命?欲望,匮乏?最终,要么是完成的目的论,要么是未完成的忧郁症。但你显然承认(参见23)"某样东西要求被放入语位"?——这并不意味着所有一切都应该被说出,或想要被说出。这意味着等待着发生,等待"奇迹",等待没有说过的任何东西(参见130)。熬夜等待。等待也在语位世界之中。它是每一种语位体系施加于语位项之上的特殊"张力"。

135."对于不可说的东西,我们必须保持沉默。"(*TLP*: 7) "必须"是针对人,还是针对思想说的话呢?让那些没法言说的陷入沉默,这不是他们的权力。那些不能用惯常习语来表达的东西,已经用情感表达出来了。已经公开表示了。等待事件的发生,由未知的语言表达式所带来的焦虑不安和喜悦,已经开始了。链接不是义务,因为我们可以免除义务,也可以利用义务。但是"我们"不能这样做。不要将必然和义务混淆起来。如果存在着"必须"(Il faut),那么它不是"你应该"(Vous devez)(参见102)。

136. 链接是必然的，但如何链接却不必然。链接可以是被认为是有相关性的，而宣告这一相关性的语位就是链接规则。规则是话语类型的组成部分：在这些语位之后，紧接着被规则许可的语位。由此，《分析论》规定了古典逻辑的链接方式，《逻辑学》规定了现代辩证法的链接方式，而《新几何学讲义》则规定了现代公理体系的链接方式（Pasch, in Blanché: 22-26）。还有很多话语类型的链接规则没有言明。

137. 一个语位可以如此表达，以至于它同时表象了几个世界。它可以是含混的，不仅仅是意义含混，甚至指称、说话者和受话者都是含混的。例如："我可以去你家找你"（Je peux passer chez toi）。含混性可以影响"我""去""你"。仅限于情态动词"能够"（peux），我们就可以获得如下共同表象的世界：

1.1 我有这么做的能力。

1.2 我有时间这么做。

1.3 你有个家，我知道地址。

2. 我可能会这样做。

3.1 我很想这么做。

3.2 我很想你告诉我这么做。

4. 我有权这么做。

(1)能力,(2)可能性,(3)意愿,(4)权利。描述语位(1, 2, 4);代表语位(3.1)(哈贝马斯意义上的"代表型"语位 [1971: 112]:我想要,我担心,我渴望……);调节语位(3.2)(例如:我命令你,我请求你,我向你承诺……)。不仅"我能够"的含义是含混的,而且这种含混性传到了其他语位项之上:"你"如果是描述指称的一部分或者它是指令的受话者,那么这个"你"就不会是相同的;"我"的情况也是如此。

138. 一个链接或许可以揭示前一个语位的含混性。"门关了"可以引发以下语位:"当然,不然你以为门是干什么用的?"或者"我知道,他们想把我关起来"或者"正好我有话要跟你说",等等。在这些链接中,"已经关上的门"不再是要讨论或要证实的事态,它验证了强迫性神经症所赋予门的功能性定义,它确认了偏执狂讲述的以门为主题的故事。我们谈论的是同一扇门吗?是同一个受话者吗?不如假设两个对话者,他们在谈论已经关好的门,一个说:"很显然……"另一个说:"我知道……"这里就存在着异识。通过断言"这是一个简单描述",逻辑学试图在晦涩纷杂中找到秩序，但是这么做的结果，却仅仅是加大了冲突。我们可以在拉封丹的《寓言集》里看到这种无序的小插曲及其司法－政治影响。那么，哪些链接是相关的呢？

139. 我们假定下一个语位的说话者和前一个语位的说话者是同一个人。至少当第二个语位表现、共现，或再现了某个第一个语位所共同表象的世界时，难道我们不可以说，链接是相关的？例如，语位"我可以去你家"（参见137），我们可以有如下链接方式：（1.1）"你能走吗？""你的车修好了吗？""你确定吗？"（相当于说，"你真的有能力这么做吗？"）；或者（1.2）"不，你没有时间""是的，离你家很近，你确信？"（相当于说，"你真的有时间来吗？"）或者（1.3）"我已经出门了"；或者（2）"真让我吃惊，你确信？"（相当于说"可能吗？"）；或者（3.1）"你不过说说而已"（相当于说"我不相信你真想来"），"你确信？"（等于说"你真有这个愿望？"）或者（3.2）"真没必要"（＝"这不是我的愿望"）"随你便啦！"（＝"我没什么想法。"）；"你确定？"（＝"你真想知道我的想法？"）或者（4）"哦，天哪！你居然这么想？"（＝"谁允许你这么做？"）这些语位都有很多相关性。

140. 听到"我可以去你家",受话者可以这样链接,"尚塔尔怎么样?"我们是否可以说,这是一个不相关的链接呢?杜克罗(Ducrot)说(1977),如果我们坚持刚才列出的预设,那么它确实是不相关的,如果额外加上一些暗示,这一链接就变得相关了:"我可以去你家,不过尚塔尔不在。"相关性意味着"好"的链接规则。可以有多个好的规则,链接到一个含混的语位之上。正是在这里,语用学家(Engel, 1981)纠结于说话者的意图,试图从语言的残片中拯救交流。不过,意识的形而上学——胡塞尔的《笛卡尔式的沉思》——搁浅在他者的"难题"中。不管他说什么,语位的说话者已经以某种非任意的方式,置身于"他的"语位所表象出来的世界,以及与"其他"语位的关系中。即便是语位"你这么认为?",也是某种链接方式,并没有解决语位的含混性:这句话是个问句,它适合第一个语位的所有链接方式。不过,这种链接方式也不是完全任意的,至少它求助于某种疑问句式。

141. 但是语境至少要让我们可以确定第一个语位的说话者想说什么,以及受话者(第二个语位的说话者)可以明白什么——我们得用语位的方式将语境表象出来。这就是我通过展示共同表象的世界所勾画出的轮廓。或者说,通过唤起语境，你的语位把你放置在认知语位的受话者位置，在这一情形下，语境是说话者，告诉你它自身的信息。为什么你会认为这个说话者比第一个语位的说话者更可信呢？

142. 例如，"我宣布开会"，这一语位不会因为它的说话者是会议主席，就是施为句（performative）。仅当语位是施为句时，说话者才是主席。主席-行为的等价是独立于语境的。如果语位是施为句，那么说话者就不是会议主席，而是他成为主席；如果该语位不是施为句，而说话者是主席，那么他就不再是主席。——但这一替代方案至少没有依赖于语境吧？——语境自身也是由链接到所谈论语位之上的语位构成的。针对"我宣布开会"这一语位，可以做如下链接："好呀，你主持会议"；或者是"没可能！"或者是"你有什么权利（主持会议）？"——但是这些语位的发生反过来不都得依赖语境吗？——你称之为语境的东西，其实是认知语位的指称，例如社会学家的认知语位。语境不是说话者。实证主义，尤其是一般人文科学的实证主义，混淆了语境和指称，混淆了语境和说话者。借助于语境的概念，发言权被给到"科学"对象，就好像这一指称是说话者一样。

143. 难道事后我们不会知道哪个是初始语位真正呈现出来的世界？难道接下来的语位不会决定前一个语位的体系吗？——接下来的语位不会决定任何东西（最多也不过是"历史将告诉我们是否……"）。即便有决定，这一决定也源自这些语位所属的话语类型。我们可以设想两种话语类型的极端。一个是认知话语类型，其关键在于引导语位清除最初的含混，而另一个是无意识话语类型，其关键在于最大限度地保留含混性。这并不是说，它们中的一个比另一个更多或更少地忠于语言的"本质"；也不是说，一个是"源初的"，而另一个是派生的。在话语的秩序中，它们就像是命题的重言式和矛盾式：理性话语表象了它所表象的世界，而情感话语共同表象了不可共存的世界。

144. 你将它们称为"不可共存的"（参见143），是因为你根据认知话语来赋予它们含义。我们不妨以弗洛伊德对"一个正在挨打的小孩"的女性幻想的分析为例。那个女孩，也就是她的名字，是这一语位的受话者（一个心慌意乱的受话者：当幻想语位发生时，她正在自慰）。但她也是指称："她就是被鞭打的孩子"；但是，指称的也可以是被父亲鞭打的"另一个孩子"。至于父亲，他可以作为指涉物而存在，也可能根本没有涉及他（父亲被抹去了）。

在这样一个混杂的世界中,谁是说话者呢?说话者并没有在语位中被标明。根据拉康的形而上学,它是否是大写的"他者"呢?正如你所见,不可共存的东西,它们奇妙地共存了。——是的,它们形成拉康意义上的症状。——用维特根斯坦的话来说,它们成为个人习语。——自慰呢?——是某种不可共存的东西同时发生的模式,就像是做梦、脸红、痉挛、疏忽、怪癖、沉默、情感、酒精、毒品。也就是说处于一个动荡的状态,在某个瞬间,从一个状态跳到另一个状态:就像皮埃尔·古约塔(Pierre Guyotat)在1975年发表的《妓女》(*Prostitution*)。

145. 身体难道不是真实的?——"自己的"身体是个人习语的名称。而且,它是服从不同语位体系的指称。"我牙痛",这是一个描述性语位,相应地,它表达了某个要求,"能帮我缓解一下吗?"牙医将你的疼痛转化为一个可以验证认知语位的病例(通过三个语位的程序:就在那,那个地方叫牙颈,很可能是牙颈部龋洞)。就这一病例而言,牙医通过回答你的问题,规定了一些合适的行为,以便你恢复健康(健康成为某种理念的对象)。呵护"身体"的其他专业人士也是如此(根据实际情况适当有些变动):体育教练、性治疗师、烹饪师、舞蹈老师、歌唱老师、军事指挥员，身体就是一系列的症状，这些症状可以根据健康身体的"理念"来解读和治疗。——但牙痛是很痛苦的，它是活生生的体验！——你如何证明它是你的体验？你是这一痛苦的唯一受话者，它就好比上帝的声音："你无法听到上帝对另一个人所说的话，当且仅当上帝对你说话时，你才可能听得到他的声音。"（*Fiches*: § 717）。维特根斯坦补充说："这是一句合乎语法的表达。"它规定了什么是个人习语："我是唯一听到它的人。"个人习语很容易陷入某种困境（参见8）：如果你的体验是不可交流的，那么如果它存在，那么你无法证实它；如果它是可交流的，那么你就不能说，你是唯一一个能够证实它存在的人。

146. 至少你们承认：当日常语言的语位是含混的时候，寻找单义性、拒绝含混就是一项崇高的使命。——至少，这是柏拉图的观点。相对于异识，你们更喜欢对话。你们首先假定单义性是可能的；其次假定，单义性构成了健全的语位。但是，倘若思想的关键（？）在于异识而不是共识呢？不管是在高贵的还是日常的话语类型，在最"健康"还是最警觉的话语类型中，都是如此呢？这并不是说我们试图保持含混性。但是，在单义性之后，某样东西（通过情感）宣告了自己的存在，宣告了"单一的声音"无法进入语位链接。

147. 从一个语位体系（描述、认知、指令、评价、疑问……）到另一个语位体系，链接不能有相关性。比如别人说"开门！"，接下来，你若说"你发出了一个指令"，或是"好漂亮的一扇门呀！"，这样的链接就是不相关的。但是在某个话语类型中，这种不相关可能是合适的。话语类型决定了语位链接的目的（参见 178 sq）：劝说、让别人确信，征服，让别人笑，让别人哭，等等。为了达到这些效果，以某种不相关的方式进行链接可能是合适的。目的论从话语类型而不是从语位开始。只要语位链接在一起，语位就总是（至少）处于某一种类型的话语风格中。

148. 与话语类型相关的目的决定了语位之间的链接方式。通过删除那些不合适的链接，目的决定了语位链接，类似于目的决定了手段。"拿起武器！"如果这句话的目的是要某人紧急行动，你不会接上一句："你刚刚发出了一个指令。"但是倘若这句话的目的是要让人觉得好笑，那么你可以这么链接。也有很多其他达此目的的方式。有必要扩展诱惑的概念。话语类型可以诱导语位世界。它有意诱导语位项偏向于某些链接，或者至少避开那些与该类型的目的不相吻合的链接。受话者并非被说话者所诱导,说话者、含义和受话者一样,都受制于话语类型所施加的诱惑。

149. 冒犯不是不得体,正如伤害不是损失(参见41)。冒犯是指一种语位体系凌驾于另一种语位体系之上,窃取了它的权威。"开门。"——"你刚刚说'开门',你发出了指令。"我们可以展开讨论,以便确知是否是这种情况(例如讨论指令的定义,讨论该命令是否和定义一致)。假定情况属实。"你刚刚发出了一个指令"因而是一个有效语位。它赋予"开门"这句话以某种特质,即指令的特质。对命令进行解释而不是执行命令,这就是所谓不得体的链接。所谓冒犯,则是指命令的解释者,同时也是命令的受话者,宣称:"我知道'开门'属于哪个语位家族,因此我免除了服从这一命令的义务。"这就是思辨语位以及元语言语位的冒犯(参见45)。

150. "在我的话之后,没什么可说的了。"显然,这一判断里隐含着伤害。——但是,你居然说出来了!你已经宣称没有什么可说了,该说些什么,才能链接到之前所说的话上呢?你的意思要么是说,之前的那句话是最后一个语位，要么是说，在你的"最后一个"语位之后到来的语位都将是之前语位的重言式。第一个解释毫无意义，第二个解释则要求证明没有新的语位发生。至于证明，也是两个选项：要么它不是由之前语位的重言式所构成，要么它就是。在第一种情形下，它事实上（*de facto*）拒绝了它在法理上（*de jure*）所确认的东西，在第二种情形下，在要求给出证明之前，证明已经被给出。——你如何知道证明没有被给出？——我只知道我们一直都还没有做的，就是证明该证明已经被给出。而这一证明将会在事实上否认它在法理上所确认的东西。

151. 一个语位如何冒犯或者伤害另一个语位？语位有尊严吗，有傲气吗？拟人化而已。现在，轮到你了？——简单而言：我们永远不知道"事件"（l'Eregnis）是什么。哪一个习语的语位？哪个体系的语位？伤害就在于试图预期或阻止语位的发生。

结 果

152. 模式

他认为,我们并没有在讨论,我们只不过自以为在讨论。论辩(controverse)属于某个伟大的话语类型,辩证法(la dialéktikè),即亚里士多德在《论题篇》和《辩谬篇》中就已经分析过,并试图规范化的那些论题、论辩、反对、驳斥。"伟大的"辩证法,思辨辩证法,将论辩这一话语类型看作无足轻重的:"如果反对与它们所反对的事物真的有所联系,那么它们就是单方面的决定。只要它们与事物相关,这些单方面的决定就是界定事物概念的时刻。在阐述概念时,反对在其临时场所突然发生,而内在于概念的辩证法应该展示它们的否定功能……"最终,像戈舍尔(黑格尔所说的《箴言集》的作者)所做的一样,反对回忆的工作:"科学可能要求这些工作是多余的,因为它是由于思想缺乏文化,由(未经充分训练的)思想浅薄所带来的焦躁而引起的。"(Hegel, in Lebrun, 1972: 221-222)。黑格尔意义上的科学,并没有像亚里士多德的教学法一样,把辩证法搁置一边。它将辩证法纳入自己的风格,即思辨话语之中。在这一话语类型中，辩证法的两面，为悖谬推理（paralogismes）和自相矛盾（apories）提供了材料，它们用于教学法的目的，一个目的，没有真正的讨论。

但这里有一个语位（思辨规则的语位），这是不容置疑的。这个语位是什么，这都是"我们的"事务，语位链接的事务。是否这个"唯一"（l'unique）是我们的目标，是语位链接的规则呢？人类，这个"我们的事务"的"我们"，难道不该把它独一无二的名字归功于把事件链接起来，并趋向于一致（l'un）的过程吗？

基于此规则，一系列的语位被连在一起。以下是其中的某些链接：

> "按照否定辩证法的定义，辩证法不会处于自在的静止状态，仿佛它就是整体；这就是希望的形式。"
>
> "辩证法得走出最后一步：在再生产并批判盲目的普遍联系的同时，它应该转而反对自身。"
>
> "根据其自身的概念，形而上学不可能是关于存在物的演绎判断的链接，更不能被设想为某种完全不同的模式，即蔑视思想的可怕模式。"
>
> "形而上学只有作为存在物的清晰易辨的星丛（constellation）才是可能的。"

"从这种存在物中,形而上学成为某种构造,在其中,各个要素聚集起来,形成作品。"

"最微不足道的物质世界的特性是与绝对相关联的。"

"形而上学移入了微观论。形而上学在微观论中找到了一个逃避总体论的港湾。"

这些语位来自《否定辩证法》的结尾部分(Adorno, 1966: 316-317)。它说道:"微观论的观点砸开了那种按照一般概念标准来衡量的绝望孤立的东西的外壳(这里针对的是黑格尔和第一分析论中的康德),破除了它的同一性,以及它只是一个简单范例的幻觉。"

范例(l'exemplaire)问题很关键。它涉及名称。所谓的专名,有何概念上的意义?可以用什么样可理解的辩证语位来替代事实专名?专名是什么意思?根据阿多诺,这是一个思辨问题。它预设了可以从单一转入类属的范例。在《否定辩证法》的前言中,他写道:"第三部分旨在解释否定辩证法的模式。它们不是范例,它们并不局限于阐明普遍推论 [……] 这一范例的运用,作为对自身漠不关心的事物,不同于由柏拉图引进且被自此以来的哲学反复重复的范例运用。"

现在，在以"模式"命名的第三部分，"关于形而上学的沉思"以"奥斯维辛之后"的微观论开始。我们可以在其中以及接下来的几节中发现以下语位：

> "奥斯维辛之后，任何摆权威架子的空话，即便是神学话语，都失去了权利，除非它自身经历一场变化。"
> "假如死亡是哲学肯定地、徒劳地极力召来的绝对，那么一切都是虚无，甚至这一想法也被认为是虚空的。"
> "在集中营中，死亡有了一种新的恐怖感：奥斯维辛之后，怕死意味着怕是比死更糟糕的事情。"（同上：288, 291, 290）

如果我们争论无可争辩的思辨话语，难道这不也是出于焦躁、思想的肤浅和文化的匮乏吗？"奥斯维辛集中营"和"奥斯维辛之后"，即现在西方的思想和生活，难道不是对思辨话语的讨论吗？如果是，是不是也很肤浅？如果不是，思辨话语会发生什么，会变成怎样的非思辨话语？被称为"奥斯维辛"的又是什么话语，谁在讨论它？又或者，谁在试图讨论这个话题，却没有成功？

"之后"意味着期间化。阿多诺试图从"奥斯维辛"

开始计算时间(哪一个时间?)。这一名称难道不是时间起源的名称?这一事件开启了一个什么时代?倘若我们还记得《逻辑学》第一章以及康德第二个二律背反中辩证法对起源这一概念的瓦解,这个问题岂不显得天真吗?难道阿多诺都忘了吗?

对阿多诺而言,"奥斯维辛"是一个模式,而不是一个范例。从柏拉图到黑格尔的辩证法,范例在哲学中都有阐明理念的功能。范例与其阐明的对象并没有建立必然的联系,而是对它保持"漠不关心"。另一方面,该模式将"否定的辩证法带入了实在之中"。作为一种模式,"奥斯维辛"并没有阐明辩证法,即便是否定的辩证法。否定辩证法模糊了从"结果"规则发展而来的概念图形,解放了名称,后者原本是用于阐明概念运用过程中的各个阶段。模式的概念与辩证法命运的倒转是吻合的:模式是某种准经验的名称,在这一状态下,辩证法遭遇了不可否定的否定性,因为这一模式坚持认为不可能通过再否定将否定转化为(肯定的)"结果"。因为,在那里精神的创伤无法治愈。在那里,德里达写道:"对死亡的投资无法全部收回。"(1968-a: 125)

"奥斯维辛"意味着某种可以中止思辨话语的语言"经

验"。"奥斯维辛之后",我们没有办法再追求思辨话语。"奥斯维辛"就是个名称,在这一名称里,思辨思想不会发生。因此,它不是一个黑格尔意义上的名称,不是记忆的图像,因为当思想摧毁了符号时,记忆确保了指称和含义的持久性。"奥斯维辛"是一个没有思辨"名称"的名称,它不可被升华为概念。

153. 经验

"经验"一词是《精神现象学》——"意识经验科学"——的术语。经验是"意识运用于自身的辩证运动"(*PhG*: I, 77, 75)。在属于它的领域,经验预设了思辨要素,作为生命的"精神生活""忍受着死亡,并在死亡中保持其存在"(同上: I, 29)。这一停留释放出精神的魔力(Zauberkraft),即将否定转化为存在的能量,"话语的神性"(同上: I, 92)。人们还能再谈论"奥斯维辛"模式的经验吗?难道这不是预先假定"魔力"是完好无损的吗?被命名(或未被命名)为"奥斯维辛"的死亡,是否也是一种"停留",在这里,逆转,即非存在得以被肯定的古老悖论可以发生吗?"奥斯维辛之后,怕死意味着怕是比死更糟糕的事情。"死亡之所以不那么糟糕,是因为它不是作为终点而存在,它仅仅是有限性的终点,是无限的启示。比这一具有魔力的死亡更糟糕的,是没有逆转的死亡,只有终点,包括了无限的终点。

因此,"奥斯维辛"也不能被叫作"经验",因为没有结果。但是,它没有思辨名称,并不妨碍我们讨论这个问题。由"奥斯维辛"提出的问题是链接到"奥斯维辛"之上的话语类型的问题。倘若不是思辨型话语,它会是哪一种类型?倘若不是凭借"扬弃"(Aufheben),如果不是借助自我位置的转换(自我起先只是在当下直接的语位世界中作为指称而存在,之后却通过链接到前一个语位之上,转化为第二个语位世界中的说话者或受话者,这一转化事实上赋予了第二个语位以权威),它如何赋予自己以权威?因为第二个语位所表达的第一个语位中的指称,本身也可以作为说出这个语句的说话者,或者作为这一语句的受话者。除了上述转化,"奥斯维辛"作为某种来自外部的东西,一个"为了我们"(« pour nous », für uns)而"自在"存在(« auprès-de-soi », an sich)的指称,如何被内在化,被取消其即刻发生的特质,在"自为"(pour-soi, für sich)的(尽管是暂时的)同一性中自己显示给自己,自己认识自己?根据黑格尔,倘若没有这一转换,只剩下空洞的、主观的、任意的闲聊,至多也不过是退回到某种"推理"思维，某种知性话语，或是有限的"谦虚"。黑格尔写道，现在这种谦虚，由于它是在绝对中建立起的主观虚荣，本身是"邪恶的"(1830: § 386)。

责令我们解释"奥斯维辛"的结果，并把希望寄托在匿名者身上，而匿名者却宣称，必须谈论"奥斯维辛"，但是，只有当语位的匿名指称成为它的说话者和受话者，并因此被命名时，我们才可以真正地谈论它——这一恐吓（或者说起诉）预先给出了对象的性质。——如果"奥斯维辛"隐藏的名字意味着"美丽的、神奇的死亡"的死亡，那么支持思辨运动的"美丽死亡"如何在集中营的死亡中复活呢？另一方面，假定"奥斯维辛"之后，思辨话语已消亡，这是否意味着它仅仅给主观的闲聊和谦虚的邪恶留下了空间呢？只有在思辨话语的逻辑里，这一替代选择才被提出来。接受它，就是要将那一逻辑永恒化。

根据另一种逻辑，某种不是思辨结果的语位是否可以在匿名的"奥斯维辛""之后"发生？我们应该想象这样的情况：由"奥斯维辛"带来的西方思想的裂缝并没有在思辨话语之外发生，也就是说，由于思辨话语没有外面，它不会以一种不完整的、无效的、不可表达的方式来确定它在该话语中的效果，即作为（"奥斯维辛"死亡）人数的神经性停滞,它只不过是一个瞬间。但是,这一裂缝打破了思辨话语本身而不仅仅是其效果,它干扰了思辨话语的某些运作(尽管不是所有的运作),它迫使这一逻辑陷入无限的无序处境,这种无序的状况既不是好的,也不是坏的,又或者它是好坏参半的。

154. 怀疑主义

为了让名称"奥斯维辛"成为否定辩证法的模型,阿多诺暗示只有肯定的辩证法可以满足其目的。但什么样的辩证法是肯定的呢?在《哲学入门》中,黑格尔在逻辑内区分了"辩证方或否定理性一方及思辨方或肯定理性一方"(1809: 165)。在《哲学科学百科全书纲要》中,他又做了同样的区分:"在辩证阶段,有限的确定性压制自己,进入自身的对立面……思辨阶段,或者是肯定理性阶段,在它们的对立面中,获得了确定性的统一,这就是分解和超越中的肯定性。"(1830: §82)

但是,在黑格尔的作品中,这一区分并没有被严格遵守。事实上,在这样的话语中,一个其能量都来自将否定性看作神奇的肯定性力量的话语中,我们如何指望这一区分具有效力呢?更应该让人惊讶的是,对立已经被设定,而且处在它自己的辩证过程之外,就像是暗地里在某个重要的点上对知性作出的让步。这一对立是思辨话语内部的一道伤痕，一条伤疤，一个思辨话语也试图弥合的伤口。伤口是虚无主义的伤口。这一伤口不是偶然的，它绝对是哲学的。（古代的）怀疑论不仅仅是众多哲学中的一种。黑格尔在1802年写道，"在某种隐性的形式下"，它是"所有哲学的自由的一面"。黑格尔继续写道，"在任何一个表达了理性知识的命题中，当我们分离出它的自我反思性一面，即包含在其中的概念时，以及当我们考虑这些概念的连接方式时，那么，这些概念必然同时被扬弃（aufgehoben），或者，它们一定会以互相矛盾的方式统一起来，否则，命题将不是理性的命题，而是知性的命题"（1802: 37-38）。在1830年的《哲学科学百科全书纲要》第39节中，黑格尔参考了1802年的文章，似乎他仍然同意这一点。

但是，在78节中，黑格尔对于瓦解确定性的哲学自由作了一次严肃的修正："怀疑主义作为一门可以影响所有知识形式的否定性哲学，可以被看作一个导言，指出所有这些假设的虚无性/无效性。但是怀疑论的导言不仅是不愉快的，也是无用的方法，因为正如我们很快就会看到的，'辩证法本身就是肯定科学的根本组成部分'。"在《精神现象学》的《导言》中，黑格尔就做了如下修正："怀疑论在结果中仅仅能看到'纯粹的虚无',而罔顾以下事实:这一虚无是特定的虚无,是从虚无中作为结果所产生的那种虚无(I, 70)。"

在《精神现象学》中,动物被认为是有智慧的,因为它们知道感觉的真相,当它们对感觉的实在性并不指望时,就会吃掉它们(I, 91)。怀疑主义让人感到不愉快,因为它是精神的动物性,它的胃消耗了确定性。这就是虚无主义所带来的具有伤害性的魔力,不留下任何东西的消费或消耗。这是一种安慰剂和驱魔法:让这一令人绝望的否定性为肯定性的生产服务。匿名的"奥斯维辛"是一种否定辩证法的模式,那么,它将唤醒虚无主义的绝望,"奥斯维辛"之后,思想有必要结束它的确定性,就像牛要吃掉它的饲料,老虎要吞掉它的猎物一样,也就是说,没有结果。在西方即将成为的猪圈和兽穴中,在这样的消耗之后,接下来我们能得到的只有废物和垃圾。因此,必须宣告无限性的终结,它是"无效的"不断重复,是"坏的无限性"。我们想要精神上的进步,得到的却是它的垃圾。

"奥斯维辛"的结果会包括什么?"结果"是什么?在《哲学科学百科全书纲要》的第82节,黑格尔继续写道:"辩证法之所以有积极的结果,是因为它有一个确定的内容,或者因为它的结果不是空的、抽象的虚无，而是已经包含在结果之中某些确定性的否定，因为结果不是直接的虚无，而是一个结果。"存在着结果，因为存在着确定性。

但是反过来，这一确定性只能由思辨话语类型的规则所决定。

评注：黑格尔

§1 在《精神现象学》的序言中，黑格尔描绘了这一论断：一方面，自身（le Selbst，命题的主体）构成了基础，一种静止的支持；另一方面，与其相关的内容是一种来回运动，它们不属于主体，它们可以应用于其他"基础"，产生其他的说明。这些说明采取了归属判断（jugements attributifs）的形式，内容就是它们的宾词。例如"推理性"语位（la phrase «ratiocinante»）。黑格尔说，亚里士多德和康德意义上的知性哲学，被一个问题卡住了：如何避免宾词和判断主体之间的（综合）关系所具有的任意性？"强烈的"概念性思维，并没有把语位的主词看作主体，即在不变中支撑着偶然性的、处于休眠状态的主体（黑格尔甚至不再谈论宾词）；毋宁说，它的主体是"客体自身，将自己表现为客体的发展变化"，即"自我运动、自我决定的概念"（*PhG*: I, 50-55）。

在从康德到黑格尔的"主体"转换过程中，有三点要着重指出来。首先，知性话语区分了指称语位（对象、自我或亚里士多德意义上的实体）和它的含义（概念）。其"困难"就来自这一区分。黑格尔的"解决办法"就是取消这一区分，指称就是概念，就是含义。被链接的对象同时也是链接的主体（存在就是合理的）。这一同一性在自然语言里已是事实，不过它自己虽保持同一，但是仅"为了我们"才在语言里变得显而易见；我们是外在于"当下"语位的受话者，并且已经处于思辨语位的语境中。在思辨语位中，外在性被内化了，"为我们"（« pour nous »）变成"为自己"（« pour soi »），自我占据了思辨话语的受话者一极，替代了"我们"，而"我们"要么被拒绝，要么被涵盖在思辨话语之内。"自我"（Le Selbst）由此占据了三个位置：指称、含义和受话者。此后，要解答两个问题：第一，思辨话语的说话者的问题；第二，各语位项之间的简单同一是不可能的。倘若同一个人或对象可以占据不同的位置，那么它就是自相矛盾的。黑格尔称为确定性的秘密机制，就在于将语位世界安排到好几个语位项中，试图以此逃避空洞的同一性。

其次，思辨语位中主体从"自在"（« en soi »）到"自为"（« pour soi »）的转换，与逻辑学家和语言学家（在不同的意义上）称为元语言对对象语言的构建是对应的。不是门要被打开，而是语位"打开门"有待证实（参见45

和149）。

再次，思辨机制需要构成语位的术语（或是语位本身，对黑格尔而言，术语是不成熟的语位）的含混性和不确定性。多义性和不确定都是自我身份相互矛盾的信号。这不仅仅是指最终单义性之前的临时属性。在《美学讲演录》中（1835: II, 12），例如，象征在本质上就是"歧义的，模棱两可的"，刻在奖牌上的狮子是一个"感性的形式和存在"。它是一个象征吗？或许是吧。如果是，那它象征着什么呢？这还有待决定。因此，存在着两个层面的不确定性：感性的或是象征的？在第二种情形下，有什么意义？一旦答案给出，含混性就消失了，象征就崩溃了，一个含义被赋予了一个指称。

但是在链接到感性语位的语位中，含混性和不确定再一次被发现。在自然语言中发现词汇的多重含义，这是"思想的运气"（*WL*: 32; 1830: §96）。当含义都对立的时候，这一运气达到了它的高度。这种情况在一种语言中越是常见，该语言就越是被"思辨精神所占据"。"以一种简单的方式将对立的含义融入一个词汇"，这种对立项的统一是一种"思想的愉悦"。这一愉悦在德语词"扬弃"（aufheben）那里达到了顶点：它和拉丁语"*tollere*"一样，不仅糅合了肯定的"提升"（l'affirmatif élever）和否定的"除去"（le négatif enlever），而且肯定中已经包含了否定性："提升"

就是"保存","如果我们不去掉对象的直接性,不去掉受外界影响的存在,我们就无法保持对象"(WL: 94)。

如果思想的愉悦在"扬弃"中达到了高峰,那是因为这一来自日常语言的术语,也是出类拔萃的思辨话语的名称。自我,或是日常语位或知性话语的主词被思辨话语放入这一语位的各个语位项的循环。在这种情况下,自我既被保留也被抛弃。

这么做,思辨话语不过是做了日常话语所做的天真之事。不是对象语言的元语言,而是对象语言自身被保留和抛弃了。(辩证)逻辑"与其对象和内容没有不同;它本身就是内容,内容本身的辩证法,推动了系统的发展"(WL: 36)。从一个语位项到另一个语位项,主体经历从自在的含义(指称)到自为的含义(受话者)的转变,他被抛弃了;但是他也被提升和保存了,因为他反映在语位世界的反射镜中。思辨话语声称,要解放自我改变的无限运动,由于主体被放置在不同的语位项中,因此即便是在最微不足道的语位中,他也是有能量的。思辨话语允许自我穿越所有的情景关系,能够将语位世界的所有语位项统一起来。

§2 思辨话语就是这一穿越。真理不可能由一个语位来表达。真理是含混性的表现,它要求好些个语位的链接。思辨链接不是偶然的。它的路线遵循自己的规则:如果遵照存在的辩证法，它要遵守三个不可或缺的规则（*WL*: 76）。

第一条规则：当我们说"有/存在"，我们不是说任何规定性的东西，即我们是在说"无"（Nichts, néant）：由此，当我们说"无"（rien）时，我们也在说"有"（être），因为有就是无。[1]这样，"有"消失了，进入了"无"，而"无"消失了，进入了"有"。在互相的消失、转换中，它们的同一性产生了。当我们说"有"或"无"时，其实是一回事。这一同一性是空的。说"有"或"无"，等于什么也没有说；又或者：有或无是一回事。"推理性思维"在这里，在这一虚空中陷入了僵局。

第二条规则解开了这一僵局："这里所提出的命题，仔细观察起来，便具有通过自身而自己消失的运动。于是，在这个命题本身，出现了应当构成它的真正内容的东西，那就是变。"（*WL*: 78）如果我们说"有和无是同一的"，这个语位凭借归属性命题的形式，在虚空的同一性中屏蔽了话语。但是，它隐匿了别的东西，这一别的东西不是自

---

[1] 黑格尔这里的"有"是指"纯有"，是纯粹抽象的、没有任何内容的概念，是空虚的，毫无规定性的，不具体的，因此，"有"就是"无"。所谓"纯有"是指没有任何更进一步的规定。"有在无规定的直接性中，只是与它自身相同，而且也不是与他物不同，对内对外都没有差异。有假如由于任何规定或内容而使它在自身有了区别，或者由于任何规定或内容而被建立为与一个他物有了区别，那么，有就不再保持纯粹了。有是纯粹的无规定性和空。"参见黑格尔，《逻辑学》，杨一之译，北京：商务印书馆，1982年，第69页。——译者注

为的含义，而是贯穿其间的"效应"：这是推理所引发的"有""无"之间的运动："有"消失了，进入了"无"，而"无"消失了，进入了"有"（第一条规则）。这一运动是"有""无"语位的"特定内容"。它已经是"变"（le devenir），不过它并没有向自己显现（而是向"我们"显现）。[1]

第三条规则：只要它没有以语位的形式被表达，这一"内容"（有无之间的相互消失的运动）只会让语位"发生"：语位只不过是它的效果。语位也不能在自身中解释这一发生。没有被解释的效果（effet）不是思辨结果（résultat）。应该有一个语词（另一个语位）来解释该语位的内容："有和无是一回事。"但是如何获得这一解释呢？比如我们说此语位意味着有和无的统一，我们又在做什么？我们认为，我们给出自己的意见，我们表达自己的看法。不过，根据黑格尔的观点，"德语'认为'（Meinen）是一种主观的形式，该形式本身不属于这一语位系列的表象"。有必要从主观上消除掉所有从外部引入的语位，与（作为解释的）表象无关联，与异质的第三方无关联的语位。"有和无栖居的第三方必须在这里发生，事实上也已经发生；它就是

---

[1] 黑格尔从"有"的概念推到"无"的概念，"无是与它自身单纯的同一，是完全的空，没有规定，没有内容，在它自身中并没有区别。""有"与"无"既是对立的，又是统一的，"有"和"无"的统一，就是"变"，或"生成"。"变"就是指原来毫无规定性的东西，开始具有一定的特性，从而与别的东西区分开来，使其具有一定的"质"。参见黑格尔，《逻辑学》，杨一之译，北京：商务印书馆，1982年，第3页，第69页。——译者注

变。"我们正在追寻的第三方"应该"在两个对立项的"当下"的表象中发生,应该与它们形成一个系列。现在,尽管第三方没有得到解释,但是有无之间的相互转换/消失中,我们已经发现它了。它已经在表象中发生,不过仅仅是作为效果而发生。它的实现先于它的解释。"真理既不是有,也不是无,而是从有到无和从无到有的转换,不是正在转换,而是已经完成的转换。"(WL: 67)这一完成时态标志着关于自在实现的自为表达的延迟,但是这一延迟恰恰证明了第三方(变化、过渡)只能在两个对立项之后,作为辩证的合题而出现。效果像是1+2,而结果像是3×1。

我试图以另一方式来阐述此论证。系列的概念隐含了过渡(passage)的概念(参见94-97)。但是从一个语词到另一个语词的转换,只能在系列中,只能作为语词,只能在事后被标明(三个限制性条件其实是一个)。过渡只能借用已经过去的语词来表达。——反对:这是否意味着所有的过去都是过渡呢?这就会给连续性、时间前/后以压倒"事件"的优势(参见评注:亚里士多德)。这一特权在黑格尔的思想中是毋庸置疑的(清晰无误的)。它冠之以自我的名称。

由此,我们指出了对思辨话语而言非常必要的语位构成和链接的三条规则。含混性规则仅仅允许能够共同表象几个世界的语词或语位进入这一话语。一个简单语位仅仅表象了一个世界，但是在其内部却可以共同表达几个语位项，这一事实保障了含混性规则。

涉及链接的内在派生规则或矛盾规则规定："如果p，则非p；如果非p，则p。""如果你赢了，那么你输了；如果你输了，那么你赢了。"（参见评注：普罗塔哥拉）"如果是，那么不是；如果不是，那么是。"（参见评注：高尔吉亚）这一规则以某种相互蕴含的方式详细说明了含混性。它导致了（维特根斯坦的）p和非p的矛盾。它允许（普罗塔哥拉的）两难困境，但付出的代价是，（在非p方）多了一个蕴含的补充"回合"，即产生了一般意义上的"结果"q："如果p，那么q"和"如果非p，那么p，那么q"（参见8）。

（思辨的）表述或结果的第三条规则规定：从p到非p，从非p到p，通过第三个语词（或语位）q来一起表达："如果p，那么非p，那么q"和"如果非p，那么p，那么q"。与一般意义上的"结果"不同的是，连词"和"包含在这一规则中，两边都需要两个"回合"。这一安排消除了两难困境。

§3 因此可以认为，这样我们就孤立了思辨话语，把它当作一个类型：服从某一组构成和链接规则的可能语位的整体。但是，规则的概念来自"推理性"思维，即来自知性。规则概念在语位(这里指思辨语位)和语位的构成及链接装置即规则之间引入了(形式主义的)区分。相对于被考察的语言(思辨话语),我们刚刚对规则的考察是在元语言的层面进行的。思辨语言处于对象语言的位置,因此,它与形式主义话语是对立的。

但对立恰恰是思辨话语的主要动力。在思辨话语和那些自认为与其迥然有别的话语之间,也存在着对立。所谓的元语言做了些什么?它阐明了思辨的前提条件(被当作指称);它分离了这一话语的意义(思辨话语由非派生的规则所统治),该意义与思辨话语赋予自己的意义是对立的(在思辨语位的链接中,我是真理的生产者)。它赋予这一对立的结果以名称(思辨话语只是其中一种类型,还有其他类型的话语)。对思辨的考察由此在不知不觉中,在自在的状态下,实现了思辨话语不仅实现而且自为地表达出来的主要活动。因此,语位体系和话语类型理应被看作"自我"发展的暂时结果。"元语言"就是这一自我反思的时刻。我们走不出思辨话语。

不是我们,而是自我在抵制否定性。在《精神现象学》中,"我们"占据着一个醒目的位置,因为这一位置是在意识经验的领域发展起来的,"'我'是表达关系的一个术语,也是所有的关系"(1830:§413)。当涉及逻辑或客观精神时,当思辨话语扩展到意识以外的客体时,这一特权就消失了。

在那里，我们看到"我们"占据了一个抽象和外在时刻的必要但也是从属的位置；在思辨话语内部，这个位置也是思辨（知性）话语的它者的位置。在哲学理念的最重要时刻，在被称为"自在和自为"（an und für sich）的时刻（同上：§577），"我们"消失了。为了让作为上帝的理念表达它与其自身的关系，不需要"我们"存在。

在《哲学科学百科全书纲要》中，"为我们"（für uns, pour nous）通常与"自在"（an sich, auprès de soi）联系在一起。它们标志着概念发展的抽象时刻，在那一刻，思维对象（自在的自我）和主体（提出这个自我的我们）之间的外在性被保留了。思辨时刻与之相反，在这一时刻，外在性消失了，自我"代替了"我们的位置时（我们不在那里了），思维的对象成为可将自己对象化的思想，成为自我反思的对象，成为自为的存在（le für sich, le pour soi）。

这就是原因和目的之间的区别："仅当是为自己，或为我们时，原因首先是结果中的原因，且返回自身。相反，目的被设定为在自身中包含着决定性，或者是那些仅以它性的名义在原因中显现的东西……目的需要某种思辨性的理解……"（同上：§204）同样，在相互作用中，最初只有"自在"在"我们的反思"中，这种有效性形式的确定是"完全无效的"；只有在确定性的统一也是"自为的"之时，只有当相互作用取消每一个确定性，将其转入确定性的反面（起源和结果，作用和反作用等）时（§155, 156），相互作用才实现了它的统一。思辨话语的代价是取消我们作为从外部思考和链接的身份。

耶拿《实在哲学》的第一部教导说："作为真实存在的符号应该立即消失……名称本身是某种没有对象也没有主体的永恒存在。在名称中，自为存在的符号的现实被取消了。"（1804: 81, 83）我，他，你，我们，和所有代词一样，都是符号；同一性只发生在名称之中，而同一性的发生是以去除符号的意义和以代词的毁灭为代价的。事情就是这么运作的。

倘若要让事情不这么发展，名称是否是必要的呢？事情是杂食性的，它吞噬了名称，因为名称仅仅是记忆把符号变成的东西（同上: 82）。如《哲学科学百科全书纲要》所言，记忆，尽管"自身是思维存在的片面模式"，它有"无意识的"一面，即"为我们或自在"的那种思维（§464及注解）。相反，如果除了名称之外什么也没有，那么事情也无法顺利进行，因为名称的机器"唯名论"，会替代它起作用。雅克·德里达"大胆提出"这一"命题"："黑格尔从来不曾想到的，就是这一可以运作的名称机器。"（1968-a: 126）机器通过损耗来运作，而思辨则是一台赚取的机器，但它也是一台紊乱的机器。"事情"只有在将废物——包括名称和代词——转化为收益时才会顺利运作。

这种紊乱失调,是辩证的必然,也是辩证的目的。《精神现象学》的前言写道:"理性乃是有目的的行动。"这一目的模式从亚里士多德而来。思辨游戏只有从知性的角度来理解时看上去才可怕,但是知性却不知道思辨游戏的预设,它将后者看作证据、公理和可能性条件。原本没有第一个语位,但它认为存在第一个语位,而且,第一个语位也是最后一个语位。由此,我们可以从哲学的需要开始,在这一图景中,精神只是"自在的",但所有的语位都是必要的,因为所有语位都被用于表达这一需要的对象,压制这一需要,其目的在于精神"从自在转化为自为存在"(1830:§387注解)。在思辨话语中,自我表达是引领自我进行反弹的目的。这一目的是"自我意识的理性与存在理性(即现实性)的统一"(同上:§6)。这一目的不断地被实现,不过也从未实现。说它被实现,实际上它从未被实现;而说它从未实现,事实上它又处于不断被实现的状态。内在衍生规则和否定辩证法的规则都被用于这一目的,即用于结果本身。但辩证化的目的仍然只是一个目的。目的论不过是被复杂化了。我们走不出思辨机制。

§4 至少,我们得进入思辨机制。只有在一种情况下,我们才会进入,即将主体置换为多种形态的"自我"(Selbst)。

这是在"出口"——实际上根据"结果"的规则，其实也是入口——发现的假设。存在着一个 X，而且是唯一的 X。它拥有不同的形态，穿越所有的操作，不过始终保持同一。这就是为何它可以综合为一个单独的"结果"，而该"结果"，反过来又可以分解为新的行动。同样，也是由于这一同一性的假设，从一个语位到另一个语位的链接不管在模式，还是在发生上，都被认为是必然的，而辩证法被称为某种升华。但是，同一的假设是不可证伪的（参见66）。这一假设是统领形而上学话语的规则（它就是形而上学话语的围墙）。哲学研究从来不会展现这样的主体—实体。哲学研究要分别通过表象、被表象之物、事件来揭示语位、语位世界和发生。

显然，我们不能借口"事实上，它不是如此"来反对"自我"的假设。我们可以因为它是形而上学——某种话语类型——的规则而反对这一假设，因为形而上学试图创造出自己的规则，而实际上，这一规则恰恰不可能从话语中产生。

规则的生产是话语的关键（或者说：我们链接是为了学习如何链接），这是哲学话语的关键。我们总是在并不知道链接是否合法的情况下"开始"我们的链接。因为，只要规则是话语的关键，那么这一规则就不是哲学话语的规则，哲学话语可以以任何可能的方式进行链接，它不停地进行实验。倘若某一规则被"确认为"正在进行实验的话语类型的规则,那么该类型的关键就不再是哲学话语的规则,而该话语类型也不再是实验或批评。由此,必然要预设第三个规则,"思辨"规则,即"结果"规则。前两个规则——含混性规则和内在性衍生规则——就不是如此。例如指令"所有语位都应具有含混(或是辩证)的特征,也包括当下的语位",这意味着含混和辩证的命令也适用于该指令本身。换言之,在哲学话语中,每一个作为话语规则的语位应该具有含混性和辩证性的特征,能够重新回到语位游戏之中。这种自嘲的指令与怀疑论是一致的。

但是思辨规则或结果规则被表述为:"按照先前语位所表达的同一性来生产所有语位,包括当下语位。"然而,根据知性规则的观点,这一语位在逻辑上就是第一语位,没有比它更前的语位。因此,该语位不可能是先前语位所表达的同一性。我们可以提出反对意见,从思辨的角度来考虑,这一"开端"已经生成,而且只能在最终来临,就好比语位的结果从一开始就"跟随着"开端而发生。只有当结果原则在开端已经被预设,开端才能显示为最终的结果。根据这一原则,第一个语位链接到下一个语位和其他语位之上。但这一规则仅仅是被预设,而不是被创造的。如果不是从一开始就应用这一规则,我们就没有必要在终点发现它;如果规则不是已经在终点存在,那么它就不会被创造出来,它因此也不是哲学所寻找的规则。

哲学话语的关键在于，规则（或若干个规则）是尚待发现的；而在规则发现之前，我们无法让哲学话语与其规则吻合。从一个语位到另一个语位，链接不是受制于某一个规则，而是受制于对规则的探索和追寻。

155. 我们

"奥斯维辛"之后，如果"结果"失败了，那是因为缺少确定性。"奥斯维辛"没有思辨名称，因为它就是准经验甚至是破坏经验的专名。为了制造某个带有结果的经验，"奥斯维辛"究竟缺少什么样的确定性？是不是确认"我们"不可能？在集中营中，没有第一人称复数的主体存在。倘若没有复数主体，那么，"奥斯维辛"之后，将没有任何主体，没有任何"自我"可以自夸在为"奥斯维辛"命名的同时，为自己命名。以这一人称自居的以下语位都是不可能的：我们做了这些，我们经历了这些，他们让我们遭受如此这般的屈辱，我们用这种方式摆脱了困境，我们希望，我们没有想到……甚至是：我们中的每一个都曾经陷入孤独或沉默。没有集体的见证者。在众多被关入集中营的受害者那里，只剩下沉默。在很多人那里，只有从受害者的证词中感受到的耻辱。思想家们宣称在这种不幸中找到了某些意义，不管他们对"奥斯维辛"的解释和说明有多么复杂精致，面对这些解释和说明，只有耻辱和愤怒（尤其是面对这样的理由：正因为上帝失败了，所以我们必须忠于他）。这是某种对权威的消解（至少是四种沉默之中的一种，或许更多）（参见 26 和 27）。这种语位的驱散（dispersion），不是比犹太人的离散（diaspora）更加糟糕吗？

在共和政体中，第一人称复数代词实际上是权威化话语的核心所在。它可以被专名所替代，例如："我们，法国人民……"它被认为可以"以合适的方式"将指令（例如法典条款、法庭判例、法律、政令、决议、通报、诫命）和合法性相连。假设如下义务指令："完成行为 α 是 x 的义务"，这一义务的合法性可以记为"对 y 而言，'x 必须完成行为 α'是规范"（Kalinowski 1972；参见 203-209）。共和政体的合法性原则，就是规范的说话者 y 和义务的受话者 x 是同一个人。立法者不应该免除他自己所规定的义务，而负有义务者可以颁布让他处于义务状态的法律。立法者在颁布法律的同时，规定他自己要遵守法律；而负有义务者在遵守法律的同时，又重新颁布了法律。至少在两个语位项那里，即规范性语位的说话者和指令性语位的受话者那里，x与y的名称在原则上是肯定可以互换的。他们由此联合起来，结成一个相同的我们，以"法国公民"这一集体名称自居的我们。授权由此可以表达为："我们规定并且将其看作一个规范，完成行为 α 是我们的义务。"这就是自律的原则。

但是这一同质性我们的建构掩盖了双重的异质性。第一，是与代词相关的异质性。规范性语位是："我们，法国人民，规定……为规范"；而指令性语位是："我们，法国人民，应该完成行为 α"。在两个语位的语位项中，两个"我们"其实并不占据着同样的位置。在规范性语位中，"我们"是规范的说话者；在指令性语位中，"我们"是义务的受话者。一边是"我宣布"，另一边，是"你应当"。专名掩盖了这一变化，"我们"也是如此，因为它可以连接"我"和"你"。然而，在义务中，"我"仍然是发出指令的一方，而不是接受指令的一方。我们可以订立法律，可以服从法律，但不是在"同一个位置"，不是在同一个语位中。实际上，为了让指令获得合法性，需要另一个语位（规范性语位）。仅在这一对二元体中，即订立法律的人和法律的适用对象之间，就产生了同一性的疑虑（参见评注：康德2），即某种怀疑论。

语位的异质性加剧了这一错位的威胁。规范性语位很像施为性语位（performative）（参见 204-209）。为了成为规范，为了让规范所规定的义务合法化，规范只要被表述出来就足够了。它的说话者立马就是立法者，而义务的受话者立马被要求尊重指令。施为性语位在表述义务时，就实现了义务的合法性。我们不需要对规范进行链接，就能证明其合法性。

但是，指令性语位就不是如此。它蕴含了对下一个语位的要求；在下一个语位中，指令是否被遵守，它要求受话者呈现的新语位世界是否发生，都将得到证实。因为，在义务中，是由受话者来实现链接（参见评注：康德2，§6），而且可以有很多种链接的方式（参见 136-140）。这就是为什么我们习惯了说义务包含了被赋予义务者的自由。这是一个"语法式的评论"（«remarque grammaticale»），对伦理语位所产生的链接方式作出评价。

因此：在规范一方，语位世界归因于说话者，而且规范即刻便是其所是，无须求助于（"要有光，于是便有了光"的升华模式）。在义务一方，语位世界围绕着受话者，等待着后者能够根据指令来承担责任，进行链接。同一个专名，不管是单数的还是集体的，代表了某个跨越了两种异质处境的实体。名称的特质容纳了这样的异质性（参见80和81）。但这是不合法的，甚至是虚幻的，是康德意义上的某种先验幻相，即设想某个主体－实体，他同时既是"说话的主体"（尽管在指令中他不是说话者），又是"不变的自我"（尽管从一个语位到另一个语位，他的处境也从一个跳到另一个）。他的专名允许他在名称世界中被定位，但不是在语位链接中被定位，这些语位链接来自各个异质的语位体系，而语位世界及它们之间的张力是不可通约的。"我们"则是这一先验幻相的载体，处于作为名称的（恒定不变的）严格指示词和作为单称代词的"当下"指示词的中间。因而在义务的"实现"中，作为连接义务方和立法方的"我们"时刻面临着分裂的威胁，就不足为怪了。

156. "美丽的死亡"

当赋予受话者的义务是死亡时，这一威胁达到了顶点。设想这一瞬间，"奥斯维辛"的标准公式是："x必须死，这是由y制定的规范。"由此可以得出结论，命令的内容——受话者的死亡——阻碍着"我们"的形成。如果让制定规范的"我们"来宣判自己的消失，恐怕也太荒谬了。不过，事实并非如此。公共权威（家庭、国家、军队、党派、教派）能够命令它的受话者去死，或者至少选择死亡。"死亡"应当被模式化:"死亡而不是自我逃避"(狱中的苏格拉底),"死亡而不是被奴役"(巴黎公社社员),"死亡而不是被征服"(在塞莫皮莱,在斯大林格勒)。死亡被规定为另一种义务(公民的责任感,自由,军人的光荣)的替代品,如果这些义务被证明是难以实现的。但这不是"奥斯维辛"的情况。这不是"死而不是……"的模式,而是党卫军对集中营的犯人说"去死吧",仅此而已,没有任何替代物。[1]

"死亡的原因"总可以促成"我们"的联合。死亡命令的悖论在于:如果受话者遵从命令,受话者的名称,就再也别想指望在接下来的直接引语中扮演说话者的角色,尤其是像规范性语位:"我规定……作为规范。"在直接

---

[1] 在黑格尔那里,"绝对精神"并不害怕死亡,而是敢于担当死亡并在死亡中得以自存,它是这样一种力量,"它敢于面对面地正视否定的东西并停留在那里。精神在否定的东西那里停留,这就是一种魔力,这种魔力就把否定的东西转化为存在"。(参见黑格尔,《精神现象学》,贺麟、王玖兴译,北京:商务印书馆,1996年,第21页; Hegel. *Phenomenology of Mind*. Trans. J.B. Baillie. London: George Allen and Unwin, 1931: 93.)死亡并不是绝对的终点,它只是一种对有限存在的否定,而精神会在否定之否定的基础上使得死亡向存在转化,并让有限最终升华为无限真理。真理既不在生命的实存之中,也不在死亡的否定之中,而是在两者的合题即绝对精神中,它是理性在超越了有限的生命存在之后而回归自身的更为丰富的存在。这一更高的存在通常是以"我们"的名义来实现的,当个体是为了民族、集体、同胞、人类或是子孙后代而慷慨赴死时,死亡就拥有了对抗恐惧的力量,它在真理的指引下缓缓升向天国,最终上升为"美丽的死亡"(belle mort)。只有这样,才能让有限存在的个体最终转化为诸如"苏格拉底""巴黎公社社员"这样拥有无限力量的专名。而"奥斯维辛"让"美丽的死亡"变得不可能。——译者注

引语中，他被迫成为指称：他会被提及；只有在间接引语中，他才会被放在说话者的位置，但间接引语本身不过是直接引语的指称：引用、拟人法、各种关系等。

通过将自己等同于死亡命令的立法者，雅典人逃脱了沦为指称的悲惨命运，即成为即将到来的包含其名字的所有语位的指称：这是希腊思想中死亡的痛苦。他可以通过服从命令来达到这一目的，因为通过服从，他又重新将其确立为规范。由此，他可以让自己的名字进入立法权威的集体名称，该集体名称是一个永恒不变的说话者，因为它是严格指示词。只有通过这一方法——专名的永垂不朽，他（个人）才可以逃离死亡。这一专名不仅对有关利益方是专有的，而且对集体（例如姓氏、家族或城市名称、民族）而言也是专有的，因为只有集体名称才能确保个体名称的永恒不朽。这就是雅典人的"美丽的死亡"，用有限去换无限，用末世（l'eschaton）换终极目的（le télos）：死亡，是为了不朽。

157. 例外

"奥斯维辛"让"美丽的死亡"变得不可能。受话者的死亡作为命令的内容，还不足以粉碎这一"我们"。如果将受话者的死亡当作实现某种理念的替代方案，情况或许恰好会反过来。但是对被关在集中营的人而言,没有任何替代选择。他之所以没有选择,是因为他并不是义务的受话者。"奥斯维辛"的经典公式不是"我命令,去死吧",因为这一语位允许某种含混性,即可能发生我对你的替代。如果我们聚焦于作为"立法者"的党卫军,那么公式则会是"我命令他受死";或者,我们如果聚焦于作为"义务者"的犹太人,那么公式则是"他命令我受死"。下达死亡命令的人被免除了义务,而接受义务的人被免除了合法化的机会。"党卫军"的权威来自一个"我们",而关入集中营的犹太人被一劳永逸地驱逐出这一种族。"我们"这一种族不仅赋予了指挥权,也赋予了生存权,即处于语位世界的不同语位项的权利。根据这一权威,被关押在集中营的犹太人,不可能成为死亡命令的受话者;因为受话者为了执行死亡命令,应该能够献出自己的生命。但是犹太人无法献出生命,因为他根本没有权利拥有生命。对集中营的人而言,牺牲是不可能的,也因此无法获得不朽的集体名称。他的死亡是合法的,因为他的生命是不合法的。个人的名字必须被抹杀(由此使用编号),犹太人的集体名字也必须抹杀,通过这些方式,任何带有犹太人名称的"我们"都不再存在,因为(以犹太人命名的)"我们"会将集中营的死亡带入自身，会将他们的死亡永恒化。因此，必须彻底绞杀（可以被升华的）死亡，这样的绞杀本身比死亡更可怕。如果死亡可以被消灭，那是因为没有东西可以被消灭，即便是"犹太人"的名称。[1]

党卫军不需要向集中营的犹太人证明死刑判决的合法性。而犹太人也不必感觉到自己对此判决负有义务。"我命令他受死"和"他命令我受死"，这两个语位没有任何可能的共同之处。由这一裂缝而产生的结果，是指令和它的合法性分裂为两个语位。党卫军规范的受话者是党卫军，而犹太人收到的指令的说话者也不为他/她所知；指令的受话者无法"辨认出"说话者，而他也无法将自己放在合法语位链接的说话者位置。驱逐在这里到达了它的高潮。我的法律杀死了那些毫不相干的人。我之所以死，是因为

---

[1] 在"奥斯维辛"之后，黑格尔意义上的思辨话语变得不再可能，奥斯维辛集中营彻底摧毁了这一绝对精神的魔力。"在集中营中，死亡有了一种新的恐怖感：自奥斯维辛集中营以来，怕死意味着怕是比死更糟糕的事情。"（参见本书 152 对阿多诺《否定辩证法》的引用。）之所以害怕，是因为在集中营里集体死亡这一事件没有任何可以让人超越的理由。生命的消逝既不是为了正义和救赎，也不是为了人类的解放事业，它停止了向更高存在的转化而成为绝对意义的终点。当死亡不再是精神由有限而向无限转化的契机时，一切关于超越的信仰安慰和永恒存在的神话都只留下讽刺的意义。令人绝望的，并不是死亡的纯粹事实，而是死亡成为一切存在的终点：不仅个体的存在成为终点，种族的集体存在成为终点，连"犹太人"这一名称也将成为终点。作为埋葬了 110 万亡灵的墓地，奥斯维辛也是形而上学寿终正寝的刑场。——译者注

他的法律，而我不欠它任何东西。去合法化是彻底的，它确认了对"我们"的质疑，即确保将指令链接到规范性语位之上的"我们"。换言之，"我们"可能是杜撰出来的。如果这一"我们"被称为"人性"（如此，它就将不是一个集体专有名称），那么，"奥斯维辛"就是这一人性消亡的名称。

这就是为什么"奥斯维辛"的问题也是"奥斯维辛之后"的问题。终极义务——死亡——与使之合法化的东西脱钩，在"罪行"之后继续存在；怀疑论，甚至虚无主义，都可以有任何理由从中无止境地获得养分。你若以为，自此之后它仍然在我们的藏身处，反思合法链接的无效，宣告确定自我的终结，但正如黑格尔所言，这甚至不是真的。在"奥斯维辛"名义下分散的、否定性的、近乎分析性的辩证法，被剥夺了它的"积极 - 理性算子"，而"结果"不可能再生产任何东西，即便是具有怀疑精神的我们，咀嚼精神垃圾的"我们"。奥斯维辛这个名称是虚空的，在世界网络中和其他名称一起被人记住，被植入数据化和电子化的记忆中。但这不是任何人的记忆，没有任何东西，也不为任何人。

158. 第三方？

思辨辩证的话语类型不能接受这种结局。它不认为自己被虚无主义打败了。让我们回到那两个语位："他死，这是我的法律"和"我死，这是他的法律"。前面的分析强调，在另一个语位中，随着每个"对话者"转换成另一个语位的第三人称，即转换成"指称"，"我们"变得不可能。

之所以变得不可能，因为我们已经预设了，这个"我们"必须通过"我"和"你"的连接方可成形。"我们"与将义务合法化的自律主体被搞混了。

但是"我"和"他"也可以结合为"我们"。例如作为代表、发言人和代理人的"我们"。这是向第三方说话的"我们"："我和我的同志，我们向你们宣布……"只有当你也处于我们所处的语位世界中，这个"我们"才会发生。必须如此。但是，"奥斯维辛"就是一个或两个语位的名称，在"奥斯维辛"语位所表象的世界里，没有受话者。当纳粹声称在制定法律时，除了他们自己，不必向任何人请示，这就是纳粹的意思；当犹太人怀疑上帝不会让他们以这样方式牺牲自己的生命，献祭给上帝时，这也是犹太人的意思。受话者的缺席也是证人的缺席。"奥斯维辛"的扬弃缺乏一个可以在新语位中接力的语位项,在纳粹那里所表象出来的"自为",从犹太人的角度来看,只不过是"自在"。

"奥斯维辛"是两个秘密——纳粹的秘密和犹太人的秘密——的共存。每一方都知道关于对方的一些"自在"的秘密,一方是"他死亡",另一方是"这是他的法律";但是,双方都不能讲给别人听。或许只有双面代理人才能达到"最佳的"沟通效果。只有当第三方可以证明,这位代理人从每个人那里得知每个人对自己和他人的了解时,代理人才是双面的。没有这一第三方,双面代理人就不过是在两个假名下的两个单个代理人,而不是双面代理人。只有当他卸下面具,吐露秘密,从第三方(或第四方)那里获取单一名称时,代理人才是双面的。

但是思辨话语反驳说,第三方就在那里。"我们"刚刚称为第三方的消失——没有证人的驱散,应该由第三方来表达。在"奥斯维辛"集中营里,"我们"消失了,至少,"我们"是那么说的。从被驱逐的犹太人的语位世界到党卫军的语位世界,不存在通道。但是,如果要确认这一点,我们必须得确认一个语位世界和另一个语位世界,仿佛我们首先是党卫军,然后是犹太人一般。通过这样做,"我们"

实现了"我们"所追求的目标，即"我们"自己。在寻找它的过程中，这一"我们"也在寻找自己。在运动的最后，它自我表达，就好像从一开始，它就自我实现。如果不设想一个永远处于思考状态的"我们"，就没有对整体的追寻。这一"我们"当然不是指在"奥斯维辛"名义下，我、你、他/她的总和，因为奥斯维辛的名称已经蕴含了总体化的不可能。相反，这是反思总体化不可能的活动，即自我意识的驱散，它从毁灭中被扬弃，变成对虚无的肯定："我们"至少包含写作的"我"和作为读者的"你"。

159. 没有结果

这一已经实现的运动的偶然名称叫"奥斯维辛"。但是它的思辨名称，它的概念名称，应该明确指出两个不可结合的语位的结合：一个是没有受话者的规范，另一个是没有合法性的死刑宣判。我们想到了恐怖。但是雅各宾的恐怖统治不容许例外：即便是我，罗伯斯庇尔，也要服从它的普遍化逻辑。立法者有义务以和其他人一样保持纯粹意志的透明性，他因而也和他们一样，是嫌疑犯。这一恐怖仅仅验证了自律的原则。相反，在"奥斯维辛"集中营里，例外占据了统治地位。它的思辨名称不是无限延伸的理性恐怖，因为你们每个人都需要善良意志。对不属于"雅利安"

的人，除了消灭他们的外部存在，纳粹什么也不需要。另一方面，纳粹要求他唯一的受话者——每一个"雅利安人"，有义务保持其种族的纯洁性，尤其是通过清除非"雅利安人"的方式。

在纳粹主义中，如果存在着恐怖，它是从"纯洁的人"内部产生的，就是那些总是怀疑自己不够纯洁的人。他们借助誓言、告密、屠杀、最后的解决来清除不纯洁的东西，洗脱自己的嫌疑。恐怖本身并没有无限延伸的原则，因为它不能运用于无法变得"纯洁"的人。犹太人（及其他人）不是嫌疑犯，他们已经被审判。就理性可以无限怀疑可以被表象出来的事物而言，理性的恐怖是包含的、"进步的"：法庭是永久性的，意志永远不够好。而种族主义的恐怖或清洗是排除性的、退步的：只有"好的"种族才有权怀疑，而那些在自我表现之前，就被认为不属于这一种族的人，无论它表现如何，都是坏的，从根源上来讲，他们就是坏的。它早就是坏了的，因而只剩下虚无，因为意志徒劳无功：意志在开始是试图有所作为的，想一劳永逸地解决问题。这是一种没有"法庭"的恐怖，没有宣告的惩罚。死亡就足够了，因为它证明了不该生存的无法生存。这一解决办法是终极性的。

这种清除机制在"奥斯维辛"集中营里达到了顶峰，它建立在选择原则的基础之上：在历史的名称世界里，生命力从所有人中选择了"雅利安人"来展现自己。另一种选择相反，它要求犹太人聆听其原则的先验性，控诉所有违反法律的假定（包括这一民族自己所作的假定）。（雅利安人的）生命力选择与之不同，只要求消灭掉那些没有被遴选的人，因为这些人有着某些说不清道不明的"污点"，却依然活着。善良意志是遗传的，可以为家谱所证明。除了他们自己，雅利安的贵族们（血统和领地，士兵与"劳动者"）不承认其他任何受话者进入合法化语位的链接。他们甚至都没有杀人，他们只是为生命力提供了最终的解决办法：帮助犹太人销声匿迹。

实际上，这不是恐怖，而是单纯生机论/活力论的治理措施，是政治意义上或治理意义上的达尔文主义。系谱与善之间的混淆，是由（德意志）北部民族的神话及叙事来保证的。在这一名称下，也多亏了这一叙事，某个民族忘记了自己的偶然性，而且将迷信提高到妄想的境界，将其看作必然的，甚至是一种美德。合法性是多种多样的，而（雅利安人的）指令却只局限于某一民族，它无法与外部共享，因为在这一民族的外部只有死亡。

这就是思辨话语在概念上应该命名,也是"奥斯维辛"在这一经验名称中最接近自己的东西。它已经被命名了吗?它是用我的笔命名的吗?思辨话语只会在命名时犹豫不决。它犹豫了很长时间了:如何识别精神在"奥斯维辛"中所获得的东西?精神在这里并不自相矛盾,它被自己的普遍目的、未来其自身的实现和表达排除在外。它创造了一个例外:在历史学家指定的地方和时刻,将两个语位结合起来,只是这两个语位并不是辩证地结合在一起。在第一个语位里,谋杀的合法性并不要求普遍法律,而仅仅是特定的、名义上的法律。而在另一个语位里,死亡并不要求合法性,而且无法升华为牺牲。至于"我们","自此之后",我们收到了两个沉默的语位。之所以没有在"结果"的语位中将这些沉默表述出来,是因为"我们"认为,让它们说话是比尊重它们更危险的事情。这不是源于"奥斯维辛"的概念,而是一种情感(参见93),一个不可能的语位,一个将党卫军语位链接到被驱逐的犹太人之上的语位,或是相反。

160. 回归

在《美涅克塞努篇》中,柏拉图讽刺了对"美丽死亡"的溢美之词(参见评注:柏拉图,§1)。和所有人一样,苏格拉底希望"死得光荣",但他并不希望在活着的公民面前通过对某些公民"死得光荣"的颂扬,来劝说他们相信自己的美德。让雅典成为规范性权威的名称,让那些以雅典的名义牺牲的人有权利获得雅典人的称号,这些是正义的;但是通过华丽的演讲辞藻,将活着的听众与死去的英雄相比较,这就是不正义的。苏格拉底说,听众还没有证明他们配得上雅典人的称号,因为他们想要的不仅仅是城邦的法律。这里假设,他们还没有为城邦献身,很多人不会为城邦而死,很多人过着没有公民道德的生活。这种混淆是通过"我们"来实现的,一个掩盖了背谬逻辑的"我们"。他们是死去的英雄,他们是雅典人;我们仍活着,我们是雅典人;那么,我们,(死去和活着的)雅典人,都是英雄。这一"我们"首先包括了活着的人:我,演说者;你们,国民大会成员;其次,这一"我们"包括了死去的人:他们,你们,我。通过代替名称的代词的滑动,应当"死得光荣"的最高美德成为某种例外的特权,即出生高贵的特权。这一例外改变了美德发生的时刻:它早已发生。

我(雅利安人),告诉你(雅利安人),一个关于我们雅利安人祖先的故事。同一个名称"雅利安人",占据了叙事语位世界中的三极。这一语位的含义总是直接或间接地包含了"美丽死亡"。我们告诉自己,我们死得光荣。这是一部非同寻常的史诗。多亏了"我们",由此"他""你""我",在这个同一的名称下是可替代的。封闭的叙事单元以指令性的方式运作。命令是假言命令:如果你是雅利安人,那么你有义务讲述、听从、执行雅利安人的"光荣死亡"。但是真正具有创造能量的并不是(美丽死亡的)含义,而是链接模式。如果你听到了,那么就讲述或是行动吧;如果你讲了,那么就听着,或是执行吧;如果你做了,那么就讲述或是听着吧。这是相互蕴含的。因此,我们进入不了叙事的循环,要么我们已经在那里了,要么我们从来都进不去。这就是神秘叙事的话语类型。它不是在主题上是循环的,而是在(如果你愿意的话,可以说是语用的)传递上是循环的。这就是为什么传统会服从于仪式的程序:我,雅利安人,告诉你这个故事,这个故事是一个雅利安人告诉我的,所以现在作为雅利安人,你们要讲述它,执行它。叙事传递规则发出的指令与语位发生的时间无关。现在讲述=已经讲述=将来讲述;正在做=已经做完=将来去做;另外,叙事时间并没有区分于故事(diégèses)的时间:讲述或是聆听的内容就是"死得光荣",而"死得光荣"仍然是要讲述、要聆听的内容。人们通过行动（赴死）来进行语位链接，同时也通过语位链接来让自己光荣赴死。不属于这一民族的人，则不能听，不能说，不能光荣赴死。只有这个民族的人才能构成"真正的人类"，这是这个种族赋予自己的名称（D'Ans, 1978）。它标志着根本性的与众不同。

这就是为什么野蛮人要打仗。他们不停地行动，不停地讲，不停地听关于他们自己的宏大叙述。他们需要这一名称（Clastres, 1977）。至于谁是对手，并不重要。他们不是对手。没有发生过的事情不会通过对手来发生。

纳粹恢复了这一被现代性破坏的话语类型。它只能做一些拙劣的摹仿，仿佛宏大的现代话语（科学认知、协商政治、质疑哲学、末世启示）并没有提出完全不同的赌注或是链接模式，仿佛它们并没有用某些比对手更糟糕的东西——世界英雄——来反对它。拙劣的摹仿，无非是用一些方法来劝说某个民族相信它自己的优越本质，由此，针对某个民族的纳粹政治是以修辞为目的的美学：丧礼演说的修辞美学，延伸到人民生活之外的一切。若与该民族相异，就会产生某种种族灭绝政策（奥斯维辛），或者是献祭性的"美丽的死亡"（斯大林格勒）。

党卫军与犹太人之间的语位链接是不可能的，因为他们的语位根本不属于同一种话语类型。两者之间没有任何共同的利益。通过消灭犹太人，纳粹消灭了一种以受话人（"听着，以色列人"）为标记的语位体系。在这一体系中，将说话者（上帝）和含义（上帝想表达的意思）等同起来被认为是某种可耻的、危险的假定。被称为"卡巴拉"（Cabbale）（传统）的话语类型作为询问和解释，与野蛮人的叙事风格是相悖的。后者被放置在现成的语位体系中，而犹太人的习语却被放置于"发生了吗？"的语位体系中。纳粹主义攻击发生、"事件"（参见评注：亚里士多德，§3；131）。它因此也攻击所有现代性的时间。

在党卫军与犹太人之间，连异识都不存在，因为两者之间根本就没有共同的（法庭）语言表达式，可以用来表达损失的语言都没有，更不用说表达伤害的语言了（参见7和9）。根本就没有必要来进行审判，连拙劣的摹仿都没有必要。犹太语位没有发生。根本不存在"发生了吗？"(Arrive-t-il?)，存在的只是"已经发生的事情"（C'est arrivé）。

思辨辩证法陷入了神秘叙事的泥潭。后者不产生任何结果，只有同一性的重复。而那些进入不了这一机制的话语，例如犹太人的话语，往往不是被反驳，而是被漠视，被推入遗忘的洪流。神话不可以通过思辨的方式来解答。我们必须用非思辨的方式消灭它,而它确实也被消灭了。纳粹被毁灭之后,留下的是沉默:我们不敢深入思考纳粹,因为它像一条疯狗一样被警察射杀,而不是按照对手那种话语类型(自由主义的论证,马克思主义的矛盾)所认同的规则。它没有被反驳。

沉默,而不是结果。这些沉默中断了从犹太人、党卫军到(谈论他们的)我们的链接。我们看不出,那些为了"我们"的实体——谈到他们的话语"主体"——如何同时"也是"这些主体。沉默意味着"自我"(Selbst)的中断,自我的分裂。

义 务

161. 至少，自我分裂的目的是摧毁它的假定；它会提醒我们，律法超越了人类所有的智力活动。正如卢塞（Rousset 1979）所言，这些都假借了某种令人憎恶的滑稽表演的伪装。当然，法律的决定者而不是法律的倾听者，不可能是法官，他必然是罪犯。而服从这种法律的人只能是受害者。法官本人没有受到审判。不管判他有罪或无罪，都不可赎罪。然而，关于"奥斯维辛"的无意义的思辨话语可能掩盖了信仰的矛盾（Kierkegaard 1843）。

162. 亚伯拉罕所收到的献祭儿子的指令，难道不比那些通知——旨在搜捕、押送、集中、或慢或快地屠杀（犹太人）的通知——更明白易懂吗？这难道不是一个个人习语的问题吗（参见 144 和 145）？亚伯拉罕听到主的指令："以撒得死，这是我的指令。"他遵从了。主在这一刻只对亚伯拉罕说话，而亚伯拉罕只对主负责。倘若实在——即便不是主的实在，至少是归因于主的语位的实在——无法被建构起来，我们如何得知亚伯拉罕不是一个偏执狂，一个只会受制于杀人（弑婴）冲动的偏执狂？又或者他就是个骗子呢?

163. 这甚至不是一个服从的问题，而是义务的问题。关键要知道，当我们听到类似于呼唤的声音时，你是否有义务受它约束。我们可以抵制，也可以回答，但首先必须将它视为一个呼唤而不是幻想之类的东西来接受它，发现自己处于指令的受话者的位置（该请求是指令的模式）。

164. 但是困扰着法官史瑞伯（Schreber）[1]的要求，让亚伯拉罕不堪忍受的要求，和激励着纳粹党卫军的要求，都是不同的。——什么意思？一个来自幻想的人物，一个来自上帝，一个来自政治领袖？你知道发话者的身份是有争议的：根据傅莱契（Flechsig）[2]的说法，呼唤史瑞伯的幽灵在史瑞伯式的话语中被称为上帝。——但这些不同的权威至少没有规定相同的行为！我们可以通过指令来识别他们！我并不是说律法的内容无关紧要，但是它没有区分正确的权威和冒名顶替者。最重要的是，首先，从这个实体

---

[1] 丹尼尔·史瑞伯生于1842年，是一位担任德国德勒斯登上诉法院评议会主席的法官。他因妄想导致精神崩溃，数度被送往疗养院治疗，而这段患病的不幸经历，也被弗洛伊德写成《史瑞伯：妄想症案例的精神分析》，细致清晰地刻画了妄想症患者的心理运作。——译者注

[2] 傅莱契教授是史瑞伯住院时照顾他的主治医师，也是他日后妄想内容的主角之一。——译者注

发出的要求应该被看作仿佛是律法一样来予以接受。在这其中,第三方可以依赖的唯一信号就是受话者是处于义务的状态之中。正是由于这一假设(个人习语),第三方既不能理解说话者,也不理解语位。他就像是面对一个歇斯底里病人的沙可(Charcot)[1],或是一个向他讲述你的梦的朋友。

165. 如果受话者被赋予了义务,那么该语位是义务句。为什么他被赋予了义务,他或许可以考虑给出解释,但无论何种情况下,解释都需要另外的语位;在新的语位中,他不再是受话者,而是说话者,而新语位的关键不再是服从,而是说服,让第三方相信他自己有要服从的理由。这是评述性的语位。而"我"的盲目性能够在这些评述性的语位中再次获得优势。

166. 为什么是"盲目的"(参见165)?因为不可能从描述性语位推导出指令性语位。一个国家有两百万失业人口的事实,并不能说明失业必然需要补救措施。如果这一说法要成立,就意味着或是预设一个小前提,即规定所

---

[1] 沙可(J. M. Charcot)法国神经学家,现代神经病学的奠基人,被称为神经病学之父,以催眠和癔病研究闻名。——译者注

有能够工作的人都应该去工作。盲目和先验幻想就栖身在这些试图在真理中创建善或正义的托词中，或者说，将"应然"建立在"实然"的基础之上。用"创建"（fonder）一词，我在这里仅仅理解为寻找或表达某种蕴含命题，即允许从认知性语位中推导出指令性语位。亚伯拉罕的例子也属此列。上帝命令亚伯拉罕将儿子以撒献祭给他。亚伯拉罕遵从旨意，"因为"上帝是下达命令的人。这就意味着或预设了上帝的指令都是正义的。来自上帝的诫命之所以是正义的，是因为他的诫命都是正义的，不可能是非正义的。现在，我们找不到任何一个总体（总体也从未被给予），也无法用认知的方式予以确认，即便它是神圣指令的总体性。至于上帝"自己"的精神气质，或许只能通过他的全部诫命来感受了。就是我们刚刚提及的总体性（最后，假定上帝和他的指令是正义的，但我们如何知道上帝是发出指令的人呢？）（参见 162）。

167. 天使就是这一盲目性的受害者。列维纳斯写道："在被驱逐出亚伯拉罕的房子之后，夏甲和以实玛利在沙漠中游荡。当他们储备的水耗尽时，上帝打开夏甲的眼睛，让她看见一口水井，给她快要死亡的儿子装了一些水喝。"（1976-b: 260）到此为止，没有什么不正常的事情，我们期待的只是上帝，因为他就是善。但是这一宽容也招致了一些神圣的建议者（或是邪恶的起源）——例如天使——的指责，他们看得更长远，熟悉历史的诡计："天使抗议道：你为什么要将一口井赐予将来会让以色列人蒙难的人呢？"上帝解开了黑格尔的陷阱："历史的终点——被称为永恒的东西——有什么重要？我是根据现在的他而不是根据将来的他作出判断。"即便是上帝，他不知道，也不应该知道事件的总体性。在判断当下的事情时，上帝如果将明天可能发生的事情也考虑进来的话，那么将会导致不公正。即便希特勒渴了，上帝给希特勒水喝，这也是可能的。

168. 倘若借用大屠杀的例子，这意味着上帝指挥着纳粹屠夫之手，而犹太人则是以撒。人们承认，如果上帝要求父亲牺牲自己的儿子,目的是考验亚伯拉罕对主的忠诚。那么，上帝是否要考验纳粹党卫军对他的忠诚？两者之间是否会有关联？纳粹党卫军是否像父亲爱儿子那样爱犹太人？如果不是,罪行在受害者的眼中如何会有献祭的价值？在刽子手的眼中呢？在那些受益人的眼中呢？又或者，是上帝牺牲了他的一部分子民？但是上帝想把他们献给什么神呢？据说是因为以色列人由于过错而被惩罚，而过错或许就在于他们的骄傲。为了解释献祭而描述神圣意图（考验、惩罚）的任何一个语位都是不可证伪的（参见指称一章）。没有一个语位可以解释杀人命令，解释该命令的合法性。在"奥斯维辛"的死亡中，你可以将死亡升华为"美丽的"唯一途径就是修辞（参见 156 和 160）。

169. 所谓"盲目"，就是把你自己放在他人的位置上，在他的位置上以"我"的名义说话，由此抹去他的超验性。如果你能揭示"主"的意图，那么你将会知道他的习语，他说话的方式，知道在这些语位中，上帝既是说话者又是受话者，知道大约谁会生产诫命，以及这些诫命的含义。例如，我们可以从主对其子民的愤怒中推断出"奥斯维辛"。这一逻辑蕴含本身是某种违背了伦理学的罪行：人们因指令而处于义务的状态，是因为他们能够理解指令的含义！

170. 义务应当被描述为一个负有义务者的丑闻：他被剥夺了自我的"自由"倾向，被他的自恋形象所抛弃，在这里被反对，在那里被压抑，忧心于不能痛快干脆地做回自己。——但是这些都是现象学或是精神分析学对一个被驱逐或分裂意识的描述。这些都过于人化了，或者是过于人道主义了。他们保留了自我，直到确认自我的弥散。我们是否可以从这一弥散开始，不再对自我抱有怀旧的情绪？

如果目的仍然是自我预先从远处强加于客体之上的行为，即使这一行为暂时撕开了那个自我，我们是否能够脱离任何目的，思考自我的分裂？毫无疑问，有必要放弃分裂的想法，因为它预设了一个美丽的总体：结果。

评注：列维纳斯

§1 义务丑闻的条件是："确保分离的内在性必须产生某种绝对封闭于自身的存在者，而不是以辩证的方式从其与他人的对立中获得分离。这种封闭不能阻止内在性的出离，以便外在性可以对它说话，在不可预见的运动中向其展示其自身。"（1961: 122）作为自我丑闻的伦理关系预设了两个核心语位："自我不是源自他者，他者遭遇到自我。"如果自我不过是自我辩证转换的一个封闭（而抽象）的时刻，那么你就无法向我展示任何我自己没有的东西。

列维纳斯的论证从胡塞尔《笛卡尔式的沉思》第五沉思的失败开始：先验同一无法将他人（autrui）建构为他者（autre）。这个我（je）仍然被围困在建构的领域，就好像自我（moi）被围困在经验的领域，也就是说，享受他的存在和财产。他者不过是自我的他者。为了让他者成为他者，成为那个"神迹"（«la merveille»）（同上：269），这一经验和先验的有限性是必要的。在这种排他性的分离中存在着等价性：如果我是源自他者，那么他者就不再是神迹，如果他者不是神迹，那么自我将会源自他者。要么是我，要么是他者。他者只可能遭遇到我，像启示那样，通过破门而入的方式。如果意义属于自我的辩证法，那么他者的事件让它变得无意义。他者怎么可能发生呢？自我自身并不拥有足够的能力来知道这一点。自我试图将他者解释为某种其建构和经验领域内的形成。他试图了解它，也为这一了解所诱惑。但是他者，作为某种在自我之中找不到其理由的外在性，宣告了知识的匮乏。他者宣布没有意义，他本身就是无意义的宣告。"信使就是信息。"（1968-a: 104-105）

我们可以翻译吗？说话者出现了，而我是受话者，关于他，我什么也不知道，除了他将我置于受话者的位置。披露暴力就是要将自我逐出说话者的位置，他曾经在这个位置上，经营着他的享乐、权力和认知。这就是"我"取代"你"的丑闻。转换为你的我通过理解你被剥夺的东西，试图重新拥有它。另一个语位形成了，"我"在这个语位中重返说话者的处境，不管是为了拒绝这一丑闻——关于他者的语位或其被驱逐的丑闻——还是为了将其合法化。新的语位总是可能的，就像是不可避免的诱惑。但它不能取消事件，它只能驯服或者掌控它，并借这种方式，忘记他者的超验性。

通过将"我"转换成"你",他者使自己成为主人,并将"我"变成他的人质。但他者不是因为他主宰着我而成为主人,而是因为他请求我而成为主人。我被封闭在自己的性情和世界中,对他者一无所知,也无法对他有所知。他者的出现不是一种认知的事件,而是情感的事件。这个我,处于"你"的位置的我,是指令的接受者,而指令是纯粹的,即"存在着指令"(不仅仅是描述和认知)。"我"在这种情形下不知道任何事情,因为没有什么东西可知(命令不是信息)。我甚至不知道这个他者是否也是一个"我",也不知道他想从我这里获得什么,甚至都不知道他是否想从我这里获得点什么,我只知道,这个我瞬间对他者负有义务。当我移到你的位置时,这意味着:你应该(Tu dois)。列维纳斯说明了他者的极度匮乏,他者突然出现在我的领域,处于绝对贫困的困境,没有属性,没有地点、时间和本质,他者只是他的要求和我的义务。[1]

---

[1] 在义务的语用学中,他者是主人,而我只是他的人质。我和他者的关系是不可逆的:我不能替代他者的位置。我和他者的不可逆性引申出责任的无限性和不对称性。责任之所以是无限的,是因为我的道德判断不存在任何考虑,甚至不存在对死亡的考虑,后者无疑会限制我对他者的绝对义务。责任之所以是不对称的,是因为我不能对对方要求一个互惠的义务。义务不是建立在共识、回报、等价交换的基础之上。利奥塔将列维纳斯的"我"和"他者"之间的不对称性转换成语用学链条上的"说话者"和"受话者"的不对称性。在他看来,在西方思想上,"我"(说话者)替代"你"(受话者)的位置的这一"丑闻"之所以可能,是因为要么它预设了一个集受话者、发话者甚至于法则于一身的"先验主体"(例如康德),要么它预设了说话者和受话者之间的对称关系和可交换性(如柏拉图)。——译者注

这就是伦理语位的世界：我被剥夺了任何成为说话者的幻想，不可思议地被抓住，被置于受话者的位置。义务是直接的，先于任何智力活动，它栖身于对陌生人的"欢迎"中，栖身于对我的呼唤中，这不仅仅是颠倒已经存在的关系，而是开启一个新的世界。这一突变先于任何对他者的本质、他的要求以及我的自由的任何评论。在评述《沙巴》时（88 a-b），尤其是它的诗篇时，列维纳斯写道："在理解之前他们就行动了。事件（例如赠与经书《托拉》）无与伦比的一个特征就是人们在了解它之前就接受了它……正在考虑中的行为不单单是与理论相对立的实践，而是一种方法，不是从可能性开始实现的方法……他们在理解之前就行动了！……听到一个对你说话的声音，实际上是接受说话者赋予你的义务（1968-a: 91, 95, 98, 104-105）。这种直接性可以比照施为性语位（la phrase performative）。当我说'会议开幕了''战争开始了'，那么它们就是开始了。我在这里听到：夏娃，我负有天使的义务，而你负有他者的义务。"[1]

---

[1] 在以色列口传律法典籍《塔木德》中，经常可以看到"做，然后再理解"的训诫。这与西方文明中始终占据优势地位的另一种秩序——"知识引导行动"的理性传统——背道而驰。列维纳斯将后一种"在行之前想知"的求真欲望称为"欲望的欲望"，这一欲望支配了整个西方思想史发展的始终，而哲学也被定义为一种行知的从属关系。在行之前不经过深思熟虑、不经过全盘考量往往被认为是天真的、不成熟的、非理性的，只有在全知的情况下，我们才可能克服意想不到的困难，才能化险为夷，转危为安。这种知是从行中积累下来的知，是我们亲身经历和验证过的知，没有了

关键在于强调我和你关系的不对称性（1961: 190）。这一关系是不可逆的。它强行规定并坚持认为"我就是我"（自我本身，它的同一性）这一关于自我的知识是不稳定的。"我就是我"的语位不会重新控制这种关系。在这一语位中，这个"我"不再能够理解伦理学的任何东西，不过，他只能相信自己理解。从伦理的语位到知识的语位，这一转变付出的代价就是忘却前者。在认知型语位对说话者和受话者施加的张力中，断言的我对着你讲话，这个你只是一个潜在的"我"。通过说"我"，通过认同或反对某个指称，它可以进行链接，共同阐发。"我"和"你"为达成共识而努力。

列维纳斯反对布伯的"包容"（Umfassung）（1976-a: 40），因为他忘记了将他者和自我分离开来的高度差（difference de hauteur）。在描述伦理关系时，布伯的《对话生活》（*Dialogisches Leben*）陷入了认知型话语体系的圈套。伦理学禁止对话，因为对话要求在语位项上排列名称。布伯徒劳地把重点放在目的的轴心上，把它从指称的关系中解放出来，甚至解释说，指称或者说这个"它"，就是

这些过往的知，我们就无法预测和掌控一切不确定的因素。通过已知来推算未知，知让我们生活在确定性和安全的状况中。然而迷恋确定性的代价是行为不再听从道德诫命的无条件的召唤，伦理实践已经落入对风险、利益、得失的算计和谋划中。参见 Emmanuel Lévinas, *Quatre lectures talmudiques*, Paris, Minuit, 1968 pp.76-77. ——译者注

"你"有缺陷的形状，我抓不住它，也无法与之对话，它却仍然是我唯一能言及的对象（Buber, 1938: 30, 37, 144）。正是这种疏离和向指称描述的回归支配了布伯的语位，使得他反过来通过对话图形将"我/你"关系客体化了（Levinas, 1976-a: 46-47）。

列维纳斯的反驳暗示了，不存在指称的真正超验。对象属于知识的辩证法。根据思辨话语的规则，"自在"的东西被称为"自为"，称作结果。思辨话语类型占据了整个实在的领域。而伦理学的超验不会在这个领域发生。它根本就不会发生，因为他者是不可以被定位的。如果他者可以被定位，那么我会成为你的主人，应该认识你。伦理的领域都不是一个领域，它是关于"我/你"的情景模式，它不可预见地发生，干扰着"我是我"的语位世界。

§2 列维纳斯思想中的义务并不源于由我或者是我们事先授予合法性的权威。如果我对他者负有义务，并不是因为他者有权利让我处于义务之中，或者说我直接或间接地授予了他这样的权利。我的自由不是他的权威的来源：我负有义务，不是因为我们是自由的，因为你的法则就是我的法则，而是因为你的要求不是我的法则，因为我们感受到他者的存在。通过自由和同意的义务是第二位的。义务预设了某种感受性（passibilité），预设了自我堡垒中的一条裂缝:"这种封闭性无法阻止内在性的出离。"这是某种超验的能力?我们可以这样诠释:这是一种说话者的能力,即说话者被置换到受话者的位置,仍记得他不应该在那里的某种能力。丑闻,或是(面对)丑闻的能力,取决于实体在语位世界各位置的流动性,取决于它对这种流动性的抵制,取决它在会面后(谈话后)对会面前的回忆。这些条件需要专名的永恒。相反,处于赤贫状态的他者甚至都没有一个名字。我们不叫他的名字,是他在呼叫我们。

这一可感受性不是伦理学的一个可能条件,不是义务的起源。(可能性条件、起源,这些概念出现在《总体与无限》中,之后在《艰难的自由》的末尾和《人文主义和无政府主义》中被抛弃了)(1968-b)。它已是全部的伦理学,包含了它的两张面孔:自由和迫害。迫害与自由没有什么区别,因为他律不同于自律。两个都要求我依附于他者,作为他者的"人质"。导致迫害的原因在于,我"被动地"依附,违背自己的意志,在反复的自恋中,抗议这一可感性,拒绝接受外在性。我回到你的处境,你被他者放置的处境,使得他者成为迫害者。我因此而受到谴责,因为我背叛了你,因为我排斥了你,驱逐了你。"无神论者"在"无限宾格"的体系中无休止地相互指责(1974: 132-133, 141-142, 150-151)。对不可破译信息的礼物说是,对要求的遴选说是,与什么也不是的他者的(不可能的)联盟意味着关于我的假设的破裂。不可能"逃离创造物的迫切呼唤";而"(被动性的)假设并没有超出被动性"(1968-a: 108)。

封闭的自我怎么可能变得开放,感受到外在性的超验?总而言之,这难道不是关于边界或界限的辩证法,完全黑格尔式的运动:不存在没有外在性的内在性,不存在没有内在性的外在性?不存在没有他人的自我,也不存在没有自我的他人。通过强化伦理时刻的不对称,列维纳斯试图打破这一可逆的总体性,打破思辨话语的逻辑。我们可以承认,没有他者就没有自我,如果他者就是自我的他者。自我通过自恋运动——这种运动驱使他把自己变成"为我"的存在——中的自我迷失、异化中的自我扬弃,建构起自我。但是没有我就不存在的他者不是我的他者,它不是我的生命旅程中一个短暂的异化,而是破坏我的旅程的东西。——你又如何知道?——通过破坏,通过剥夺,通过他的要求所激起的热情。他者的到来,并没有丰富我的体验,没有给我成长的机会,没有启发我的经验,而是把我当作一个经验的主体取消了我。

——但是你如何可以这样说呢?除非你"恢复了理智",或是你重新获得了以我的身份来进行链接(或认为自己在链接)的处境,或是通过保留伦理语位而克服了伦理语位,或是你已经将它作为某个时刻包含在你的自为经验的生成过程之后?写作——甚至是你关于可感性的写作——难道没有和那些没有文本、经验和技巧的东西一起编织出某种技巧、经验和文本吗？如何以第二人称来写作？我们只能以第三人称来描述第二人称。我们写道："那个你。"列维纳斯对布伯的指责不是也在他自己的文本中起作用吗？那篇文章难道不是针对任何评论都无法达到的东西所进行的评论吗？这一文本可以不是现象学的吗（参见71）？

§3 也许书写应该以不同的方式被理解，或者更确切地被呈现。列维纳斯的书写不是经验的描述，不是由探索自我知识的"我"来引导的，它见证了（自我的）裂缝，见证了向他者的敞开（这个他者在其读者中向列维纳斯发出了请求），见证了在面对作为读者的信使时的责任。这不是一个在你的体制之下"以第二人称"来书写的问题，而是一个在他者的法则之下写给他者的问题。列维纳斯的文本是人质的秘密。他才是承担责任的人。人质对我们说：是的，你是我的主人。当然不是你，被命名或可被命名的那个你——读者，而是作为我的书写所指向的你，超越了那些仔细阅读我书写的可见的面孔。阅读的人，是提出要求的人，是呼唤的人。而写作的人，被外在于他的这一要求所约束、困扰，不确定自己是在通过写作释放自己还是束缚自己。他将自己交到我们读者手中。可这些手是良善的天使，还是邪恶的撒旦呢？我们是怎样的信使，给别人带来了怎样的信息呢？作者不知道，天使也不知道，因为他们被误解了。只有一件事情是确定的，这一伦理的写作只有是在与"无神论者"无关时，只有当作者的自我在写作时不声称他拥有控制或反对作品的权利，它才会免于迫害。写作并不是"发表信息"，后者这只是"我"的假设。作者在诉苦呻吟，唉声叹气，认为自己是在献身于作品。不过，他是在自我欺骗。写作不是献祭的，它是神圣的（1977：7-10）。它是对自我裂缝的见证，是对聆听（他者）呼唤的能力的见证。在读者那里，他者并不要求作者的自我死去，但是要求作者的自我承担他的责任。

但是，当读者一旦谈及他所阅读的内容，将他读到的和他所要求的（或是以为他所要求的）内容进行比较，难道读者作为评论者，没有不可避免地成为作品的迫害者吗？仅仅因为他相信自己知道他所要求的是什么，并且他承担了作品中与其要求本质相称的责任，那么他在知识的诱惑下，运用评论重新回到描述性的语位体系，这难道不是必然的吗？评论如何不会变成对评论对象的迫害？这难道不能证明（仅仅从读者说话这一事实）在提出要求时，他假设自己知道这个要求，或至少假设它是可知的，而这个要求不再是一个书写本身可以获取的奇迹？这个要求是否仅仅是一个指令，因为它拥有作品被赋予的内容和意义，就如同为了遵守承诺而扣留一个人质？

圣洁（La sainteté）将会消失，神圣（le sacré）会带着献祭式的"扬弃"重新回来。因此，自我需要作者的书写，将他的感受力转向关于自我的知识！自我对书写的要求和书写带来的回报，这两者是不可通约的。这一不可通约不过是一个否定的时刻，矛盾的时刻，一个遵守内在衍生规则的时刻（参见评注：黑格尔），一个其结果无论如何都始终并永远是"自为"（le pour-soi）的时刻。"他为"（le pour-autre）仅仅只是自我不断走向自己的过程中，不小心且不适当地被分离出来的瞬间。作者和读者是同一的两个形象，只是在某个瞬间不可通约。倘若我们加剧它们的分裂，我们只会让思辨机器更好地运作。从黑格尔的思想开始，犹太教的形象就被理解为一个抽象的时刻，在美丽的总体化运动中被恶意困在他们的分界线（"所谓"的超验需求）上（Bourgeois, 1970: 118）。

但是，我们刚才所读到的评论不是要求列维纳斯谴责布伯，憎恨黑格尔吗？其目的难道不是为了知道，写作和阅读，我和你，在评价它们的语位世界中被当作指称，为了知道该语位同时意指两者，把它们看作一个总体，虽然该总体可以是不对称的，却仍然是一个总体？如果是这样的话，那么思辨已经在这一评论中享受它的权利，元描述的权利。列维纳斯难道不应该承认并遵守这些权利？他难道不是站在读者的位置试图替读者说话，用一个我们消除了我和你的不对称性，或是那一不对称所包含的东西？

你从来不是我，我从来不是你：这一事实可以被反思吗，可以被书写吗？写下来，可以这样理解：那个你（le tu）从来不是那个我（le je），那个我也从来不是那个你。在这样的措辞中，伦理语位被取消了：它的秘密，即代词的不对称，在第三人称中，被泄露了，被宣告无效了。概念的耐心使人们对要求感到不耐烦。它将这种不耐烦转向自身。"在理解之前就行动"（1968-a: ch.4），然而这恰恰就是（列维纳斯的）评论对伦理学的要求！他对伦理学进行评价，把它看作一场误会，同时也在伦理学之内保留他自己的要求，即存在着不可理解之物。评论者的反讽很容易变成迫害：他对着列维纳斯或神圣的文本说，我越少了解你，我就越会由于这个事实而遵从你。因为，倘若我要把你理解为一个要求（现在轮到你），那么我不应该把你理解为一个意义。撒旦可能是上帝最好的仆人，至少他不服从上帝是真的。因为"不服从的人会在某些事情上服从"（Aristote, *Réf.Soph*.180 b 1），他已经负有义务，他听到了这样的命令（或是要求），只是命令的内容不为我们所理解。撒旦是一个伦理名字。

但是黑格尔不是撒旦，他只是一个思辨名称。自我并不服从，甚至就是为了不服从，它正处于存在的过程中。上帝什么也没有要求，也不期待他的创造物会做任何事情，自我通过上帝和其他生物走向自身。

在伦理语位(无限)和思辨语位(总体)之间,什么样的法庭可以知道并解决异识呢?

171. 列维纳斯的"神迹"接近于诺斯替教的"疏离"(estrangement),尤其是马克安(Marcion)的例子(Jonas, 1958: 72)。在一个注释中,译者(同上:465)提醒我们注意"疏离"和"远离"(aliénation)的语义相近性。义务远离了"自我":它成为作为那个绝对不可知的他者的你。约纳斯(Jonas)也用"怪诞"(Unheimlichkeit)一词,该词集结了自我和他者的矛盾关系:在接到要求之后,我远离自己的家,成为人质,但是从来不住在你的家,也决不成为你的主人,因为你没有家,然而我也因此而完成了自己的使命,不再待在我的家里。相反,弗洛伊德,将本我(ça)放在你的位置,把驱逐本我的使命交给自我(moi):他会屈从于徒劳无用的知识的诱惑。但是无论如何,假设分析包含在这种替代中,它是无止境的。真实如果是将他者据为己有,即便通过一张"图表",仍将是错的。

172. —— 但是这一他者或陌生人,会带有"发生了吗?"的这些显著特征吗?(参见131和132)"发生了吗?"

（Arrive-t-il?）是否可以被理解为"你来了吗？"（Arrives-tu?）如果上帝是不可描述的，你如何可以说他是某个人呢，我的意思是说话者？未知的说话者，至少被看作一个说话者。——但是，你会回答，因为呼唤或请求将我的名字转换一个受话者的名字，转换成你的名字，那么说话者——即使是我被藏匿时的语位项的空位——必须在同一个语位世界中同时呈现！——反对：你作为受话者的这个世界包含了一个空着的说话者位置，也许它"完全"没有被标明，（即便是通过沉默），这就是伦理的处境，或者是由伦理语位所提出关于世界的规定。但是，这些不能算入你的经验。因为，在这个世界中，你被语位项"你"所表象并被呼唤，而经验和认知总是以第一人称出现，或至少是作为自我而发生。你认为是上帝的召唤，其实是我被剥夺经验、"被疏离"、被剥夺权威之后的你的处境。因此，你并不拥有上帝的经验，也没有疏离的经验。倘若你拥有那一经验，那么它将不是上帝，也不会是伦理学。你不能证明你呼唤的是某个人。这正是伦理学的世界。

173."发生了吗？"（参见131，132和172）这难道不是等待中的语位所发出的呼唤？它难道不是要求某种开放性，允许事件"在新奇中发生"的自由？你难道没有将靠近这种说不出来的东西称为情感（参见22和23）？自我当然不是唤起语位事件的人，语位无法转译成公共的语言表达式。难道不是语位从远处呼唤存在、呼唤发生吗？现在，当你说语位正在呼唤时，难道你不是将语位放置在不知名的说话者的位置上，放置在疑问语位的世界中吗？不管列维纳斯说了什么，难道海德格尔不是说了一些和列维纳斯相同的东西？在这里，这个我不是也被剥夺了说话者的权力，而仅仅被看作唤起语位的不可表象的耳朵吗？——不，为了让这种混乱成为可能，我们必须假设，陌生的语位试图通过作为中介的你，完成自己的链接；它想从你这里获取某些东西，因为它想成为它自己。又或者，那个存在（或语言）（die Sage）（Heidegger, 1953-54: 133）也需要人。但你什么也不是，你只是在发生的语位世界中被呈现出来的到来，是语位的受话者、说话者、指称，甚至是含义，或者这几个语位项的集合。语位并不是在等你。当语位发生时，你才到来。事情的发生不是上帝。异教徒深知这一点，并且嘲笑这种让人大开眼界的混乱。

174. 不要将义务和正派（la Redlichkeit）、讲话诚实混淆起来（Nancy, 1983 : 63-86）。后者并没有赋予义务："必须链接"（*Il faut enchaîner*）并不是"你应该链接"（*Tu*

dois enchaîner）。仅仅说我们别无选择是不够的（参见102和103）：一个人被发生所捕获和被义务所捕获，不是一回事。但是，对发生进行链接，是一种语位的必然性。义务只会发生在话语类型的层面，类型规定了这类话语的关键如果想要得到那一目的，你必须得如此这般链接。例如，如果想让你的话语成为哲学类型的话语，那么你应该以寻找话语规则为目的进行链接（因此，你应该关注"发生了吗？"这一问题）。义务只是在与"如何"相关时才发生，类型会根据它们的利害关系，解决这一问题。义务是条件式的：如果你想要、希望、期待……那么你就应该……总是以要达到的目的为条件，这是这种话语类型规定的关键。但是"义务"的可能性（能力）却不是假设性的，它是由类型，由"如果……那么"预先设定好的。这些会引发义务，但仅仅是引发而已。这就是康德为什么无条件地质疑"义务"本身的能力。

175. 构成语位体系的规则不是指令性的，因此规则自身并不产生义务。话语类型才是产生义务的东西。例如，逻辑话语的关键就是要实现整套语位的同义反复，通过同一性原则来坚定信念，这一关键已经影响到对同义反复及其信念的审查，即规则是为了形成正确的逻辑话语而得以建立。如果一个人想要有条理地说话，就必须遵守这些规则。我们应该寻思，在所有话语类型中，语位的形成和链接是否不服从于假设性指令，不符合旨在获得成功的策略。如果是这样，如果伦理学的指令并不服从于一个假设，伦理学是否就不再是一种话语类型？或者说，伦理学话语是这样一种类型，它的规则就是承认没有规则，只有没有条件的义务。因此，它类似于哲学话语（你如何知道一个指令是无条件的？）。

176. 法庭将认知话语当作它的语言，仅仅承认具有认知价值的描述性语位，把它们看作可以被接受的。它询问声称负有义务的人：是什么权威让你处于义务的状态？负有义务的人陷入了某种困境：要么他可以指出法则发出者的名字，阐述该法则的权威和含义，那么他就不再负有义务，因为法则可以为知识所理解，成为讨论的对象，由此，它失去了其义务价值；要么他承认这一价值不能被阐述，他不能在法则的位置上进行链接，那么这一法庭则不会承认是法则将他置于义务的状态之下，因为法则是毫无理由的，因而是武断的。在认知的语言表达式中，要么法则是合情合理的，那么它不能使他人负有义务，因为它是在说服。要么它是不合情理的，那么它无法让人负有义务，因为它是用强制。认知法庭要求，只有当负有义务的一方可以通过论辩合理地做出解释，才能称为处于义务状态之中。这意味着"我"可以占据指令的说话者的位置，我可以"假设"它们。指令之所以负有义务，是因为我可以理解它们的含义，并向法庭解释。解释的价值就是真理的价值，它是普适的。通过这一困境，认知语位的家族吞噬了指令语位的家族，我消抹了你。

177. 亚里士多德将指令区别于指示性语句。"每个话语都意指某样东西，不是作为一个自然工具，而是如我们所言，是通过习俗。但是不是所有的话语都是有指示功能的（*apophantikos* [dénotatif]），只有那些有真假判断的话语才有。不是所有的情况下都有真假问题：一个要求是一种话语，但是既不真也不假。因此，其他类型的话语将被排除在外：对它们的考察更多意义上是属于修辞学或诗学的事务，只有指示性的话语是当下研究的对象。"（*De l'interprétation*: 17 a）指示逻辑的目的在于确定简单语位（谓词逻辑）的构成规则，或是允许估算其真理的（命题逻辑的）链接规则。必须制订词汇和句法，多亏了它们，这些规则得以明确表明。它们构成了逻辑学家的元语言。亚里士多德将义务的话语撇在一边，难道不是为了从这一元语言中删除它们吗？有些人说，并不必然如此；另一些人认为，显然有此效果。前者推测，义务逻辑的命题核应该与命题逻辑的命题核拥有相同的形式（Von Wright, 1967）；其他人，追随维特根斯坦（*PhU*: § 433, 458, 461, 505, 506, 519），将其表述为对如下范式的服从："对 x 而言，完成行为 α 是他的义务"（Hottois, 1981）。但是每个人都同意，如果我们想讨论指令性语位，就必须运用特定的运算符或函子，无论它们是否被添加到命题逻辑中：例如，义务和许可的函子似乎是不可或缺的。——然而，这种表面上的一致掩盖了新的分歧。因为我们可以认为强制性、被许可的以及它们的派生算子、被容忍的非强制性，或者被禁止的不许可，完全类似于命题逻辑的运算符：分别对应于必然、可能以及它们各自的矛盾、偶然和不可能。亚里士多德所谓的方阵，与描述相关的元语言框架，仍然是我们计算指令价值的公式。一个重要的结果是，在这些条件下，指令性语位的评论可能与指示性语位的评论不同。如果我们承认，为了将指令转换为规范，制订、讨论、商定指令是必要的，那是因为我们预先就已经假定，从命令的评论性语言到命令的语言，得出的结果是好的。

评注：康德 2

§1 法则是不可演绎的

让法则合法化，就是推导法则。康德从"法学家"的角度来理解演绎。存在着关于"义务和僭越"案件的诉讼（或许是异识）。在决定这一事实之前，必须确定双方的主张是否合法：例如，是否一方有权要求（或者是拒绝另一方）继承的利益？这一方必须拿出证据证明它拥有这样的权利，否则法庭不会接受这样的诉状。演绎就是援引证据，说明它拥有这一权利。这个词最强的意义，就是授予权威的意思（*KRV*, B §13: 100）。

康德将这一问题转换成义务。一个普遍的指令（某一方在法庭前提出的控诉正是这样一个例子）如何拥有权威赋予受话者以义务？回答这个问题就是推导出指令。但是指令如何可以被推演出来而不失去它的特殊性？这是在第二批判的实践理性原则演绎中所揭示的难题（*KPV*, Déduction: 41-50）。当涉及理论理性的语位，即描述和认识语位时，原则的演绎决定着它们的形成。倘若演绎无法从"先天知识来源"那里思辨地获得（像教条主义所相信的那样），那么它至少可以求助于替代物（同上：47），即经验的权宜之计。总之，在其他一切都相同的情况下，演绎凭借科学的逻辑学家的方法继续向前发展，而逻辑学家从作为其参考资料的指示性陈述中，提取它们所预设的（现代意义上的）公理。我们知道，康德作为休谟的读者，将因果关系看作最重要的公理。

演绎的元语言批判原理和科学话语的对象语言的关系，与那些连接科学语言和经验的"被给予物"的关系是同构的。这两种关系的同构与以下事实决不矛盾：前者属于先验层面而后者属于经验层面。两者都与描述性语位建立了联系。也正是由于这一同构使得康德宣称，原理的演绎由于无法直接"从来源中"产生，只能把经验当作一个替代物来使用。批判话语完成了科学原理尤其是因果性原理的演绎，这一批判元语言在它的层面上，仍然与作为其指称的科学话语的对象语言是同构的。这一同构使得演绎成为可能。没有它，又没有我们刚才提到的"来源"，我们就看不出如何可能演绎出理论理性的原理，尤其是因果性原理。

当对象语言是指令性话语时，在演绎的元语言批判和从中可以抽绎出原理的（认知性）对象语言之间，就不存在这种同构性。康德论证，指令性语位和描述性语位不同，不是受因果性原理的制约，它们本身就是自身行为的原因。这一指令性语位的纯粹因果性或自发性，不是一个经验事实，因为所有在经验中的"被给予物"都是由无限的因果序列所决定的：这个东西的因，同样也可以被看作那个东西的果。由此，在演绎的描述性元语言和它假定的对象语言——指令性语位——之间存在着某种异构（une allomorphie）或异质性（hétérogénéité）。这就是为什么在涉及通过实践原理将指令合法化的演绎时，"我们不能指望像讨论到纯粹理论知性的那些原理时一样顺利"（同上：46）。康德比较满意地阐述了实践演绎的失败，"因此，任何演绎，任何理论的、思辨的、得到经验支撑的理性努力都不能证明道德法则的客观现实；即使我们想要放弃它明白无误的确定性，它也不能用经验来证实，并这样被后天证明"。"然而"，康德立马补充道："道德法则的实在已经被自己牢固地建立起来了。"（47）

因此，我们是否应该放弃所有将指令性语位合法化的努力呢？这将会把权威交给任意性。康德的分析绕了个奇特的圈子：演绎的功能还是可以保留，只不过方向要反过来："不是去徒劳地寻找道德原理的演绎，而是在这里发现了某些不同的、完全背谬的东西。"（47）我们找到了一个与之前寻找的目标背道而驰的演绎。批判的元语言应该设法从对象语言中提取允许在那里找到的指令性语位的原理。如果成功，那将会以消除这个问题为代价：在批判语位（演绎）的世界中，处于指称位置的指令将由于同一个行为而实现自指转化（参见45和46）。它们将不再是指令性的，也就是说，不再是"自发的原因"，而是事实上成为"对象"，即通过演绎可以推断出的原理的效果。

但是，这一失败并没有消除元语言的可能性：它掉转了方向，但是也付出了改变对象的代价。在没有法则时，可以被演绎出来的是自由。这种新的演绎从法则开始。但是在辩护的论证中，新的演绎不是被放在结论中——作为授权指令的语位，作为元语言可以从对象语言中提取出来的语位，而是被放在前提中——作为对象语言的语位，元语言为了给宣称自由的语位找一个根据，将其推断为对象语言所预设的。这将会是演绎的逆转："道德原理（法则）反过来自己充当了某种高深莫测的能力的演绎原理……我称之为自由的能力……"（同上）

自由并不在对象语言中表达自己，它只有在批判性的评论中被表达。但是，反过来，法则是一种属于对象语言的表达……而事实上，康德建议将基本法则的意识称为"理性的一个事实"（56）。在这一事实中，"纯粹理性在我们身上表现得很实用"。这个"绝对不可解释的"事实只是一种准事实。康德解释道，纯粹意志的现实，"是在道德法则中仿佛被某种事实先天给予的"（同上）。仿佛被一个事实先天给予，但并不是真的被事实给予。这一事实仅仅是一个准事实，因为正如我们所见，法则是意志的直接决定，它永远不能够通过程序（这里指批判程序），作为一个简单而真实的事实被建立起来，因为这种程序的唯一模式仍然是事实认知（理论理性）原理的演绎程序。

这一指令或义务的"事实"在经验或认知意义上是如此微不足道的一个事实，几乎无法被归入一个概念——因为概念可以从中被推导出来，而且反过来，通过一个可认知的经验，概念允许自己被合法化，康德将这一道德事实与经验对立起来，并将它与一个理念关联起来（我们将要看到如何关联）："道德法则以一种理想的方式，将我们搬运到一种自然中，在那里，纯粹理性倘若有足够与之相称的物理能量，能够生发出最高的善来。"（43）"你应该"（Tu dois）的准经验所标出或被纳入的领域既不是世界，也不是自然，而是"某种超感觉的自然"，其"理念作为我们意志决定的模型而存在"。（同上）道德"经验"不是一种经验，"你应该"不能在现实中被建立起来。当然，义务是被接受的，这就是它为什么可以被称为某种事实的缘故。但是，它是通过欲望的能力在理想的自然中被接受的，而不是通过感觉在现实世界中被接受的。

§2 我能够

纯粹的指令语位不会被合法化，也不能被合法化，除非它作为义务消失，也就是说，除非它失去自己的特殊性。反过来，被当作准事实的指令性语位可以作为自由演绎的出发点。如果你应该，是因为你能够。通过在第二人称中制订自由的标准语位，康德犯了一个常见的错误：你有义务完成一个行动（言下之意：不是被强制执行），仅仅是因为你有可能（在偶然的意义上）不去完成它。关于命令内容的选择自由是经验的，而链接到这个命令之上的方式是偶然的。

我们看不出这一拒绝遵守法则的自由是如何证明其合法性的——即便是间接地证明。从法则中演绎出来的自由不是链接的偶然性。相反，"凡是在道德法则说话的地方，客观地讲，就应该如何行动而言，不再有自由的选择"。（KUK: §5: 55）即便你违反了它，你仍然认可法律。服从是一回事，而义务感或对义务的尊重是另一回事。这就是在"你应该"中的"你"所暗含的意义。受话者可能会真的用一句"我不会这样做"来链接，但并不妨碍他首先仍然是被义务所抓住的你。就义务被理解为我被置换到受话者的位置，被当作人质而言，义务和强制是类似的。

自由语位中所唤起的东西不是某种偶然意义上的力量，而是一种在行动能力意义上的力量，是从宇宙论的角度可以成为第一原因的能力。这一原因不能通过经验来验证。我们不能拿出任何事实，可以作为第一因或是自发性的实例。然而，如果我们可以从义务的状态推导出自发性——这显然背道而驰，因为义务必然暗含了自发性。这是如何可能的呢？

在听到"你应该"时，受话者同时也"听到"了一个他不能证实的语位,一个在他的责任中等着他来表述的语位,一个可能是"你能够"的语位。就像一直以来的那样(参见22和23),这个即将来临的语位,不能用描述来阐明,它被标示为或被宣告为:半个沉默,一种情感,或一种尊重。批判性元语言提出的问题是想知道,"你应该"的你和"你能够"的你是否是同一个你,即负有义务的实体和作为第一因的实体是否是同一个实体。

如果是同一个,那么我们将回到自由意志的解释,而这个自由意志是我们刚刚抛弃掉的。"你应该"暗含了一个说话者,他无疑是一个秘密,不可理解,高深莫测(KPV: 5, 47),康德在第二批判中称之为自由,而在《康德遗著》(Opus postumum)中称之为上帝。这个说话者何以可能,是不能给出解释的(46),没有可以恰当地表述他的认知语位。然而义务的准事实,就像是一个以情感的形式铭刻在受话者身上的记号。负有义务的一方通过情感推测有一个权威对他说话,赋予他义务。这个记号表明,在一个绝对不是描述性的语位体系中,某种不是经验解释原则的因果性作用于负有义务的人身上。拥有这种自发的因果性的实体不可能是受话者。后者以某种"依赖""约束""强制"(32)的形式收到了自发性的宣告。这个受话者不是那个"我能够"的人。说话者是那个"我能够"的人,拥有权力的人。在义务的语位世界中,如果说话者谈及自己时,他会说"我",

就像他赋予受话者义务（你应该）时会说"你"一样。

　　因此，在理念的名义下，"你应该"仅仅对应于"我能够"而不是"你能够"。这个"我能够"不是一个通过同样的实体链接于"你应该"之上的语位，"我"在这里，"你"在那里（像是在自由意志中），而是说："我能够"和"你应该"应该是同一个语位。"你应该"同时呈现了受话者的义务世界和说话者的自由世界。至于要知道谁在说"我"，或者这个我是否是自话自说，那就不可能做到了。在独立于机械因果关系的一般原则下，康德只增加了负面描述。"我能够"可以做如下理解：我不受那些决定可认知客体的链接的束缚，尤其是不受经验兴趣和动机的束缚，我超越了它们。就这样，在义务语位中，对法则的依赖表现为某种情感；与此同时，相对于认知语位体系的独立性也表现为某种神秘的预设。

　　法则仍然是不可演绎的。自由从义务的语位中内部被推导出来，就像说话者的直接含义，从受话者被剥夺的情感效果中被推导出来。我们并不知道自由对谁来说是自由。我们只知道，自由只不过对着法则的受话者，通过义务感大声宣告自己的到来。自由的演绎不能和第一批判中的认知原理的演绎相提并论。后者从概念得出结论，是概念使得经验事实的认知成为可能，而这种认识是演绎的前提。严格来说，我们不能说，自由使道德经验、义务成为可能。

义务不是一种可以被证实的事实,而是一种情感,是理性的一个事实,是一个符号。自由是被否定地推导出来的:必须要有效果的潜能,但是如果要有义务感的发生,这种潜能不能是某种经验解释的因果性,因为经验不能让人负有义务。自由的实践演绎是否定性的,因为它不能从事实出发,而恰恰是从相反的方向,从荒谬(Widersinnige)出发,它意味着在义务的准事实发生之前,没有事实和认知。事实是认知型语位的指称。在义务的你和自由假设的我之间,除了"生产"之外,没有指称的问题(68)。

但是康德补充到,即便不与认知型语位比较,只从其自身来考虑,伦理语位也为自由因果性的"客观存在"提供了"足够的"(48)证据。"它将理性的超验应用转变为内在的应用,由此,在经验领域,理性通过理念自身也成为在经验领域中起作用的原因"(同上)。"我能够"的力量不仅是那种不受构成经验世界的各种因素限定的力量,而且它也是一种积极的力量,赋予别人以义务,它直接就是法则的力量。由此,我们可以将实践理性的"内在性"(纯粹意志)理解为义务语位中的说话者的处境。这个我是理想的,但是(缺席的)它在这一义务语位的世界中被表象为让语位即刻生效的:在你应该的同时(义务的时刻),我能够。义务像是特殊的语位体系(在认知型语位中没有实例),义务自身就是因果性的证明,它不是(处于因果)系列的,而是付诸行动的。刚才所引用语位的麻烦就在于:这一力量的效力据说是要将自己运用于"经验的领域"。两件事合二为一:要么这个领域是"如果……那么"链接模式的指称,由此行动就没有任何位置;要么自由行动在那里可以找到自己的位置,由此,它的形式服从于"如果……那么"的模式,那么命令就不是绝对的。

§3 鸿沟

在由实践演绎所带来的局限性中(以倒转其方向的形式),伦理语位和认知语位之间的异质性就这样被标明了。这种局限性不是由于人类存在的有限性。它是没有同质语言游戏的结果。一道鸿沟(KUK,序言)分隔了描述性语位(包括演绎的批判性元语言)和指令性语位。后者如果被看作前者的指称,它必须逃离前者的控制。

反对的声音很快就来了。如果义务与认知所决定的世界之间始终是一道深渊,那么康德的道德就仍然是抽象的。你的确听到了"把门关上吧!"但门不会被关上(反过来,与道德世界相比,知识世界是抽象的吗?)。真正抽象的是用另一种方式来提出鸿沟的问题,要么填满,要么挖空它。现在,没有鸿沟,就像总的来说,没有界限一样,只是因为每一方——采取司法或战争的象征逻辑——都赋予自己对另一方的论证进行审查的权力,将自己的主张扩展到其边界之外。只有通过这一代价,每一方才会发现这些边界。

在我们的习语中,这意味着一个语位家族不仅侵犯了另一个语位家族,而且前者必然会利用后者来确立自己的合法性(参见40和41)。这就是为什么它们在法官或批判的守护者面前表现为对手的原因。后者如何知道伦理不是认识,除非它试图按照认识的模式来阐述伦理的合法性,试图推导出"道德原则",就好像它是一种认知的原则,而代价就是,将自由的因果性设想为仿佛它是内在于原因和结果序列的因果性一样(*KRV*: 475)?正是由于它尝试跨越(这一鸿沟),结果发现跨越是不可能的,道德法则不可以通过演绎来获得,由此得出结论,自由是原初的因果性,是认知的怪物。因此,它采用的是一种过渡模式,不再只是简单地将合法性从一个领域扩展到另一个领域,而是对各个领域的合法性模式加以区分。"仿佛"(le « comme si »)就是这一区分的总称。它既不是挖空这条鸿沟,也不是填满这条鸿沟,它跨过或是越过它,同时注意到鸿沟的存在。这就是通道,是所有"通道"(Uebergänge)的模型(参见评注:康德3)。

当差异被忘却,当冲突(异识)被遏制,这种从"好像/仿佛"而来的类比就是一个幻觉。如果语位的构成方式和验证方式被区分开来,如果根据康德的期待,充分被展示的冲突(异识)可能因此被转化为诉讼,那么这种类比就恰恰相反，是批判性的。"好像/仿佛"属于比较创造的先验想象力，但它也属于调节整合的判断力。

§4 模型

伦理语位不可以被转译为认知语位，我们不能因此而得出结论，道德法则在现实世界没有效果。恰恰相反，为了有效果——也必须要有效果，否则它不能被称为"事件的起因"——它必须从理论理性的运作中借得形式，即恰好是合法性（Gesetzmässigkeit）的形式。在道德行为中，意志的准则必须"经得起普遍自然法则形式的证明，否则它就是不可能的"（KPV: 72）。为什么这样说？康德写道："正是如此来评判最普通的知性：自然法则永远是知性最日常的判断乃至经验判断的基础。"康德接着说道，当我们要评判一个已经完成或将来完成的行为时，知性"总是拥有法则在手，使得这一自然法则仅仅是自由法则的模型（un type）"。它并不将直觉转移到伦理领域，也不提出与这些直觉相关的图式或实例，只是提供（符合法则的）一般合法性的形式。这个"通道"因此是日常的。为什么需要它？康德认为，没有它，"行为的准则就不能[使纯粹实践理性的法则]在运用时得到应用"（同上）。当法则是理论的，图式由此承担着将其运用到直观给予的领域的任务，并指导判断来决定"情况确实如此"。然而，在实践领域，判断必须根据善的理念来规定自己，因而没有关于这一理念的图式，正如没有关于任何理念的图式。"在自由法则下（作为一种根本没有感官条件的因果性），在某种无条件的善的概念之下，我们不能发现任何直观，因而也不能发现任何旨在将直观运用于具体的图式。"（同上：71）

因此，通道不是由直观的形式或图式，而是由法则的形式，或合法性的形式构成的。伦理判断从理论上借用了这一形式，以便在建立具体的实例时，可以对其进行指导："假定你打算采取的行动应该根据一条自然法则来发生，而你自己也是该法则的一部分，那么问问你自己，你能否仍然将它看作为了你的意志而可能的。"（71-72）在表述绝对命令时，在评价正义的行为时，立法的模型在形式上指导着道德准则。要好好理解命令句"要这样行动"（*Handelt so dass*），它应该被理解为"仿佛"（« comme si »）而不是"以至于"（« de sorte que »）：因为事实上，普遍性不能从准则中推断出来，而只能是间接地呈现给对它所作的评价。

这一模型将超感觉的自然理念引入了意志的整个问题框架。如果没有"仿佛这是一个机械自然"，可以将认知领域的一致性法则移入义务的领域，不仅"所有实践理性存在"的理念在伦理领域会失去合理性，而且关于世界主义社会的理念和进步的理念在历史政治领域也会变得不合理（参见最后一章"历史的征兆"）。这一模型是连接两个语位体系——认知的体系（我如何知道）和意志的体系（你应该如何行动）——的复杂桥梁。合法性的形式并不是从一个体系原封不动地引入另一个体系，因为两个体系的因果性的运作模式并不相同。在感性的领域，因果性是决定现象之间联系的先天概念，因而构成了经验认知。在伦理的领域，因果性是关于纯粹实践理性的直接有效性的理念或行为准则的自由理念。这个理念预示了尊重的情感，建构了一个道德和义务的领域。在第一种情况下，现象作为一系列的原因和结果相互关联，这就是康德意义上的世界（而不是自然，尽管康德在这种场合下也会经常用这个词）；在第二种情况下，一种义务的情感，不属于现象序列的尊重的情感（因此我们在序列中找不到原因），作为一种效果，反思性地与某种不可知的原因、纯粹实践理性、纯粹意志或自由相联系。

§5 可替代性

但是，这里我们必须防范先验表象的经常性威胁，该表象通过模型引入合法性的类比。如果你的意志的准则能够作为"自然的普遍法则"被建立起来，建立起"普遍的合法性"（1785: 137, 159），那么显然，为了获得某种普遍的"人性"，在"我"和"你"之间的不对称性就应该被忽略，(即建立起)可交换的我的我们和你的我们。"如此行动，使得不管是以你的人称，还是以其他人的人称，人性总是可以被当作一个目的……仿佛你在目的的一般领域，总是一个立法者的成员。"(同上：150-151, 167)这种可交换性不仅仅是(发生)在被赋予义务的语位项，即"你应该"的你，其目的在于建立人质的共同体；也(发生)在立法者的语位项，即"我能够"的我，其目的在于形成建构者的共同体。

由于这一完美的对称，鸿沟难道不是被填满了吗？义务的体系难道没有被认知体系纳入它的语位形式吗？如果我(们)和你(们)是可替换的，他们只可以在设想整体的第三方眼中被替换，这个整体是他们根据自然的模式建构起来的。他们难道没有成为第三方的指称吗？这个第三方很可能以其中一方甚至是双方的名字命名，因此不可避免地存在于他们所形成的超自然世界中。无论如何，由于他将这一超自然设想为负有义务的立法者，他就不再处于受义务约束的伦理处境。再者，当康德要求每个人都可以把自己看作立法者，即把自己放在"我能够"语位中的"我"的位置时——这与我们刚才所分析的义务情感是背道而驰的，难道他没有暗地里承认这一点？这难道不是出类拔萃的实践先验表象吗？关于伦理语位的评论——这里它本该是批判性的，但实际上总是描述性的——难道不是又一次将伦理合法性还原为认知合法性,将后者的规则——各方之间的共识规则和可交换性规则,即对话的规则(参见评注:柏拉图)——强加于前者之上吗?这一结果(就好比人们所说的先验幻相一样),难道不是不可避免的吗?难道列维纳斯的要求不是反对这一先验幻相的唯一救生索吗?即我们只能够用伦理的方式来链接伦理语位,也就是说,作为一个负有义务的人来链接,而不是作为一个学者,即便他是一个批判者(参见评注:列维纳斯)。

超感觉自然的问题至少变成:一个伦理语位的共同体是如何可能的?为了回答这一问题,康德引入了人性的概念。人性不是一个批判话语风格的概念(尤其不是"演绎的"),它是(康德意义上的)人类学概念。实践理性的共同体(负有义务者和立法者,因为这是假设)也包括了不是人类的实体。伦理共同体无法凭经验进行验证。

让步:实际上,我们不能说这一共同体的理念所涉及的客体或指称是否可能或如何可能,但我们起码能构想这一共同体,它不是一个"理性的存在",不是一个虚空的概念:它是一个人的共同体。——或者,我们可以寻思,这个"人"的术语自身是否并不是不连贯的。它事实上意味着同一个实体,既占据着立法者的位置,"我能够"中我的语位项,又占据了义务者的位置,"你应该"中你的语位项。在单一的实体范围内,它意味着自律。实践理性存在的共同体只不过将这一自律原则扩展到所有可能实体的范畴，前提条件是它们满足一个实践理性存在，即人的定义。通过将两个不同的语位项——康德认为它们是完全不对称的——混淆并凝聚为一个"人"，它们的冲突难道不是被轻而易举地抹掉了吗？为什么被赋予了义务的实体同时可以是赋予他人义务的实体呢？为什么这个自我是"人性"呢？

§6 伦理的时间

指令性时间不屈不挠地抵抗自然的形成，甚至是超感觉的自然。遵从法则的模型无力克服这一抵抗。指令性语位体系严禁任何链接以"如果……那么"的模式循环出现（参见95），康德将其称为机械的因果性，它构成了现象的序列（KRV，纯粹理性的二律背反，第7，8，9节，I和II：376-394）。义务不是有条件的，而是无条件的。它也不是制约性的。即使被当作纯粹意志的"效果"，它也不能反过来成为效果的"原因"，例如，成为由它所引发的某个行为的原因。自由的因果性是直接的，也就是说，没有中介，也没有反复。它的效力是即刻的，纯粹意志使人处于义务的状态下，仅此而已。它只不过是"开始"。自由意志与伦理语位是同时发生的，它不会以任何方式来调节这一语位和后续语位的链接：不管后面来的是什么。（命令可能会被服从，也可能不被服从；我们等待着它的执行，但是服从与否，它都是一个命令。)（参见45-56；147-149；评注：康德2，§2）

道德没有历史分析。纯粹的伦理时间是语位的"此刻"，它立即就表象出义务和被赋予义务的人（或许还有赋予义务的人，"我能够"），每个都以自己的方式被表象出来。伦理语位是独特的，它是理念的第一个符号，也是它的最后一个符号，在世界的任何时候都是可能的（*KRV*，第9节，III：398，402-406）。它像"发生了吗？"，但不同的是，"你应该"是一个语位，其发生通过链接规则受到保护，使其免遭遮蔽。（它与"发生了吗？"的不同，参见172-174。）

我们说"你应该"在等待一个链接，服从或不服从的链接，由此勾画出一个未来，一个即将到来的可能性。但这也是许多其他语位体系，甚至是所有语位体系的情况，因为没有任何东西可以成为最后一个语位（参见17）。例如认知语位就属于这种情况，它服从于现实建构的程序。这一程序总是呼唤其他含义和其他实指的可能性（参见86-90）。链接的模式不是必然的，但链接是必然会发生的。

康德认为，紧接着指令的行动必须是"可能的"（同上：402）。但是这一可能性应该被理解为共存性：指令不仅是应执行的，它必须是可执行的，与"自然条件"相一致。

这种可能的感觉要求综合自然与自由之间的异质性。链接到指令之上的语位所表象的世界必须既能产生认知链接，又能产生伦理链接。

但什么是伦理链接？康德举了"恶意的谎言"（同上：405-407）作为一个语位的例子。我们通过（社会学、心理学等）的解释链接到该语位之上，但是"我们仍然指责作者……就好像他一定是用（这一撒谎行为）带来了一系列的后果"。现在，这一"归咎责任判断"（«jugement d'imputabilité»）仅仅预设了说谎者是无条件义务——不要说谎——的受话者，而他没有尊重这一义务。这根本没有表明他就是一系列原始后果的始作俑者。因为这不应被指责；而且，如果有一个序列，它属于世界。从定义上来讲，结果不可能是道德的，义务不是可传递的。相反，一个现象（这里指说谎），可以产生一个伦理语位，产生一个归咎责任的判断。这个判断把谎言变成道德法则的一个（否定性）符号，而不是变成一个原因，这种转变是不连贯的，但并非是必然的。认知和伦理之间的含糊不清反过来可能降临到这个判断之上。它或许可以被看作一个结果或一个符号（绝对的符号）。但符号不是结果。

自由的因果性给出符号，但从未产生确定的结果或结果链。没有任何"自然"可以从义务中产生，即使是超感觉的或作为理念的自然。绝对命令并不命令我们如此行动以便产生一个实践理性存在的共同体,而是(个体)行为准则仿佛可以被假定为这个共同体的法则。作为一个符号,伦理语位没有序列,也没有最末一个语位。不过,由于没有最后的语位,另一个语位必须链接上去。由于这一链接不可能是伦理蕴含命题的链接——这是不可能的:如果它是蕴含命题(蕴含了一系列的结果),那么它就不是伦理的,而是认知的。康德所要求的"可能性",是指纯粹义务会产生一种现实中可以确定、根据认知规则可以解释的现象,即指称,这意味着义务中的你总能被当作下一个认知语位的指称。事实上,我们看不出有什么可以阻止这种链接。但是,我们却可以看到,这种链接禁止用伦理语位去创造一个(康德意义上的)世界。要么是蕴含命题,要么是义务。没有伦理的共同体。"这个共同体从来不曾产生,拉比大声叫道。"(Buber, 1958: 97)

类型[1]、规范

178. 我们看不出什么理由将"神秘的"深刻性赋予认知和指令之间的鸿沟（康德有时候被它所吸引，维特根斯坦也是如此。帕斯卡尔，因为他是最接近诡辩家的人，其分析说到底更为"合理"，即使他喜极而泣）。不可通约是指语位体系的异质性，不可能让它们服从一个单一的法则（除非中和它们），这一特征同时也表明了认知或指令与疑问、行为、感叹句之间的关系。每一个语位体系都对应着一个世界的表象模式，一种模式无法翻译成另一种模式。

179. ——你说得不太清楚。不可通约性会影响语位体系之间的关系还是话语类型之间的关系？——每个语位体系都对应一个语位世界的表象模式。一种话语类型产生了语位的链接模式，而这些语位可以来自不同的体系。认知语位和感叹语位所表象的世界是异质的。悲剧风格的关键，是它预期的成功（我们可以理解为观众的恐惧和怜悯）；而技术风格的关键，是它自己的成功（我们可以理解为说话者希望获得指称的可用性），这两者就各自而言是不可

---

[1] 此章中的"genre"，某些地方译为"类型"，某些地方译为"风格"。——译者注

通约的；如果它们从同一个语位出发，会引发出异质的链接。对于引发怜悯的悲剧，一个技术人员可能会说："这些无用的装饰，这些幕布压得我喘不过气来！"他会找一些轻薄的布料，或采用更朴素的着装方式来链接（通过嘲笑他的主顾，或通过认同主顾来链接）。

180. 你说一种话语风格通过链接，即通过旨在获得该类型所特有的成功的链接，为多种多样的异质语位赋予了某个独特的目的。如果是这样，那么语位体系的异质性不是这样一种异质性，它要阻止各语位体系服从于同一目的。在话语风格里，分离它们的鸿沟即便没有填满，也至少是被它的目的论所覆盖或跨越了。我们可以更进一步。只有当语位链接与任何话语风格的目的不搭界，在其发生时不属于任何风格时，当语位的异质性将语位完全分离，使得链接不可预见、不可解释时（正如你所描述的那样），保持语位体系的异质性才是可能的。现在，这是不可能的。你自己承认，发生的语位是"在等待状态的"，不是通过有意识或无意识的"主体"来预见它们的发生，而是因为它们具有自己的"使用模式"，可以像语言学家（例如对话中的保罗·法布里）一样来说话，也就是说，通过执行指令来达到目的。如果有人坚持——正像你一样——链接的不确定性,这一不确定性仍然作为关键性的要素在起作用,即根据某一类型或至少是某一风格所规定的目的(像约翰·米尔顿·凯奇 [John Milton Cage] 用音乐语位或格特鲁德·斯坦因 [Gertrude Stein] 用文学语位一样),说服你的读者相信语位体系的异质性和发生的重要性。——你正在阅读的实际上是一本哲学书,在哲学中,语位链接是为了表明这种链接不是理所当然的,而它们的链接规则尚待发现(参见评注:黑格尔,§4;174)。

181. ——从同样的观察中(参见 180)我们还可得出另外的含义。你说,话语风格将链接目的强加于语位之上,以便能够获得各种风格所特有的成功。由此你承认,尽管话语风格之间也是异质的,但它们都服从于一个相同的普遍原则,我们将其称为"赢得""获胜"(« gagner »)。当然,教学话语、对话、悲剧、民歌、技术、义务,不同话语所期待的收获是不同的。当卢布林(Lublin)的雅各布·伊茨查克(Yaakob Ytzhak)向依查雅(Yichaya)承认,"当我们不想通过行动而得到什么时,或许我们才能正确地行动"(Buber, 1958: 106),他标明了伦理风格的关键:它的成功(正义)应当是自我的彻底无私,自我意志的放弃。孩子的游戏,例如在公寓楼里扮演妈妈和爸爸,士兵和护士,即使它的目的不像篮球或桥牌那样是为了战胜对手，这些无疑仍然以"获胜"为目的，而它们所有的序列，所有的"语位"都以达此目的为方向：观众本身也是演员，他们分享着"获胜"的快乐。根据这种说法，你回到了《哲学研究》的"语言游戏"，回到他们的人类学了。如果你不想这样，那么你应该相信某种形而上的意志，或者是像意义哲学家那样的意向现象学。

评注：康德3

§1 群岛

康德没有写《政治理性批判》。但是，在某些限定范围内，我们在康德关于历史政治文本的散篇中看到政治"对象"特有的异质性迹象，是合情合理的。这一异质性已经影响到了第三批判。判断力被看作至少拥有两个而不是一个对象：艺术和自然。我说"至少"，是因为这种判断力是不是一种能力，这是一个要弄清楚的问题。康德之前给出了"能力"（faculté）一词的精确含义，当关涉感性、知性和理论理性以及实践理性时，它指某种服从于一组（康德意义上的）形成和表象规则的语位潜能。事实上，为了验证一个语位，或者为了表象一个允许这种验证的客体时，每次涉及说出"就是这样的情况"时，判断力已经而且必然介入。它发生在图式语位体系的认知中，发生在象征体系的辩证争论中，而当它涉及责任和道德的评价时，它发生在模型体系的指令中（参见评注：康德2，§4）。

在第三批判的导言里，话语风格的分散性不仅被承认，而且被夸大到这种程度，即所提出的问题是在异质风格之间找到"通道"（passages）。判断力，因为它无所不在，也就是说，每当一个语位必须通过表象来获得验证时，它就被调用，作为一个各种能力之间的"通道"而出现，以至于在统一能力方面，它被公认为享有重要特权。不过，与此同时，在认识适合它的客体的能力方面，它也有一个重大缺陷，即没有确定的客体。这也是为什么我们会寻思它是否真的是康德意义上的认知能力。在所有的话语风格中，不管它们互相之间多么异质，康德执意（这或许是他的主体问题一直存在）要称为判断力的，是确定对象的表象方式，而这种方式对每一种话语类型都合适。

什么对象可以与这一能力增大的理念——被理解为广义上的认知能力的理念，也就是说拥有客体的能力（有时候作为范围，有时候是领地，有时候又是领域）——相一致（*KUK*: 23）？这一对象只能是一个象征，比如说，群岛。每一种话语风格好比是一个小岛，判断力（至少在某种程度上）就好比某个从一个岛到另一个岛上进行探险的将军或是船主,他试图将一个岛上所发现的(或者说所创造的,在这一词的古老的意义上)东西呈现给另一岛屿,后者可以被当作"仿佛如此的直观形式"来服务于前者,并使其生效。不管是战争或是贸易,这种干涉的力量没有对象,没有自己的岛屿,但它需要一个环境,那就是大海、群岛,或者曾经被称作爱琴海的主海。

这一环境(milieu)在第三批判的导言中拥有另一个名字:领地(Feld)。"只要概念与对象发生关系,不论对于这些对象的认识是否可能,它们都拥有自己的领地,而这一领地仅仅是根据对象与我们一般认知能力的关系来确定的。"(同上)这种一般认知能力包括知性、判断力和理性。按照康德在第一批判辩证法的最后一部分"一般理念"所谈到的表象的"分级阶梯"(l'«échelle graduée»)(*KRV*: 266),应该把感性也包括在内。在这一领域,所有的能力都找到了它们的对象,有些勘定领土,有些划定范围,而判断的能力既不找领土,也不找范围,它确保其他能力之间的通道。毋宁说它是界定场所的能力,通过它,合法的区域划分被采纳。而且,也是这种能力使得领土或范围得以被界定,它在每个话语类型的岛上建立起其权威。判断力之所以可以如此,多亏了它在各种话语类型之间所进行的交易或战争。

§2 通道

我们可以明确地指出一些构成了群岛的通道。先验幻相就是不幸的一个例子。我们如何知道，拥有认知语位形式的辩证语位，不是其中的一个呢？我们又如何知道推理的有效性领域因此与知性的合法性领域不一致呢？因为，就论辩性语位而言，我们无法呈现一个直观的客体，一个在空间和时间中被给予的客体。理性被需要所驱使，将概念最大化，服从于"纯粹合乎逻辑的指令"（KRV: 260），走向无条件。可以作为合法化的合适客体呈现给理性语位的，不可能是现象。一旦形成语位的规则被确认（推理，就是用普遍的方式来得出结论），批判就在于让表象的规则发挥作用，在此之后，辩证语位将会从认知语位中"孤立"出来。先验幻相并没有因此消失，但它被发现了。"好像/似乎"作为这一幻相的来源，得到了纠正：辩证语位如此行动仿佛它指的是现象。批判要求它指向"仿佛如此的现象"（«comme-si phénomènes»），也就是说指象征。

另一个突出而合理的例子，是第三批判第59节中所谈到的"通道"的运作，它旨在表明"美是道德的象征"。象征的运作通常是双重的，被称作类比。"它包括：第一，将这一概念应用于感性直观的对象上，第二，将关于这一直观反思的单纯规则应用于一个完全不同的对象，其中，前一个对象只能是这个对象的象征。"(KUK: 174)康德给了两个例子,一个是简单机器(手推磨),可以象征一个"由绝对的单一意志支配"的君主国家,一个是有机体,可以象征一个"按照人民的内部法律来统治"的君主国家。在两种情况下,在"截然不同的"被象征的客体和象征性客体之间[1],没有相似性。但是,在适用于后者和前者的反思规则之间,存在着一致性。

美和善之间也是如此。反思适用于这两个领域的客体所引发的情感(快感,尊重),而它发现了两者相同的形式特征:直接性,无功利性,自由和普遍性——(根据先验话语风格),这些是客体可能性的先天条件。但这些特征中的每一个在这里和那里都有不同的应用。在美的情况下,感性要求情感的直接性,而在善的情况下,概念要求情感的直接性。在鉴赏判断中,自由是指想象力与概念和谐运作的自由;而在道德判断中,自由是指意志与自己和谐一致的自由。

然而,这里的类比与用手推磨或有机体作为象征来类比政治体制不同。实际上,我们不可能将鉴赏对象看作与手推磨或有机体相同的现象。后者可以通过仅仅与知性法则和谐一致的感性活动来赋予,但是感性和知性不足以把

---

[1] 在这里,"被象征的客体"是指"专制政体",而象征性客体是指"手推磨"。——译者注

握（并因此而构成）鉴赏客体。美的问题，"它涉及鉴赏力所展望的理智的东西……在这一能力中，判断力并没有服从于经验法则的他律……它与某样既非自然、亦非自由……而是超感性的东西有关"（*KUK*: 175）。如果在美的经验中存在着"感觉"，在某种意义上，这是与"第一批判先验感性论"中所论及的完全不同的东西："当我把对愉快或不愉快的情感的规定称为感觉时，该术语意味着某种完全不同于我在把一件事物的（通过感觉，即通过某种属于认知能力的接受性而来的）表象称为感觉时所指的东西。"（*KUK*: 51）

如果美象征善，并不是由于美学对象是易受直觉影响的现象，可以通过类比被伦理对象（道德行为）替换，因为对后者而言，直觉是不可能的。美学对象不是经验对象，也没有直觉，至少就它是美学对象而言。它的形式是可感知的，但形式却不是可感知的。它的美学特质并不作为被给予的东西存在于其自身，而是存在于鉴赏感觉中，后者符合前面列出的四个先天条件。这些就像是评价美的（情感）语位的构成性规则。我们也可以在"你应该"的伦理语位中，在尊重的情感中找到同样的规则。但是它们并不像美学评价那样，应用到相同的语位项上。在伦理语位中被即刻感觉到的不是客体，而是法则（实践理性的概念）：受话者不是被指称而是被含义所触动。伦理语位的说话者不是想象力而是意志,等等。

由此,象征在这里,不是通过替换对象,而是在不求助于直接表象的情况下,通过各自语位世界里语位项的交换来实现的。判断力在邻岛所进行的探险不仅带回了经验数据,而且也带回了(语位家族)的形成规则和(话语风格)的链接规则,例如四个先天条件。这使得批判法官可以说"这就是事实",但这些让人确信的证据并不必然是一个事实。

我不会再回到实践理性模型的类比例子(参见评注:康德2,§4)。

有些其他的例子,没那么有名但也没那么奇怪,例如康德试图在第一批判中表达为"感性理念"的"通道",他称之为"草图"(monogramme)(*KRV*: 414)。他说道,这是一个"从各种经验中浮现出来的图样";一个在画家(和相士)的判断中"不可传达的影像",一个"可能的经验性直观不可摹仿的典范","却没有提供任何定义和检查的规则"。康德将这一转瞬即逝的东西转换成想象力的创造。这个想象性的东西不是想象力的理念;它是一个理想,一个感性的理想,因为它是一个感性经验领域想象力的理念的图式——一个"仿佛如此的图式"(un «comme-si schème»)。这里,它不是一个规则,而是一个"仿佛如此的规则",一个从想象力到感性的调节性转移。

再者，更简单地说，还有想象力的理念，是由从理性到想象力的相反通道构成：没有概念的直觉取代了没有直观的概念（KUK: 143, 166）。至于这一"通道"，没有必要强调它在主观目的论和客观目的论之间建立联系的重要性。

§3 调解

寻找"通道"的清单是很乏味的事情，我们可以在历史-政治领域发现其他通道。最后一点关于群岛的观察。在"对数学性先验理念的解决的结论性评注"中，以及"对力学性先验理念的解决的预先提示"中（KRV，二律背反），康德指出，当涉及决定数学性先验理念的问题时，法官有义务让双方背对背，因为它们只能表象"现象中的条件"，作为对象允许各自语位的合法化（正题和反题）："在两个数学-先验理念的二律背反中，我们曾经拥有的唯一的对象就是现象中的对象。"现在，双方中的任意一方都不能表象这一对象，因为它们的语位是理念的语位而不是知性概念的语位。但是，由于有了力学性的二律背反（自由和最高存在的二律背反），"一片崭新的视野向我们敞开了"。在这种情况下，"理性介入其中的诉讼，之前已经被驳回……当法官弥补了（在前两个二律背反中）双方都误解了的法律原则的缺陷时，这一诉讼或许可以通过一个双方都满意的调解来结束"（KRV: 393）。

总之，这只是阐述了异质性综合的条件。以这种方式阐述，很明显，这一综合不是法律上的，而法官显然在没有规则授权他这样做的情况下做了让步，除了一条原则，即应以肯定的方式尊重异质性的原则。同样的情况也适用于解决趣味的二律背反，尤其出色地解决了第三批判第69节至71节中关于判断力的二律背反。说它是出色的，是因为在第一批判的评注"规律原则的缺乏"的延伸中，它说"判断力应该充当自己的原则"（*KUK*: 203）。在同一个评注的两个部分所发现的"调解"的延伸中，康德说，在目的论的正题和机械论的反题之间，在自然的正题和世界的反题之间，类似的"调解"是可能的。因为前者，作为判断力的正题，本身是反思的，"自律的"，它不会从对立一方的规定性判断力的异律运用中获取任何东西。这一调解的名字称为"指导线索"（fil conducteur）（同上）。指导线索是一种方式，其中，反思判断力尤其注意那些被认知语位所抛弃的独特性，它总是"密切关注着"这些独特性，试图在其中找到秩序，并自由地预设了那一秩序，也就是说，它是仿佛有一个秩序一样进行评判。如果线索可以引导，是因为存在着一个目的。只不过这一目的不能被直接表现为一个客体："通过目的而获得的因果性概念只是一个理念，我们决不打算承认它的现实存在。"（*KUK*: 205）

法官是对缺乏普遍法庭或最后一个判断的补充，在此即使我们承认，对批判的守护者来说，符号所具有的价值，是使得主体的判断力游戏得以自由发挥（为规则发现实例，以及为实例发现规则），这一价值仍然预设了某种构成符号的意图（目的）。一个"仿佛如此"的主体通过他所体会到的情感，向哲学家表明，一个准语位以符号的形式发生了，它的意义虽不能通过适用于认知的程序来获得，但是我们仍然要考虑它的存在。我们是否不预设这样一个意图就可以对符号做出判断，这样做有问题吗？也就是说，是否可以不预设一个未知的说话者，即一个不仅对着我们说出一串符号，而且期待我们对这些符号进行破译的说话者？

但是，反过来，如果没有一根指导线索来为判断引路，判断又怎么可以在各个通道的迷宫中找到它的方向呢？类比（analoga）是纯粹的虚构吗，是为了某种需要而伪造的吗？这也不可能：是通道标明了合法性领域，而不是合法性领域先于通道并容忍它们的存在。我们在这里所做的难道不是在各个岛屿之间穿行，却背谬地宣称各个语位体系或风格之间不可通约？

不管我们赋予自然理念的含义是什么，只有通过符号我们才有接近它的权利，但是这一符号的权利却是自然赋予的。即使是失去了自然属性的自然，即使是空洞的符号，即使是后现代的非目的论，都逃脱不了这一循环（参见182）。

182. 从这个意义上说,我们不是现代的吗? 不可通约、异质性、异识(冲突)、专名的持续存在、最高法庭的缺乏? 或者,恰恰相反,它是浪漫主义的继续,是对逝去的东西的怀旧吗? 是虚无主义吗? 是一部出色的为存在而哀悼的作品吗? 它带来了什么希望? 谁仍然是救赎的希望? 所有这些仍然是救赎未来的想法的一部分? "我们"是否再也不能告诉自己任何东西了呢? 难道"我们"不是在带着痛苦或喜悦在讲述一个关于宏大叙事终结的宏大故事吗? 难道用历史的终结来思考还不足以使思想保持现代性吗? 后现代难道不是一个老人的消遣,在目的论的垃圾堆里挖掘剩余的东西,挥舞着无意识、口(笔)误、边缘、界限、古拉格、并置、无意义、悖论,将这些转变为新事物的荣耀和试图改变的承诺? 但这也是某种人性的目标。一种风格(某种尼采的拙劣摹仿。为何呢?)。

183. 目的是否也随着风格同时出现(参见 174 和 179)? 实际上,它们控制了语位和语位表象出来的语位项,尤其是"我们"。"我们"不再怀有某种目的。我们的"意图"是风格施加于说话者、受话者、指称、含义之上,并以某种方式链接的压力。我们相信自己要说服、引诱、劝说、诚实,让别人相信,让别人质疑,因为某种话语类型之间，认为他总的目的是把什么在质上（事实上的要求完全不同），有至少可以把握其存在的法则，整理排序，并能予以归类。这一并非康德意义上的目的论意义上地被着客观目的的观念对客体的名称；与反应判断尽管相比（"用机械方式"）来决定世界的分法律所无可辩驳样非存）难将总题时，它就需要处理必然（KRV: 334）。反过来，如果判别的活动，准确地，对规则中其次的关系，可以通过哪些规律必然地发现的原因步从者是其样式，非是因为它（此刻活动）本身却被认为了准备有自己的经验被目的所亦诸定的一件手段（KUK: § 84）。

在《一种普遍的自然史和天空理论或试图根据牛顿的写法》（1796）中，康德写道，"若是有机系来说，永远凡外排此种理想推论为物体的人"。这一是非求求完，它需要升现体具某种运作的为"。"康有围绕其目的形态，它的重开了，"有意思之间的水之物都的完善"，这并非是因为他们可以从态关于这个小理念的求利，而是因为这个小理念能在可以被找定，也不是可以被忘记了它是我们的意像力的家想提供不出给我们的间则。这就是为什么说一个"物学"。这种必要使没有以目的意则来讨。这就是为什么说一个"物学"。这种必要不一定得权。即是"将经度持基础"，或是体来就求来。因为主体的有为数，就（有意思对杂的）在其实于的直面的形象之中"。现在，这种外为不是的不会一样"，通过我们意出想目的的观看。"的方式"，它得法于主体持着地发生了，并非目然的底蕴。

申论无疑是可取的图样。"（1796: 117）。有目的的庄严中，"让人怀为了达到目的好像的、我利的、蓄意的存在者是一样。"举例来说，如果激烈落着一个的市政议会大厅的分配方法。"Schlosser（这样的东拉主义义幻想的表象在实践范畴上群花），那么他就会把自由于蓄意天的，从而得知应需要其有目的的。即使像这样的东西着看（他难过到相关目的的），他仍然谈化了。"得事的符干的状况（感悟上限），才说，该东西能得上是很好看，相反，它应该化应该向上很活"，有它可以来看没得着的"加工"发生。

无论如何，如果批判的分析可以认为是洪流避定的放形，在目的论中寻人有目的的对象，这着因为他相信着性的确定，印可必需说这一水是未来者未实现着重要的目的论重要。问题是的问题着，增加于目的一件为，将重定目的的重要。对那于目的论的的东西，愿愿地推论他目己，将其自己。在没有这种的确的形成出来判断？既然这是一个自然的自愿对明的目的的重要）。他无法向我们展示一次这样的事例，以便我们此推其美有目的的。他只能是一个"仿佛知光"的例子，一个来似的东西，一个概念。这个概念是合被规的的情感。来此即使在说有预测的情形下，我们应该应该的情感。那就能出什么？如果反反只是什么会有意大地好。只有了知识出现利断的状态，我们没有办法完成这一项任务。

（风格）——辩证的、色情的、说教的、伦理的、修辞的、"反讽的"——将它的链接模式强加于"我们"和"我们的"语位之上。没有任何理由将这种压力称为意图或意志，除非是因为虚荣，将那些属于语位链接方式而引发的"发生"和"异识"纳入我们的名下。但这种逆转导致了人类中心主义，这种影响了我们的先验表象，这种声明的幻想，我们该如何解释，又该如何描述？

184. 让我们再总结一下（参见180和181）。一个语位出现了。它的命运会怎样？它会服从什么目的？它会在哪种风格的话语中发生？没有语位可以作为第一个语位，这不是说其他语位先于它，而是说先前语位隐含的链接模式——作为可能的链接模式——准备将此语位纳入考虑，将其纳入对某种目的追寻，并通过它来实现自己。在这一意义上，发生的语位在话语风格的冲突中发挥作用。冲突是异识，某一风格的成功（或有效）并不见得是其他风格的成功。例如，"我到你家去"（参见137sq）可以有很多链接，即便不是所有的链接，也至少是其中某些链接来自不同话语的风格。目标的多样性伴随着风格的多样性，使得每一个链接都是某一种链接模式对其他的链接模式的"胜利"。其他的可能链接被忽略、被遗忘、被压制。我们无须援引意志或意图来描述这一事实。我们只需要注意："每次"只有一个语位（参见113）。存在着许多可能的链接（和风格），但"一次"只有一个现实的链接。

185. 正如我们所做的那样，有必要区分决定语位体系的构成及链接规则和属于话语风格的链接模式。正如维特根斯坦所言，构成网球和象棋游戏的一套规则是一回事，构成获胜策略的一套建议又是另一回事。如果不尊重前者，那么你改变了语位体系，你不再是在玩网球或象棋游戏。而忽略后者，别人会认为你玩得很烂。玩得"很糟糕"也是可以的："我知道我玩得不好，但是我就不想玩好。"在这种情况下，我的谈话对象只能说："啊，既然是这种情况，那么好吧"（Wittgenstein, 1929-1930: 144）。更不用说玩得"很糟糕"或许是一个好的策略，一个从未听过的策略，那么我们会接着说："好好玩吧！"话语风格是策略，不过它不是任何人的策略。

186. 有多少风格，就有多少种不同的获胜方法。一种风格的关键往往是由一个具有规范价值的语位来决定的。我们可以用疑问句式来表述这一语位。这个怎么样？我应该怎么做？你明白了吗？我们可以将它判定为美的吗？如果是这样，我们能做什么？你同意吗？你想这样吗？……这么做合法吗？发生什么了？什么将会发生呢？接下来会发生什么呢？它值多少呢？要想成功，我们就得给关键语位一个"答案"。"答案"就是一个暂停关键语位所包含问题的语位。于是，我们寻思这种暂停是否合法，最后一个问题的答案是否成为新的异识的对象，各当事方会根据确定了各种风格的关键问题来质疑上述答案。

187. 语位体系并不对应于"灵魂的各种能力"或是"认知能力"。话语风格也不与之对应。有时候，可能会有某些重叠：例如某些描述性语句属于认知能力，某些指令性语句属于意愿能力。在认知风格和知性之间，辩证风格和思辨理性之间存在着类似。但是在叙事风格和它的各种子风格之间呢？是否有一个可以涵盖"判断力"领域的语位体系呢？疑问语位呢？感叹语位呢？它们是否尤其与情感——某种"快乐与痛苦的能力"——相关？我们不能在其间建立起一一对应的关系。我们或许可以尝试着将从柏拉图而来的形而上的心理三分法（仍然统治着康德的批判三部曲）叠加到亚里士多德的话语风格的术语分类法。

188. 我们不是在玩语言游戏（参见 91 和 181）。在这一意义上，没有语言游戏。存在着与话语风格相关的赌注。当我们达到这些目标时，我们可以谈论成功。因此，存在着冲突。但是冲突并不是在人与人之间，或是其他实体之间；这些冲突来自语位。实际上，我们通常预设"一种"语言，一种天生与自己和平相处的"交流"语言，只会被人的意志、欲望、意图扰乱的交流语言。这是一种人类中心主义。语言上的相对主义革命和量子革命仍有待进行。不管属于什么体系，每个语位基本上是各话语风格之间的异识的关键。异识来源于伴随着每个语位的这一问题：如何链接？而这一问题是从一个语位和"下一个"语位"分离"开来的虚空中产生的。存在着异识，或者说，因为存在着事件。但是这一事实却几乎被遗忘了：话语风格就是忘记虚无和发生的模式，它们试图填充语位之间的虚无。然而正是这种"虚无"开启了话语风格的特定目的的可能性。如果链接的方式是必然的（被填满的），那么就不存在多种可能的链接模式，由此，没有虚空会为从远处发挥作用的因果关系——"目的因"——留下空间。

189. 认为一个最高的风格包含了一切利害关系，且这一风格能够为各种话语类型的关键问题提供最终答案，这种想法在罗素悖论中失败了。要么这一风格是风格总体中的一部分，它的赌注是所有赌注中的一个，那么它的回答就不是最高的；要么它不是风格总体的一部分，那么它就无法包括所有赌注，因为它排除了自己。思辨风格便有这样的抱负（参见"结果"一章；评注：黑格尔）。一种风格可以凌驾于其他所有风格之上，这一绝对胜利的原则是毫无意义的。

190. 假若政治是一种风格，而它声称自己是最高的风格，那么很快它的虚荣心就会展露无疑。然而，政治是异识的威胁。政治不是一种风格，它是风格的多样性，是目的的多样性，最重要的是，它是一个链接问题。它一头扎入"发生了"的虚空之中。如果我们愿意的话，它是语言的状态，但不是"一种"语言。政治就在于语言不是一种语言，而是语位，或者说，存在不是存在，而是"有"（l'être n'est pas l'être, mais des *Il y a*）。政治就是它所不是的存在，这是它的名字之一。

191. 如果我们已经说明资本是一种话语风格，也已经确定资本的关键以及资本战胜其他话语类型的战略，那么借用同一方法，我们就可以指出，资本的霸权不仅是不公正的，而且是徒劳的。但是，在追求全面成功的抱负中，资本风格相对于思辨风格，它的优势至少在于：它不试图寻求最后一个总体化的语词，即在事后将所有话语风格中（不管它们的目的是什么）发生的所有语位都统合起来；它只是试图寻找下一个语词（马克思因此将《资本论》和《精神现象学》对立起来。在资本中，有未来，而在思辨话语中，则没有）。资本目的对发生语位的控制当然不是"空无"，而是对"盈利性"的控制，由此，其他语位都服从于一个目的，仿佛它是所有目的的焦点，即"赚取"（参见181）。尽管（事实上）它只是众多目的中的一个，即争取时间（参见249和250），通过货币计算的利益来衡量所赚取的时间。在这一风格中，只要达到这一目的，最难以置信的发生就会受到欢迎，甚至是"鼓励"（仿佛资本会"鼓励""发生了吗"？！）。

192. 当塞尚拿起画笔时，绘画的关键要素被质疑；当勋伯格坐在钢琴旁时，音乐的关键要素被质疑；当乔伊斯拿起笔时，文学的关键要素受到了质疑。他们不仅尝试"获胜"的新策略，而且质疑"成功"的本质。这是否仍然是通过美来获取"愉悦"，或通过崇高来获得"愉悦—痛苦"的问题？这些艺术的关键问题是否类似于哲学"风格"的关键问题？如果一幅画要求欣赏者思考它所包含的内容，那么它将会是一幅好的作品（因为它已经实现它的目的，或与目的很接近）。如果政治是在指最细微的链接时冲突的可能性，那么一切都是政治。但如果我们将它看作涵盖了所有风格的某种风格时，政治不是一切。政治不是"一种"风格。

193. 如果我们将"社会的"理解为一个说话者、受话者、指称、含义被放在一起的整体，那么表象一个语位的世界即刻便是"社会的"。当我说"即刻"时，意思是上述四个语位项，没有一个可以从其他语位项中推导出来，即没有一个语位项可以被看作起源。"存在"（«il y a»）一个语位世界，根据它的语位体系，在被表象出来的语位项之间"存在着"构成这一世界的处境。对社会的"演绎"预先假定了社会的存在。例如，社会"契约"话语是一个类似神话的叙事，它讲述了社会的诞生。但是既然它在讲述，那么社会已经在那里，作为叙述者、听叙事的人、讲述的内容、问题和答案而存在了。社会总是被预设的，即使是最少的语位也表象或共同表象了一个社会。"三角形的三角之和等于两个直角"，即便是这一语位，也暗含了说话者、受话者，以及他们之间的不一般的（教学）关系。

194. 我们也很容易认为"社会"是即刻变得复杂的。在由一个语位所表象或共同表象的世界中，几个语位项——"我"或是"我们"，"你"或是"你们"，"他""她"或是"他们"的语位项——被放在处境之中。没有语位项可以构成社会的整体。即使是在社会学家的语位中，社会被明确地当作一个指称，它也是处在这一语位的所有语位项所表象的处境中。社会是由语位项的处境所构成的世界，而处境与人名相关，由语位赋予意义。由此，表象的含义应遵守语位要遵守的体系。语位体系可以根据不同模式的语位项关系（instanciation）（例如，我们和你们面对他们，我们和他们面对你们，你们和他们面对我们）和意义表达的不同模式（认知、指令、提问、欣赏等）来控制世界。另外，风格可以根据某些利害关系来明确这些世界处境的目的：说服、劝说、感动等。社会的张力或是纷争，由于语位世界，瞬间就产生了，而政治问题则通过它的链接模式，通过围绕着某些利害关系的目的化也产生了。

195. 同样，也容易理解为什么社会性质——例如，通过一个定义语位来获得的社会性质——也立马被推延了。既然社会性质是由语位世界产生的，既然世界的目的（如果你愿意的话，我们可以把它理解为意义的方向）取决于链接到该语位的下一个语位，既然链接是一个话语风格之间的冲突，那么，社会的性质总是尚待决定的。通过这种方式，社会作为判断的指称（前一个语位的世界被看作后一个语位的指称），总是被不断地重新定义。这是一个在法庭上相互矛盾的"案例"。在这个"案件"中，必须就此案件做出裁决的法庭的性质本身就是异识的对象。

196. 当我说异识不是诉讼时，并不是说人类是卑鄙的，也不是说他们的利益和激情是对立的。动物、植物、神、上帝和天使、外星人、四季、潮汐、雨天和晴天、瘟疫和火焰，这些都归于同一个名称，即异质语位体系中的"非人类的"存在，它们被异质的话语风格的目的所控制。如果只能根据某一种语位体系，或只能根据某一种话语类型来对社会存在的性质做出判断，那么，法庭使得这种体系或类型优先于其他体系或类型。由此，通过用自己的习语来改写在社会以及社会评论中起作用的语位异质性，法庭必定会伤害其他语位体系或其他话语类型。

197. 我们不能说战争（必然是内战）、阶级斗争和革命暴力比法庭更公正，因为它们暴露了冲突，而不是在诉讼中掩盖争端。复仇不是授权（参见44）。它表明另一个法庭或是另外的判断标准（如果有的话）是可能的，且似乎更可取。但是，如果发生这种变化，新法庭的判决不可能不制造新的伤害，因为他们将异识（冲突）当作诉讼，并以此解决争端或相信自己可以解决争端。这就是为什么政治不能以善为目的，而应该以减少罪恶为目的。或者我们可以说，较少的罪恶即政治上的善。罪恶在这里被理解为，也只能被理解为对每一刻可能发生的语位的不断禁止，对发生的不信任，对存在的蔑视。

198. 我们可以说，社会立即被赋予了一个语位世界（不管它是否是猫尾巴所表现的世界）。并且它在原则上立即被那一语位体系所决定，即便这一决定马上又是另一个语位的对象，其链接也只能是话语风格之间产生冲突的场合。我们可以说，正是由于那一原因，政治被语位即刻赋予了一种冲突的状态，而冲突可以通过语位的链接方式来获得解决。正如去询问社会的起源一样，去询问政治的"起源"也毫无意义。社会暗含在语位的世界之中，而政治则暗含在语位的链接方式之中。和雅典政治、雅各宾政治一样，卡西纳瓦（Cashinahua）的叙事模式也是政治，即便在后者那里，无处不在的叙事避开了事件发生所带来的危险（参见评注：卡西纳瓦）。"语言"与自己的内战始终在这里或那里上演，唯一的区别在于诉诸诉讼来解决争端（异识）的方式不同。

199. 政治总是引发误解，因为它是作为一种风格而发生的。根据规范语位前缀词中授权性质的不同，话语的风格也会有所不同。引用的名称（y）（参见155和206）决定了神话、协商共识、神圣权利等话语类型："我们的祖先一直都是……；根据……的决定，我们作为全体人民的代表……；我，承蒙上帝的恩惠，作为国王命令……"它不可能是别的方式，因为法庭必须确定什么是争端，要求伸张正义，从而遗忘、压制并激活异识；它必须作出判决，并首先根据某一话语风格的规则建立起自己的权威。但与此同时，政治本身不是一种风格，它见证了那些开启每个发生语句的虚无以及话语风格之间的异识产生的时刻。

200. 希腊的协商制度——语位的冲突和判断——发生在一个虚空的中心；希腊城邦围绕着这一中心组织起来，它并没有发明政治，它只是将辩证和修辞风格放在统治的位置，允许冲突以诉讼的形式在政治机构的中间（空白处）产生。卡西纳瓦人将叙事放在统治的位置，而在法国第一共和国里，理念被置于最高的位置，即康德意义上的辩证法，尤其是与自由因果关系（伦理学）相关的辩证法。工业革命将判断的特权赋予了技术风格，其关键在于性能的最大化，即按照海德格尔的说法，根据自我意志（或享受），从所指对象——无论它是什么对象（包括社会事务）——中所获得的最佳的投入产出比。因此，存在着话语类型的霸权，如同政治人物一样。它们在链接模式上相互争吵。资本赋予经济类话语以政治霸权（参见 240sq）。

201. 民主、独裁、寡头政治、君主政体、无政府主义，这些术语代表了治理的模式，而共和或专制主义则代表了统治或授权的模式，它们属于比较狭义的人类学或是政治-逻辑的描述。政治涉及什么，什么可以区分不同的政治类型，这是话语风格或者说是利害关系的问题，根据这些利害关系，异识可以像诉讼及其"规则"一样被表达出来。不管它属于什么类型,仅从该风格排除其他类型的话语——不管是用禁止（例如奴隶和妇女），用遏制，还是用叙事方法来获得救赎——这一事实来看，它都留下了异识的"残余"；这些异识没有被解决,也不可能用某一种习语来解决，由此"语言的"内战总是会再次爆发，事实上也再次爆发。

202. 将这些残余称为"被诅咒的部分"只会徒增痛苦。

至于以与牺牲相关联的情感为中心的政治(参见评注:卡西纳瓦,§7),借口自己可以通过痛苦和狂喜来建构确实可靠的证据,即证明冲突存在,没有诉讼可以将其抹去,这种政治未免也太人道了:仿佛人类有责任来捍卫"发生"!巴塔耶在欢迎"事件"时,缺乏哈西德或异教主义的幽默(我知道这两个不同)。根据冲突所要求的情感,即与牺牲(或者说效劳,Heidegger,1933: 49)相关的情感来统治,将会产生某种虚假的超人政治。为了保存事件,我们建造了一座专门上演恐怖秀的大木偶剧院(Grand Guignol)。[1] 相反,对哲学家而言,思想的责任在于发现异识,寻找链接的(不可能的)表达方式。这就是他们的任务。而知识分子则是那样一拨人,他们帮助忘记异识,倡导既定的风格——不管它是哪一种风格(包括牺牲的狂喜),其目的在于获得政治霸权。

203. 权威不是推导出来的。将权威合法化的努力导致了恶性循环(我拥有对你的权力,因为你允许我拥有

---

[1] 巴黎一座著名的恐怖秀剧场,"大木偶剧场"(Le Théatre du Grand-Guignol)。在1897年至1962年的历史中,大木偶剧场充满了以暴力和血腥为卖点的恐怖戏剧,这些剧目上承伊丽莎白和雅各宾时代血腥通俗剧的传统,下启20世纪60年代欧洲恐怖电影风潮。——译者注

这一权力），导致预期理由[1]（授权赋予当权者以权威 l'autorisation autorise l'autorité），导致无限的后退（x 由 y 授予权力，而 y 由 z 授予权力），导致个人习语的悖论（上帝、生命等，指派我行使权力，而我是这一启示的唯一证人）。权威推导的难题或最高权力的难题，正表明了授权语位不能来自另一个语位体系的语位。它是规范性语位与其他语位不可通约的记号。

204. 权威的问题在规范性语位中表现出来。规范就是把一个指令（prescription）转换为法则（loi）。"你必须完成这一行动"明确表达了一个指令，而规范性语位则补充道："这是由 x 或 y 制订的规范。"（参见 155）它把指令性语位变成了引用。我们或许会疑惑，x 或 y 从哪里获得权威。当规范性语位授权给指令时，他们被放在说话者位置，因此 x 或 y 从这个规范性语位中获得了权威。规范性语位的指称就是指令性语位，前者赋予了后者以权威。

205. 我们试图将规范性语位描述为施为语句（une

---

[1] pétition de principe：[逻] 预期理由，又称"窃取论点"或"丐词"，是证明中以本身尚待证明的论断作为论据的一种逻辑错误。——译者注

performative）（参见 142）。"会议开幕了""战争开始了"，就这样，这些语位世界中的说话者瞬间就成了会议的主席或是参战方之一，而受话者瞬间就成了正在出席会议的大会成员，或是正在与我们交战的敌对方。由此，在规定性语位"我们命令，完成这一行动是义不容辞的"里，"我们"立刻获取了一个统治者的位置。但是，被我们模糊地称为"效果"的东西在所有语位中——不管是什么体系——都可以被观察到，因为它们只不过是所表象世界的语位项和各自处境的展开。施为一词如此宽泛，以至于它失去了代表某一种特定语位体系的能力。——结果仍然是，没有一个实体可以拥有赋予义务的权力，因为它不是规范性语位的说话者，无法将义务转换成规范：这是同义反复。我们也看不出，从非规范性语位的世界出发，那些不是规范性语位的说话者的人又如何变成它的说话者。一个语位体系不能产生另一个语位体系。

206. 在严格的伦理意义上，义务的发生本身不需要规范来授权，而是恰恰相反（参见 155 和 176；评注：康德 2：§1）：通过将指令合法化，我们取消了义务的不对称性，后者是指令性语位区分于其他语位的关键特征。而恰恰是规范性语位的一种功能，或至少是它的一个效果，使义务者处于某种对称性的处境之中。通过给指令加上前缀,"这是由 y 制订的规范,x 必须完成这一行动",规范性语位使 x 摆脱了焦虑的情绪(亚伯拉罕或史瑞伯,参见 162 和 164),摆脱了与他者遭遇时的惊奇以及"事件"的威胁模式。这一种威胁、惊奇、焦虑——某种"要链接"的虚无,现在被规范化了。对其他 x 而言,对被规范了义务的"你"而言,它们都是相同的。规范性语位在被伦理驱逐了之后,走向了政治。它建构了一个指令性语句的受话者的共同体,作为规范性语位的受话者,他们被警告,即便在法律面前不是必然人人平等,至少都要服从法律。它并没有让义务成为可传递的——我们知道那是不可能的(参见评注:康德 2,§6),但它让义务成为公共的。

207. 规范性语位在其形式中包含了指令性语位的引用(参见 45 和 46)。指令性语位是自指的(autonymisée)。规范性语位是一个关于语位的语位,它是元语言,但不是描述性话语。对其而言,真理不是关键,真正重要的是正义。它的元语言结构标志着权威的功能:在异质的语位之间建立起跨越深渊的通道。权威宣称,这样的语位是被允许的,那样的语位是被禁止的,这样的语位是义务的,不管它们多么异质,权威让它们从属于单一的目标:公正。唱歌无疑属于美学的范畴,但如果唱的是某首歌,或者在某个时间、某个地点唱,它可能是非正义的。学习本与真理相关,但是也只限于某些条件,诸如此类,等等。只要是规范性语位,不管它所谓的合法性是怎样,也不管合法性的形式如何(神话、启示、协商),一种风格攫取了异质的语位,并让它们屈从于同一目标。

208. 因此,如果规范性语位的受话者也是它所规定的指令的受话者,前者相对于后者处在元受话者的位置,即便两者拥有同一个名字。我们知道,公民是与"个人"相关的"抽象"概念,即与同名的实体以及处于异质的"当下"语位世界中的实体相关。但是公民的真实性,是卡西纳瓦人意义上的真实性:规范性语位将性别、代际和另一半的名称分配合法化了,该语位得到尊重,因为它就是法则;与此同时,这一尊重与对象语言的语位不一致,可以说,后者与"个体"的"行为"相对应(参见评注:卡西纳瓦,§3)。必须始终以幽默的方式遵守法则,因为法则不可能完全受到尊重,除非是为了证明,法则是把异质的东西链接在一起的方式,有必要成为总体性的存在。这一幽默旨在实现在合法化之下仍然存在的异质性。"人民",这个在不可通约的语位世界中被抓住的、不可能实现的实体集合，不相信法则之所以是法则是因为它是正义的（在不可能的义务共同体的制度意义上），而是明白法则之所以是正义的，是因为它是法则（Pascal, 1670: 325, 326 片段）。"人民"不是统治者，它是冲突的捍卫者。它是爱开玩笑的。对当权者而言，政治是悲剧，不过对人民而言，政治是喜剧。应该尊重事件，尊重喜剧的笑声，赋予它以存在论的尊严，而要将悲剧的眼泪还原到它的位置，后者只是最高的形式（这是《诗学》第二章谈论的东西，而我们遗忘了）。

209. 规范性语位同样也把某些实体当作它的受话者，这些实体不是由该语位赋予合法性的指令的受话者。通过将 x 完成某一行为的义务合法化，y 也通告了第三方 z，通过链接到上述行动，z 得与 y 打交道。规范也是陈述性语位。在规范性的前缀和指令之间的缝隙也产生了另一个缝隙，即负有义务的共同体和外在于共同体但也应知晓法则的人之间的缝隙。不过，既然指令被规范赋予了合法性，它如何承认其他人不受其指令的约束？我们在这个问题的答案中，可以发现帝国主义的动机：所有规范性语位的受话者也是指令的受话者。212 年的卡拉卡拉敕令和 312 年的君士坦丁敕令[1]明显地表达了这一动机：所有生活在罗马疆域内（orbs romana）的人，都是罗马公民；所有的生灵，由于被天国所召唤，都属于这个尘世的帝国。公民权，也就是说指令的受话者和规范的受话者的融合，在原则上没有界限（没有观念上的界限），只有事实上的界限。各民族及其语言、习俗和名称被抛回"经验中"，因为作为理念话语只能否定提及的对象，它们不满足理念的合法性。

评注：1789年《人权宣言》

§1 这是一项权利宣言，也就是说，规范的合法化，不是要执行的指令，而是在指令中应该尊重的界限。换言之，指令的权威本身必须遵守本质上是否定性（限制性）指令的合法化。它并不是：这是一条由y制订的规范，要求x等必须做某事；而是：这是z制订的规范，要求由y制订对x等具有约束力的规范，只有在接下来的限制中，它才是一个规范。《人权宣言》将指令的合法化再次合法化了。通过将合法性等级提升到政治(元规范)合法性之上，

---

[1] 卡拉卡拉敕令是罗马皇帝卡拉卡拉（卡拉卡拉系马可·奥勒留·安东尼[Marcus Aurelius Antoninus]皇帝的绰号）在公元212年所宣布的一道敕令。此法令规定，凡是居住在罗马帝国范围之内的自由人，全部享有罗马公民权。君士坦丁敕令是罗马皇帝君士坦丁一世在313年颁布米兰诏书，承认基督教为合法且自由的宗教。——译者注

它勾画了一幅权威化后退的图画（参见203）。这一提升被帝国主义的合法化原则所鼓动，促使它将自己普遍化，不过在同一过程中，它限制了合法性的扩展。这种紧张关系在合法性界限的合法化中得到了解决。对权力的限制决定了一部政治宪法（第16条）。授权划定这些界限（《宣言》本身）的则是人的理念。

§2 作为最高权威、说话者和元规范性语位的含义，人类需要签署《宣言》的序言。但事实并非如此："组成公民大会的法国人民的代表们，考虑到……现在决定在一项庄严的宣言中阐明自然的、不可剥夺的神圣的人权……因此，公民大会公民大会确认并宣布……下列人权与公民权。"签署者，z，它是宣布强加在其他规范之上的规范的人，是代表共同体的共同体，是代表一个民族——用一个专名"法国人"来命名的民族——的公民大会。

§3 专名（参见60）和历史的世界也在《宣言》作者的指定中回归。之所以说"回归"，是因为在授权原则将它们的要求从元语言扩展到更高（元-元语言，元规范性）的级别之时，它们曾经被驱逐了。这一回归标明了异质性。《宣言》的作者在政治历史中没有专名，但法国人民有。《人权宣言》是一个语位的集合体，它们服从于康德意义上的思辨体系（指称是理念的对象，在建立现实的过程中，它是不可证伪的。）即使不能归功于某个在历史-政治领域中可命名的作者，《宣言》仍然保持原样，即（康德意义上的）"辩证"的哲学话语。如果《宣言》是由一个国家签署的，也就是说由一个实体签署的，而这个实体仅仅凭借其名称（不管它是不是成问题的）就来自真实世界（尤其是历史-政治世界），那么宣言本身就是话语，一组有历史-政治意义的语位集合体。用"意义"（portée）一词，我是想说，在受话者一方它所唤起的链接不是关于其（辩证）含义的真或假的讨论，而是作为规范的规范被（在历史-政治世界拥有专名的）民族共同体所接受或拒绝。由此，单凭说话者的签名而定位的受话者本身就是受国家政治法律约束的实体。这些法律都是指令，不过它们没有根据规范的规范（人权和公民权）来进行规定。受话者于是被要求修改规范，授予他服从的国家法律以权威，在他看来，这些规范的权威应该是没有很好地确立起来。1789年之后，国际战争也是国内战争。

§4 当然，法国国家代表以代言人发言的权威本身也得到《宣言》第三条的授权："所有主权原则基本上都在于国家。"倘若在序言中，国家被授权来规定这些条款，尤其是第三条，那是因为该条宣布，国家有权做出一般规定。

条款任命统治者，统治者宣布了任命他的原则。但是在统治者要宣布的条款授权他之前，在他被授权为统治者之前，统治者必须首先开始他的声明。这是权威合法化的悖论（参见203），我们不能对此抱怨（我们可以在《共产党宣言》和1870—1871年国际工人协会的《致词》中看到相同的自我授权的机制）。我们也可以看到，它们与1789年机制的主要不同之处在于，《致辞》借以授权给自己和听众的语位项，不像国家那样，总是可以被命名，可以在真实的世界中被指定，是在历史政治中发生的语位项。它本身就是有问题的，就如同理念的对象一样：工人（和人一样）是普遍的概念。一个跨国实体，即国际工人组织，如何能在忽略民族国家的专名时，获得历史-政治现实？工人运动随后遇到困难，最终失败，退回到民族共同体（至少自1914年社会主义者投票支持战争拨款以来），这些足以表明：民族共同体抵制通过理念来获得合法性，它是通过名称和传统叙事而获得其合法地位。它们来自两种不同的风格。历史政治世界难道不是无可救药地属于前一种吗？

§5 元规范的说话者必须是人，我在《人权宣言》的序言中看到了这种补充或损害国家权威的迹象，即"公民大会在上帝面前并在他的庇护之下确认并宣布……"这一理性的存在没有理由将权力赋予某一个特定的国家。要求理性在场，并恳请它提出建议，国民大会不是作为法国人，而且作为人类授予自己以权威。这里的机制与刚才我们所描述的背道而驰。如果说话者有一个历史政治的名字，则他的宣言除了与此名称的扩展名相对应的范围之外没有其他意义。如果他要超越这一范围，如果《宣言》必须扩展到所有的名字，那么说话者不得用他自己的名字。这就是为什么他会乞求上帝——最高的和匿名的存在，说话者本身也是上帝的一个创造物，他的一个作品和一种生存方式（在这些制宪成员中，有几个是存在哲学家，以及关心人与上帝的关系的哲学家），我们可以说：一个同样匿名的存在者。《宣言》的说话者被劈成两半：法国和人类，对应于陈述性语位的模棱两可：它表象了一个哲学的世界，同时也表象了一个历史政治的世界。法国大革命的政治革命源于从一个世界到另一个世界的不可能的穿越。从今往后，我们不再知道这样宣布的法律是法国人的还是人类的法律，以权利名义而进行的战争是一种征服还是一种解放，在自由名义下所实施的暴力是压迫性的，还是有教育意义的（进步的），那些不是法国的国家是否应该通过制定符合《人权宣言》的宪法，成为法国人，或成为人类，即便他们是反法国的。制宪者制造的这些混乱，以及他们承诺在整个历史政治领域传播，将使得所有国家或国际的冲突转变为某种不可解决的、关于权威合法性的冲突。

§6 制宪者将会成为"先验表象"(«apparence transcendantale»),甚至是"精神错乱"(dementia)的牺牲品(参见评注:康德4,§4)。它在国家中引发了人类共同体的幻觉。1793年5月8日罗伯斯庇尔在制宪会议上说道:"如果你允许爱国者的咽喉被一个个割破,那么地球上一切有价值的东西都被消灭了。你是否愿意拯救人类,这取决于你自己。"(Kessel, 1969: 203)国家,就它是一个共同体而言,应该在根本上将它的稳定和权威归功于名称和叙事的传统(参见评注:卡西纳瓦)。这些传统是排他的。它们暗示着边界和边界的冲突。一个国家的合法性与人类的理念没有关系,而是借用重复叙述的模式来将起源的故事永久化。右派从未停止利用这一点。而左派则相信一个反叙事,关于整个人类的历史,关于解放、国际影响的叙事,一个没有社会底层的、世界主义的叙事。但是,他们总是被指责破坏国家,而且在内战、对外战争和经济战争中,他们总是被要求保卫国家,因为借助于(深久国家[1])内在神话的权威化不会让步于求助于理想的、超验的元规范的权威化(人权)。没有最高的存在来协调两种权威化。

---

[1] 此处"pays profond"应指"la France profonde"。该词不是一个地域概念,而是一个抽象的社会学或人文概念,指"深久的法兰西",即包括特定的人口地域、心理文化特征及长期传承、积淀下来的文化习惯和思想传统,代表了永恒的法兰西。——译者注

210. 在现代民主的协商政治中，尽管单一目的的先验表象能够帮助我们忘记异识，或是使其变得可以忍受，但是这些异识还是被暴露出来。话语风格和语位体系的安排至少允许自己被分开，而在传统的叙事中，不同目的的结合——让人相信、让人知晓、令人信服、使人下决心等——难以分析（每一个语位中有如此多的内容，而叙事形式掩盖了如此多的事件）（参见219）。在伦理风格中，更高的目的通过某种标准语位（或目的），以疑问指令的形式被表述：我们应该成为什么？这个问句被填满了各种可能的含义：幸福、有知识、自由、平等、法国人、富裕、强大、有艺术鉴赏能力。人类历史的哲学为这些问题提供了各种答案。这些问题很少在政治机构的院墙内讨论，因为在这个机构中存在着对这些问题达成一致意见的模糊假设。大家普遍的感觉是，讨论——必然是康德意义上的辩证讨论，也就是说，没有期限，没有证据，因为它关涉理念，无法通过诉诸现实来评判或裁决——只会让我们又重新质疑"我们"的权威。在抽象的普遍性中，这个"我们"被疑问指令句质疑；不过，它却没有被质疑，"我们法国人"，作为某种可命名的特殊存在，已经在沉默中或通过沉默解决了这个问题。如果深入探讨义务，我们可能会感到诧异，首先，我们必须得是法国人。事实上成为法国人不是必然的；最多，成为法国人可能会成为现实（或者，我们应该承认卡西纳瓦叙事类型的合法化）（参见评注：卡西纳瓦）。所以，"我们"必须实现富裕、平等、自由等这些目标的一部分，而法国人则完全是："我们"已经达成这些目标了。

211."那么要达到那些目标（法国人、富裕、自由、平等，等等），我们应当怎么做？"可以链接到"我们应该怎样"的语位之上。这一链接修改了疑问指令类型的标准语位。将"做"和"为了"引入义务问句，义务进入了假言命令的模式：如果你要想这样，那么你就得那样做。而"做什么"在实践的名义下，是由对语位、语位效果和语位链接的事先计算来构成的，如此方能导向它们想要达到的目标。但是如果没有名称，这一"实际的"计算仍然是抽象的，除非另一类风格话语的介入，后者在另一种标准语位体系之下，将自己插入这种协商链接：都有些什么手段呢？这种类型从类似的角度，将认识数据看作手段，看作最高的目的。分析当下处境、列出现有能力清单、估计对手和盟友的实力、定义各方利益，所有这些都通过民意测验、统计、指标和各种信息来实现。要实现这些目标，这一话语类型的关键是知识。行家、专家、参事、顾问的技术科学都可参考利用，不过它服从于某个与自身无关的利益,即让最高的指令(富裕,自由等)得以实现。认知语位就是这样由指令风格来确定的。[1]

212. 一旦数据确立,就需要一种新的话语风格,它的标准语位是:"我们能做什么?"这一语位与康德称为想象力的理念(没有概念的直觉)(*KUK*: 143, 166)或者弗洛伊德的自由联想并非没有相似之处,我们今天将它们称为场景或摹仿。它们是不真实的叙述,就像是在战争游戏里说:如果他们攻击我们的左翼怎么办?我们会很快部署右翼兵力来包围他们。在这里,大量可能的或不可能的故事被讲述而不用担心它们的真实性,它们期待着可能发生的事实。游戏理论的一部分就在于研究游戏的运作机制,寻找它们的规则。通过代词"他们"(ils, eux),重音落到了与一个或多个对手的冲突之上。我们假定,对手有抽象和"实用的"目的,即便它们和我们的目的不同,也和我们的目的相称。这仍然是一个"赚取"的问题(参见181)。这些想象力的语位通过专名的方式被固定在可能的现实中:如果存在反对者,那是因为人类尚未实现其目标,

---

[1] 这里的意思是:伦理为知识提供了合法化的目标,而知识为实现伦理的目标提供了手段。——译者注

而通过叙事和名称的合法性仍然存在（参见160；评注：卡西纳瓦，§6）。

213. 严格意义上的政治协商就发生在这样的场景中。它服从辩证和修辞的风格。我们拒绝了一种场景："你错了"，或者"他错了，这就是原因"。这些都是由论据构成的论辩，目的是让对手沉默。另一个目的掺杂进来——说服对方，该目的与另一种话语风格相连，即亚里士多德所说的"协商修辞"（rhétorique délibératif），例如，论辩双方在国民大会前交换意见。我们可以在《修辞学》（II, 24）、《论题篇》、《辩谬篇》中（各章节）找到这些论据（logoi），在《修辞学》（II, 23）找到这些论题（topoi）。论题如：……难道不是有罪的吗？我控诉 x……。明显的三段论：既然喀布尔和萨尔瓦多政府请求莫斯科或华盛顿提供援助，那么苏联或美国的军队在这两个国家的领土上出现，证明了这两个政府的独立性。在现代民主中，这一话语类型的一个重要补充是由"司法"类型的修辞带来的，它涉及说服，不过不是说服对手，而是说服评判的第三方。这是公开论战，是争取民意的运动，是宣传：别人错了，所以我是对的；他们不值得你信任（旨在打击对手的精神），他们会带你远离你的真实目的（旨在打动听众）；而我不会这样做。

214. 随后做出"决定","选择"方案,最终的目的是:决议,议程,投票结果,法官的判决。就方法和目的,这一方案给出了最小错误的答案(最小罪恶原理)(参见197)。这就是语位中最神秘的一种判断,不遵守任何规则,尽管在表面上,它与目的、数据、方法、结果息息相关(参见评注:康德3,§3)。它采用了决议、计划或是投票表决的方式。

215. 判断的语位仍然需要被合法化,这是规范性话语、一般法和根本法(宪法)的职责。然后,它要(通过政令、决议、法律、通报)变成可执行的,而违反法律则应该依法受到谴责(对犯罪和刑罚进行判决)。

216. 如果我们检查一个语位和另一个语位的链接,前一个服从于某个语位体系或以某种风格为目的,后一个服从于另一个语位体系,以另一种风格为目的,这样的链接(参见210-215)看上去完全是悖谬的。例如,将"我们应该"和"我们能够"链接在一起(参见211和212;评注:康德2,§2),很蹩脚地掩盖了"我们"的悖谬逻辑。或者是"结果(或:考虑到……),我们决定……"这样的链接掩盖了这一事实,即判断的语位不可以从其他语位体系,尤其是认知语位中派生出来（参见评注：康德3）。又或者，将规范性语位和由它赋予合法性的指令性语位链接在一起（参见204-209），诸如此类等。

217. 协商的语位比叙事的语位更加"脆弱"（参见219，220和230）。它让我们感受到不同话语风格之间，甚至是不同语位体系之间鸿沟的存在，这些鸿沟威胁着"社会的纽带"。它预设并记录了叙事世界的严重错位。例如，科学风格的标准语位是认知语位，它需要建立起实在，同时也暗示着其潜在的证据毁灭（参见指称一章），在协商中占有一席之地，但是在叙述中却没有它的位置。然而，在协商中，各种话语类型的统一却只有一个唯一的保证，如果可以这么说，那就是针对标准指令性语位"我们应该是什么？"给出的答案。在叙事风格中，这个问题没有明确提出来（我们应该是我们所是，卡西纳瓦人）。而在协商语位中，答案是不确定的，受制于某种正题和反题的（亚里士多德或康德意义上的）辩证法。这一辩证法没有终点，因为它涉及理念，涉及即便不是"宇宙的"，也是"人类学的"理念；或者像康德所言，是"宇宙－政治的"理念。简而言之：叙事是一种风格，协商是各种风格的配合，而这足够让发生和异识在其中萌芽。

历史的征兆

218. 正在链接和将要链接的语位，总是一个充满异识的区域（pagus）[1]，即不同话语风格为了不同的链接模式而陷入冲突的边界地带。这是战争和商业的区域。在这一区域，和平和条约被缔结，又被破坏。家庭（le vicus, le home, le Heim）是悬置话语风格之间的异识的场所。不过，家庭"内部"的和平是以边界周围的永恒冲突为代价的（我们可以在自我和自我认同中看到同样的安排）。我们借叙事来获得内部和平，它们认可共同体的专名，也相互认可。"人民"将自己关闭在"家"中，它们通过与名字相连的叙事获得身份，而这些叙事却让"发生"和源于发生的"异识"遭受失败。乔伊斯、勋伯格、塞尚：这些异教徒在话语风格中发动了战争。

219. 叙事或许是这样一种话语风格，在其中，语位政体的异质性，甚至是话语风格的异质性，几乎都被遗忘了。一方面，叙事讲述了某个或某些冲突（异识），将目的及

---

[1] Pagus 是罗马帝国时期在西部帝国和埃及的省级以下、村级以上的行政区划。——译者注

其完成强加于冲突之上；目的也罢，完成也罢，都是一个词（看，法语表达多有意思）。"目的"就是"终结"（就好像在比赛中，"参赛方"与"运动中的一局"是一个词一样）。无论它在故事时间的哪里停下来，它的术语总是有意义的，并可以向前追溯，将讲述的事件组织起来。叙事的功能是自我救赎的。它假装事件的发生及其潜在的冲突可能会结束，就好像有最后一个语词一样。不管它的意义恰当不恰当，最后一个词总是因为它的位置而成为一个好词。最后一个词（Ultima verba），俨然是幸福和平的使者。但是另一方面，"此刻"（事件发生时）的爆发性能量被"之前/之后"的重复发生给驯服了。历时的、连续的计算装置即便是被调节时，也不再受到质疑。它吞噬了事件和由事件带来的异识。叙事将事件推到边缘。

220. 神话应该是"最出色的摹仿工具"，在一个面临解体危险的社会中，它拥有某种"同化的力量"（Lacoue-Labarthe, 1980: 101-116）。这就是为什么纳粹会重新捡起、再造、生产并再现日耳曼民族的神话，用以挽救德国因为"历史的迟到"，即战争失败和经济危机带来的身份认同危机（参见 157 和 158）。

（1）这一神话的同化力量是毋庸置疑的。我们无法用镜子的再现理论来解释它：一个病人不能靠镜子中的自我凝视来恢复健康。这种力量来自叙事传统的形式特质，该传统扎根在一个不变的名称世界，在那里，不仅是英雄，而且包括叙述者和受叙者，都是固定的、可交换的，因而可以分别认同，甚至是相互认同的（参见160；评注：卡西纳瓦）。

（2）神话只能被某个不是叙事-神话的权威（instance）当作工具来使用。这就是我们所说的纳粹的厚颜无耻。神话就是这样一个魔鬼：一个古老的同时也是现代的政治模式，一个人性的同时也是共同体的政治模式，一个关涉理想未来同时也关涉真实起源的政治模式。

（3）如果"摹仿"被理解为"模拟的""再现的"，那么神话并不是最具摹仿特征的。如果"摹仿"意味着（Lacoue-Labarthe, 1975: 242-3, 245, 246）"表象"不可能自我表象（参见119, 124-127, 131），那么神话更确切地说，是一种话语风格，其关键在于通过讲述事件来压制事件，将不是自己的东西据为己有，将"表象"再现出来——神话掩盖了摹仿，正如它证实了摹仿一样。

评注:卡西纳瓦

§1 "在卡西纳瓦模式中,每一个 miyoi(神话、故事、传奇、传统叙事)的解释都是以固定的格式开始:"下面是……故事,和我历来听到的一样。现在轮到我来给你们讲故事了,听着!"而结尾通常是一个不变的公式:"关于……的故事就讲完了。给你们讲故事的人是……(卡西纳瓦人的姓名),白人叫他……(西班牙和葡萄牙姓名)。"(André-Marcel d'Ans, 1978:7)。人种学家告诉我们白人,卡西纳瓦的叙述者是如何向他们的听众讲述了一个卡西纳瓦英雄的故事。人种学家可以这么做,因为他自己就是一个(男性的)卡西纳瓦听众。他就是这个听众,因为他有一个卡西纳瓦的名字。通过严格命名的方式,这种仪式将叙述和循环发生的范围固定下来。这些神话中的语位都被固定了,也就是说,在卡西纳瓦的世界中被固定为被命名或可命名的语位项。每个语位所表象出来的世界——不管该语位属于什么政体,都与名称的世界相关。主人公、场所、受话者、说话者都被精心地命名。[1]

---

[1] 利奥塔经常用卡西纳瓦的故事来说明叙事知识的传递模式的特征。在这一故事中,叙述者从来不会将自己定义为叙述的第一作者,在叙述的语用链条上,他首先是一个受话者。叙述者之所以有能力讲述这个故事,是因为他声称自己曾经听到过这个故事。而受话者通过听这个故事,同样也可以获得这种权威。叙述者不仅处在一个说话者的位置,他也曾经处在一个受话者的位置,而且由于他的名字被前一个叙述所提及,他还处在指称的位置。由此,通过叙事所传递的不仅是陈述的功能,而且是一组构成社会关系的语用学规则,它包括了作为叙事者的说话能力(savoir-

§2 人物的名称通过三个变量分配在一个有限的系统中：性别、代际和与外族通婚的另一半。两个男的"一半"，两个女的"一半"，两个年龄组（包括和我同样年纪的或比我年长一些的，以及比我年幼一些的），总共是8个亲属关系组。安德烈-马塞尔·当斯（André-Marcel d'Ans）写道："在这个平面图上，异族结合有明显的传递名称的功能，每个另一半，不管是男性还是女性，都拥有两个限定的、不变的名称储备，对应于更迭轮换的两代人。"（同上：35）由此，亲属关系可以从唯一的名称系统中推导出来，无论血缘和婚姻关系如何，你的个人名字（即便是收养）把你定位在这八个组中的一个，根据你的命名组，名字将你放置在与其他卡西纳瓦人的确定关系中，即与义务、允许、容忍、禁止相关的各种语位。这些指令性话语不仅包括对语言、抚养孩子、性生活的规定，它们还包括你可以唱什么歌、打什么猎物、煮什么东西、种什么作物等。

§3 这种规定是原则上的，实际上，它并没有被严格

---

dire）、作为受话者的倾听能力（savoir-entendre）和作为指称的处事能力（savoir-faire）。其次，在叙事知识中，记忆不再是时间的基础，反倒是遗忘成为主要的节拍，它遗忘的就是事件的差异和独特性；在卡西纳瓦的叙事里，存在着跨越时间差异的同一。故事的传递和叙述时间毫无关系，因为传递模式涵盖了已经发生的、正在发生的和将来可能发生的事件。最后，叙事不需要特定的程序来为自己的合法化奠基，它的合法性源于自身。合法性的基础就在于其不断被讲述的事实，卡西纳瓦人不仅通过叙事的传递来立法，而且通过不断重复这一叙事来行使行政权力。——译者注

遵守。义务涉及名称的分配和跨越了几代人的名称的反复出现。单单这些名称，就建立起了共同体的身份，当然，多亏了他们的人数有限，也多亏了这些名称的永恒不变（即严格性）和它们特定的分配方式。例如，确切地说，这里没有性禁忌。不规范的婚姻和同居现象随处可见。这些非婚生的孩子通过命名规则，仍然可以被分配到常规的亲属组中。如果婚生的孩子可以在理论上不加区别地接受父系或母系的名字，那么最后的归属是可以协商的。例如，这对夫妇的每个孩子可以跟随一个组，然后又替换到另一个组。"当这样的商议失败后，就可能发生堕胎或是弑婴事件：如果孩子没有名字，他就什么也不是，他无法存在。"（同上：38）人类要么被命名，要么无法存在。

§4 如果要聆听故事，你必须被命名（所有男性和青春期前的女性都可以听故事）。同样，如果要讲述这些故事，你也必须被命名（只有男性可以讲故事）。如果要被讲述（成为故事的指称），你也要被命名（所有卡西纳瓦人，毫无例外都可以成为指称）。但是名称系统不创造，也不可能创造叙事，它是无时间的（a-chronique）（除了作为年龄的分层，他们不会考虑代际问题），它们自身并没有含义，命名不是描述（参见 57, 66, 69, 74-77 和 81）。通过将专名插入故事，叙述保护拥有共同身份的严格指示词不受

"当下"事件和链接危险的侵袭。被命名，就是被讲述。我们可以从两方面来理解这句话。一方面，每个叙事——即便表面上是无关紧要的叙事——都更新了名称和命名关系。在重复中，通过名称在故事中的反复出现，共同体确保了名称世界的永恒和合法性。另一方面，某些叙事清晰地讲述了命名的历史。在安德烈-马塞尔·当斯的著作中，故事8讲述了"外族通婚的另一半"的起源；而故事9讲述了一个男性组，Roa Bakë 的起源。这些故事尤其有价值，因为它讲述的不是一个或多个名称所依附的故事，而是名称本身如何产生的故事。

§5 夜晚的发明（故事17）："在那个时候，我们的人夜晚没有休息。当然，他们有……但是，正如你知道的……不能睡觉，我们的祖先相当恼火……"（同上：185）这个"当前的"叙述者给听故事的人讲述先人的故事。（法语版本的）故事用某种自由、间接的文体讲述，用热奈特的分类学术语来说（1972：172；例子："我对我妈说：我非娶阿尔贝婷不可。"），先人的话被置换了。叙事"距离"发生了改变，结果，我们把言语行为应该归属于这个说话者还是另一个说话者，变得模糊不清了：我们的祖先很生气，我现在告诉你；还是应该理解为：我们的祖先很生气，他们（对自己）说（像故事的结尾一样）？

这种声明充当着故事的前奏（"这就是故事……我现在告诉你……"），这一声明在接下来（或在之前）的整个叙事中明显地标识出了"当前"叙述者这一语位项。然而，毫无疑问，受话者忘记了（或是将要忘记）他们"是通过故事得知的"（确实也是如此）。尤其是叙事者也宣称他"总是听到"这个故事。如果每个叙事者都这么说，那么故事从祖辈那里开始，就被连续不断地讲述，而祖先就是故事的第一个叙述者，同时也是故事的主人公。因此，在"当前的"叙述者和先人之间，除了时序，原则上并没有差别。自由的、间接的文体忠于这种（当前叙述者的）外叙述要求（instance extradiégétique）和（先人的）内叙述要求（instance intradiégétique）的结合，这种结合正是这一叙事传统的特征。神话时间的"那一刻"（« in illo tempore »）和此时叙事发生的时间没有什么不同；倘若不是这样，该叙事会失去它所有的权威。由专名的一致而获得的"转喻"（métalepse）（参见评注：柏拉图，§5）允许了从白天到晚上的时间过渡。

§6 倘若我们以一种积极的方式提出传统的起源或卡西纳瓦叙事权威的问题，我们会发现一些常见的悖论（参见 203）。人们会认为，除非语位的说话者享有权威，否则一个语位不会被赋予权威。当说话者的权威源自语位的含义时，又会发生什么呢？通过赋予语位世界的叙述者以合法地位，语位向受话者证明了自己的合法地位。卡西纳瓦叙述者讲述故事的权威来自他的名字。"恶性循环"（circulus vitiosus）是一个普遍现象（参见203）（路易·马汉在路易十四的编年史中发现了这一循环：编年史试图将国王的权威合法化，而国王的权威又将史官所撰写的历史权威化了）（Louis Marin, 1981: 49-107）。

§7 听上去，它像是趣闻逸事的盛餐。安德烈－马塞尔·当斯没有谈及卡西纳瓦人的献祭，因为在他的描述中，它们更像是"世俗的"。我们是否可以说，那些一般不能作为趣闻来消费的，在叙事的语位世界中没有位置的——总之，那些残汤剩饭，是否就是被牺牲的东西呢？我想说：那些没有被传说所记录的发生、事件，将会在严格意义上被净化，变成空气般的要素，就像祭祀火焰的烟雾，或是萨满教巫师灵魂的消散。通过这种方式，我们将认识到叙事和命名的整合能力的局限性。而随之一同消失的，还有不确定性。为什么这些会受到诅咒呢？牺牲承认存在着不可被叙事所操纵的异识，而它自己践行了异识。

§8 从语位的整合装置出发，我们如何理解边界上的战争（Clastres 1977）？这是否也是一种牺牲，牺牲了那些围绕在种族文化的叙事世界周边的不确定的主要残余物？但这个例子中，它是以另一种模式来完成的。我们是否可以说，牺牲压制了发生，接受、整合了发生，就像梦压制了"欲望的运动"那样（在没有牺牲的情况下，卡西纳瓦人求助于阿亚胡斯卡——某种强效迷幻剂——的集体麻醉）。但是，战争是否在构成社会主体的叙事的边界阻止了"发生"，就像偏执狂允许"欲望活动"作为某种"现实"，从外部返回一样呢？

221. 所谓现代，就要在人类范围内提出政治问题，即语位链接的问题，而不是求助于名称或是叙事的合法性？——叙事，至少我们是指神话、传说、谣言等。但是，这种叙事形式却仍然存在，它和故事的英雄一样，经历了同样的升华。他不再是一个卡西纳瓦人，而是人类，而叙事不再讲述"小故事"，而是"大历史"。小故事接受名字，授予名字，而历史的伟大故事则将消灭名字（特性）作为它的目的。在大历史的尽头，只有人性。人类取的名字被看作多余的，它们最多只会指明耶稣受难的场景（参见评注：黑格尔，§3）。这种普遍主义和纯粹目的论不是古希腊古罗马意义上的古典，而是基督教意义上的现代。"历史哲学"围绕着一个可救赎的将来被塑造（即便是没有历史哲学的资本主义，也通过从摆脱贫穷的理念而掩盖了它的"现实主义"）。

222. 非世界性的（野蛮）叙事通过如下语位进行：在某一天，在某个地方，x发生了，诸如此类。世界性叙事则会提出这样的问题：既然"这个x""这一天""这个地方"是专有名词，既然这些专有名词通过假设属于名称的世界，属于某个特定的"野蛮"叙事，那么这些叙事如何可以产生一个单一的名称世界和一个普遍的叙事？——这个问题看上去是荒谬的：这些团体难道不是人类团体吗？——不，不是的，他们是卡西纳瓦人，他们称自己为"真正的人类"共同体，如果不能排除其他人，至少也要与其他人不同（D'Ans, 1978: 11-13）。由"卡西纳瓦"这个名称连接起来的纽带获得了某种只有卡西纳瓦人才有的"身份"。既然这个身份在世界意义上已经是人类的，那么它就不应该排除其他社群，至少不应该有什么不同，而人类的普遍历史就是这样被建构起来的：将特定的叙事简单地拓展到人类共同体的整体。

223. 有人会说，那些产生"未开化/野蛮"人群的叙事"不管怎样","已经"有世界性的趋向呢！我们只需要承认在这种叙事中，存在着某种含混性：它们表象了所表象的世界（"卡西纳瓦"的世界），但是它们也表象了没有表象的世界（"人类"世界）。——没有人会反对这个。问题在于链接：什么话语风格统治了卡西纳瓦叙事的语位链接，可以在里面辨别出源自普遍历史的"人类"世界？无疑，这种话语类型——不管它是哪一种类型——"已经"参照了人类的普遍历史，通过将野蛮叙事放入普遍历史，它得以链接到"野蛮"叙事上。这种链接的特征或许可以概括为"投射"。我宁愿称之为预期理由（pétition de principe）。如果"卡西纳瓦"的故事与人性的普遍历史是并存的，那是因为它出现在某种预设了人类普遍历史的风格中。这种风格允许各种变体。最明显，也是最"拙劣的"方式，就是直接将卡西纳瓦的故事当作历史（或人类学）认知语位的指称。——这总是可能的，（只要满足了认知风格，任何"客体"都可以被放置在认知语位世界的指称的位置上），但是没有证据表明，在整个人类普遍历史的连续旅程中，共同体叙事的历史（或人类学的）认知已经孕育在这一作为起源的叙事中。而"孕育"是普遍历史的概念所要求的。

224. 在"少得可怜的"变量中，人类学家—历史学家与卡西纳瓦人的关系（西方人与"野蛮人"的关系）仅仅是"认知的"。古老的叙事成为认知话语风格的客体，后者遵循自己的规则。只有在这些规则需要证据（案例，即范例）以便断定这些人的"野蛮"时，认知话语才呼唤叙事风格的出现。认知风格与它的指称——野蛮的叙事风格——之间的异质性是毋庸置疑的（不过，异质决不禁止认知）。在它们之间存在着一条鸿沟。未开化的人由此受到了伤害，他被"认知化"了：他或他的规范根据某些标准或是习语被审判，而这些标准或习语既不是他要遵守的，也不是由它们带来的"结果"（参见评注：黑格尔）。野蛮叙事的关键并不是这些叙事描述的关键。

225. 人类历史学家会反对说，认知型链接并不是普遍历史话语风格的链接。它呼唤比这一链接"更为丰富"的变化（参见214）。"卡西纳瓦"叙事世界所预设的含混性是内在于这一叙事的。只要含混性表现出来，它就成为可被认知的。因此，含混所包含的概念，现在完全摆脱了束缚，允许它自己反过来被认知。历史学家补充说，不过这个概念，已经包含在含混之中了，就像是"橡树的形式已经包含在它的果实中一样"。象征不是概念,不过却"让人深思"。——我们从中辨认出思辨风格,或是这种风格的变体(尤其是诠释学)。它要求预设一个自我,既不是卡西纳瓦人,也不是历史学家,而是某个实体运动,而卡西纳瓦人和历史学家都是形象。实体不应该被孤立。人就是这样一个实体,他只有在将这些运动与自己的目的关联起来时,才会识别出自己(就好像电影镜头的含义取决于它插入一组镜头,而镜头序列的含义取决于镜头的安排)。"丰富的"链接规则就是被运用到历史-政治现实中的思辨风格的规则(参见评注:黑格尔)。

226. 应该在叙事风格中讲述人类普遍历史的故事。和所有叙事一样,它应该通过这样一些语位来推进:在这一天,在这个地方,某件事情发生了。和野蛮人叙事不同的是,人物、时间、地点这些专名以及被讲述事件所赋予的含义,必须被普遍叙事的所有受话者所接受(如果故事的循环重复就是叙述风格的关键,那么受话者反过来可以成为说话者),而这个共同体应该是受话者的共同体。由此,受话者本身也是"普遍一致的"。如果我们想避开前面提到的预期理由的问题(参见223)——该问题在这里再次出现,那么,为了叙述人类的历史,一个普遍的、"人类的"叙述者及相应的受话者就应该能够从特殊而多样的"野蛮"（民族的）叙述者和受话者中产生。

227. 叙事权威的普遍化不可能没有任何冲突。传统相互之间是不透明的。两个共同体之间的接触即刻便可产生冲突，因为一方的名称和叙述对另一方而言是排他性的（排除原则、名称的骄傲和嫉妒）（参见93和151）。冲突不是产生于语言，所有语言都是可译的（当然并不排除语言的差异某些时候会强化矛盾）。冲突也不是一种异识，因为我们每一方都拥有同样的话语风格：叙事。由此，冲突就是诉讼，关于时间、地点、人物的专名的诉讼，以及与这些专名相关的含义和指称的诉讼（在这里，这个女人，这个孩子，不是你的）。不过，诉讼在它被呈现、争论和决定之前，并没有法庭。因为这个法庭应当是"普遍的"，人性的，有法（国际法）可依的（而在那一时刻，没有人说这个法庭是普遍历史，除非该判决在它的"法庭"中，就是现实本身；如果我们等待时间的终结，那么将不会有时间来做判决）（参见评注：普罗塔哥拉；17，150）。人们说，力量决定了一切。可是，当涉及在语位中做出决断时，力量又是什么？某些语位和风格要强势一些，而另外的则要弱势一些？

228. 你断言（参见227）在两个特定的叙事中，没有异识，只有诉讼，因为它们都属于同一种话语类型，而且依据同样的规则来管理。为了做出如上判断，你必须忽略这些叙事中的某些特殊故事，抽绎出叙事形式，并宣称它是相同的。这一区分是某种话语风格——"批判"检查——的工作，它不是一种叙事。在宣称存在着诉讼时，你已经是从普遍的角度，从话语类型的分析角度来下判断。采用这一视角来判断的兴趣不是叙事的兴趣。你也伤害了它们。它们的目的和你的目的不一样，对你而言，"语言"认识自己，而对叙事而言，发生是要链接（参见219）。事实上，语位检查不过是一种风格，它不能取代政治。哲学家倘若想要掌控语位，就如同法学家、牧师、演说家、叙述者（史诗作者）或技术人员要掌控语位一样，都是不正义的。所有凌驾于其他风格之上的话语都是不正义的。貌似元语言的哲学话语，只有当它知道没有元语言时，才可能成为哲学话语（一种追寻其自身规则的话语风格）。唯其如此，它才是大众喜爱的，幽默的话语类型（参见208）。

229. 当然，如果"人民"真的是某种散文的说话者、受话者和指称的总体，那么正义就是指"人民"统治着语位。这一总体不是指某种话语风格或语言种类，而是指来自各种话语体制的所有语位，以及各种风格的链接（包括诗歌）。——然而，这种统治模式不过是蛊惑人心的宣传。我们看到人民自相矛盾，相互中伤，相互毁灭，他们琐碎、目光短浅，无非受意见的控制。——变化无常的不是人民，而是"语言"。在每一个发生的时刻，正在发生的语位与后续语位的连贯性受到威胁，而为了确保语位的链接，话语风格之间的战争开启了。或许散文是不可能的。一方面，它想尝试暴政；另一方面，又想尝试无政府主义。一方面，它屈从于前者，把自己变为所有风格的风格（很受欢迎的帝国散文）；另一方面，它又禁不住后者的诱惑，装扮成毫无规则的语位集合体（流浪者的散文，例如格特鲁德·斯泰因的风格？）风格的统一是不可能的，没有风格也是不可能的。散文不过是它们的多样性，异识的多样性。

230. 语位体制和话语风格的多样性发现了在叙事中表达自身、调和异识的方式（参见220）。在多样性的集合体中，存在着叙事的特权。它是一种看上去可以允许其他话语类型的风格（马克思说过，存在整体的历史）。在人民和叙事之间存在着相似性。"语言"存在的流行模式，就是去仪式化后的小叙事。小，是因为它忠于语位体制和异识，流行的叙事不试图消除而仅仅是调和它们。它们互相冲突。它们表现为彼此互相冲突的格言、谚语和道德箴规。民族的智慧不仅仅是它们的怀疑主义，也包括语位和话语风格的"自由活力"。这就是那些（教会的、政治的、军事的、经济的、信息的）压迫者长期要面对的。散文是小叙事中的人民。

231. 叙事语位和批评语位，雅利安人的神话和康德的哲学，哪一种语位更有"力量"（参见227）？直接的答案或许会预设这一前提，某种"语言"是一个整体，它只有一种利益，而话语风格的力量则是由它在多大程度上接近于该语言的利益来衡量的。但风格是不可通约的，每种风格都有自己的"利益"。一个语位的"力量"是由某一类型的规则来决定的，同一个语位是强还是弱，取决它的利害关系。这就是为什么弱势的语位可以成为强势的语位，是因为话语风格的规则发生了变化，而其利害关系也发生了变化。阿里斯托芬没有看到，对智者派和苏格拉底而言是至关重要的东西，对大众传统而言，不见得如此。在传统中，"反讽的"语位是弱势的，反之亦然（参见评注：柏拉图，§1）。语言并没有单一的目的，或者说，即便有，我们也不知道。一切就好像没有语言。

232. 至少在属于同一风格的两个叙事中，如果一个比另一个更加接近叙事目标，那么，前者可以被认为比后者更强势：通过意指或引用，链接到事件的发生之上。基督教的叙事战胜了罗马的其他叙事，因为它将"对事情发生的爱"引入了叙事或故事的叙述，指出了这一类话语的关键。去爱所发生的一切，仿佛它是一件礼物；甚至要爱"发生了吗？"就好像它是好消息的承诺，如此，才能允许一切事情的发生，包括其他叙事（以及接下来的其他风格）的出现。作为基督教典型叙事的主要装置，爱是传统叙事的排斥原则的解毒剂。允许讲述、倾听、被谈及，这些权力并不是由于它们共同归属于名字的世界——名字本身从更为原始的叙事而来，而是来自一条具有普遍吸引力的、对所有英雄、说话者和受话者都有约束力的诫命：要相互敬爱。通过某个初始故事的（爱的）启示，这一诫命被赋予了特权；而这个（基督教）故事讲述的，就是爱之神并不为他的孩子所爱戴，以及由此而产生的种种不幸。这种授权仍然是叙事的循环模式，但是它扩展到了所有叙事。爱的义务是由某个神圣的绝对存在来颁布的，它针对所有生灵（就是他的受话者），它变成可传递的（从利害关系的角度来看，它是有条件的）：如果你要被他人所爱，那么你就应该爱别人；只有你爱别人，别人才会爱你。

233. 由于有了爱的箴言，所有在非信徒和异教徒的故事中叙述过的一切事情可以被重新讲述，因为有如此多的征兆预示着新的诫命（旧约、新约中的概要图）。只是，如此一来，不仅叙事的各语位项被普遍化了，而且事件的发生也成了问题。基督教叙事不仅要讲述已经发生的事情，由此固化传统，还要为将会发生的事情规定博爱（la caritas），不管可能会发生什么。这一诫命命令说话者和受话者面对事件，贯彻执行它的叙事，仿佛它在讲述爱的礼物的故事。任何指称都可以被看作好消息的征兆，宣称"我们"这些生灵被造物主所热爱着。

234. 只要是涉及伦理，义务不需要说话者的权威，它需要的是相反的东西。伦理的关键问题是：我该这么做吗？我们给负有义务的人的答案是：上帝需要你这么做。他接着问：这真是上帝的意愿吗？我们回答说，上帝一开始就表明了自己的意愿。负有义务的人说：但是我现在感觉不到了，我不明白《圣经》的权威阐释者所规定的东西，我倒是感觉到了其他行为的义务（圣女贞德的审判）。对独特的个人习语的怀疑不仅仅引发了对巫术的审判，还带来了对预言的欢迎，以及对宗教改革的抵制。就其自身而言，怀疑者质疑传统的权威。他把义务符号中的信仰与对爱情故事中的信念对立起来。只有基于某种义务感（良心的呼唤，对道德律的尊敬），后者才得以实现。爱的诫命的权威不一定受到质疑，被质疑的是合法性不断重复的叙事模式。仅仅因为某件事情已经被规定，就认为一个人应该做这件事情，这是公然蔑视语位的发生，以及受话者在事件发生时所负有的责任。一个人在良心的自由审查时所援引的时间，不是之前/之后（l'avant/après），而是"此刻"（maintenant）。叙事政治已经动摇了，包括它接受和抵消事件的方式、构成共同体的说话者、受话者以及英雄（指称）之间的相互替换等。为了给事件赋予意义，政治协商的链接欢迎各种话语风格之间的竞争，它将判断置于传统之上，较之于（列入虚构场景的）叙事（参见 210 和 217），它与义务有更多的相似性。

235. 义务不能产生一个普遍的历史，也不能产生一个特定的共同体。提供授权叙事的爱可以编造出一个普遍历史，例如朝着救赎不断迈进的历史。在摆脱了神的启示之后（在开端就被赋予了权威的叙事，它决定了最终的结局），爱以某种共和国的博爱、共产主义的团结的形式出现在世俗的普遍历史中。人类不再是自我救赎的生物，而是自我解放的意志。权威不再来自起源的神话，而是来自一个理念，它把自身的目的加于语位之上，允许消除话语风格之间的异识。但是，自由理念反对这种目的化的障碍依然存在，它以名称或"民族"传统的形式被编入大众散文中。人民不会只是属于一个宗教团体或共同体的人民，比如上帝的子民，或是拥有主权的世界公民。不会只有一个世界，而是有（多个名称和多个叙事的）多个世界。国际主义不能置于各民族的世界之上，因为它无法捕捉历史中的流行的小叙事，它仍然是"抽象的"：它必须抹掉专名（在1870年法国和德国社会主义者的争论中，马克思就试图抹去阿尔萨斯-洛林的名字）。即便是关于工人解放的共产主义史诗，也会分裂成多个民族的共产主义史诗。在各个民族叙事之间，没有冲突（除非其中一个想要掩盖其他话语风格的霸权，例如法兰西第一共和国起而反对奥地利帝国），但是在自由理念和合法化叙事之间，异识却是不可避免的。

评注：康德 4

§1 历史科学

和其他地方一样，在历史政治话语中，实在就是概念直观可以被表象的对象，即现象。要么受制于其他条件，要么成为条件，这些对象进一步形成一个历时序列，构成了人类的历史。这一序列不是直观地给出的，它是理念的客体，和一般的宇宙系列一样，它受到同样对立命题的打击。对那些可以被直观表象出来的系列而言，通过知解力——科学话语的描述语位——来获得认识总是可能的。从定义上来讲，这些条件性的和受条件限制的对象应该是有规律的，因而可以自身重复，因此我们从中得不出变化过程，不管是进步、倒退，还是停滞的永恒回归（*Conflit*: §3）。只要与之相对应的对象在现象中被表象出来，那么在系列中标志着重复的语位就是合法的，不管这个系列是升序还是降序合成的对象。"人是动物……要求有主人……但是主人本身是动物，因此需要一个主人。"（*Idée*，第6命题）"人讨厌被奴役，但是倘若要压制前一个奴隶制，必须要有一个新的奴隶制。"（*Remarques*, in Vlachos: 92）或者，为了驳斥通过教育来进步的希望，"既然他们是对教育施加影响的人，因此他们……自身将也要为此目的接受教育"（*Conflit*: §10）。这些规律不仅仅是经验法则，它们可以通过统计学（Idée，导言）建立起来，而统计学表明，将被给予的东西综合为序列的范畴，即因果性及相互作用的范畴，具有"先天"特征。

认知语位既与否定性（矛盾律）相关，也与直观表象相关，由于这一相关性的双重标准，因此在康德那里，它通常与徒劳的希望、虚伪的承诺和预言对立。正是认知语位，被用来驳斥反抗的权利，用来谴责新权威对旧权威的强制替换。论证如下：共同体的存在是认知（或知性）语位的指称，或充其量是客观目的论语位（有机存在物的目的）的指称。然而这一共同体与善的接近是在主观目的论的语位中被判定的（理性存在者的道德目的）。革命打破了既定的共同体，另一个不得不取代它（自然法）。两个语位体系的异质性没有改变。革命政治依赖于政治领域的先验幻相：它混淆了作为认知语位对象可表象的东西和作为思辨/伦理语位对象可表象的东西。也就是说，它混淆了图式/范例和类比（参见评注：康德3）。共同体朝着更好的方向进步发展不是根据经验直观来判断的，而是根据征兆来判断的（参见《理论与实践》《永久和平论》等）。

除了上升序列的综合中遇到的困难（它的总体和开端是不可直观的），下降序列遇到的问题也很多，包括要将还未产生的效果链接起来；和原因不一样，我们无法展示效果的证据。更加糟糕的是，我们得承认，下降序列的综合（即将到来的现象）甚至都不需要思辨的、先验的理念。

无限的二律背反提出了宇宙序列开始的问题，但是没有提出终点的问题。康德在第一批判中写道："假如我们构建了一个所有未来世界变化的整体序列的理念，那么它只是被理解为一个任意想象出来的推断之物，而不是由理性假设为必要的。"（KRV, 275）在这里，我们不争论"理念"（没有直观的概念）与理性存在（没有对象的虚空概念）的关系——即便这也很重要，因为在康德第一批判的分析论（KRV, 249）中已经讨论过了。从思辨的角度来看，至少在宇宙时间中，没有东西先于我们，没有任何东西，不管是作为客体，还是作为可理解的概念。

理论语位在表象人类宇宙序列时不仅遭遇到了这些局限，还有最后一个，即康德在《论目的论原理在哲学中的运用》一文中郑重提出的，关于自然的局限性。他写道，必须区分自然与其历史的描述，即自然地理（la physiographie）和自然历史（la physiogonie）的区别。这两个概念是"完全异质的"。对自然的描述展示了伟大系统的辉煌，而自然的历史在目前，只能展示片段或不牢靠的假设，或是所谓"科学的纲要"，其间大部分问题可以留出空白（接下来康德就这一主题做了一个［针对福斯特的］很长的、为自己所作的辩护：我非常小心地不让科学互相侵吞各自的边界）（1788-b: 177-181）。然而，这里涉及的是朝着世界历史开端的倒退性的综合。如果要保留一些空白，我们知道是为什么：要能够向自然历史的语位表象直觉，以便所有的独特存在都可以纳入序列。在这里，范例还不够，甚至图式都不够。表象的要求牢牢抓住感觉（到处都需要证明），而序列仅仅是一个理念！人类的起源（anthropogonie）也是一样。

总之，这就是认知语位：对于那些可以由批判性法官来验证的历史，它没什么好说的。事实上，它忽略了历史－政治话语，因为它仍然处于直观表象的统治之下。但是存在着其他很多可能的语位家族，它们的表象规则是不同的。在各个语位家族之间，我们将会看到类比，或者更一般地说，看到"通道"在起作用。

§2 指导线索

在《世界公民观点之下的普遍历史观念》，康德用以下方式论证了历史－政治话语的本质：如果我们只依赖直接的直观给予物，那么政治历史就会是一团混乱。它会引发愤怒、绝望，因为它意味着这一可悲的景象来自"无目的的自然历程"，如此一来，"万念俱灰将代替理性的指导线索"（第一命题）[1]。但是从批判的角度而言，仅凭着

---

[1] 此处法文原文是"la désolation du n'importe quoi"，意思是"对任何事情都感到悲伤"，权译为"万念俱灰"。康德原文强调"偶然性""盖然性"，例如何兆武将此句翻译为"令人绝望的偶然性就会取代了理性的线索"，似乎更通顺。参见康德，《历史理性批判文集》，何兆武译，北京：商务印书馆，1990年，第3页。——译者注

这一令人忧心的偶然性就抑郁，由此认定世界无意义是不合理的。为什么？确认带来的是失望，而失望本身就是一个征兆。理性是理念，尤其是自由理念的能力。自由的实现取决于自由的理念（否则，道德律仍然是无效的）。另外，我们可以假定自然在人性中放置了与理性运用类似的禀赋。如果人类历史只是喧嚣和愤怒，那么我们也必须承认，同一自然将理性的种子植入人类，同时也通过自己的无序，阻止人类在实际中发展这些理性的种子。这其实是矛盾的。换言之，在认识到历史混乱的认知语位和期待自由进步的思辨语位之间，通道是不可能的。

批评家康德可以理解这种抗议。他呼唤双方的结合：一个认为人类历史是无序的，而另一个认为历史是由天意神恩所安排的。对于前者，他重复说：如果你坚持认知语位，如果你可以提供语位家族中每一个语位的范例或反例，那么你说无序就是正当的，但只能是限于先前所指明的关于历史的认知语位的范围内。在这一情形下，基于"所有统治形式在历史中提供了自相矛盾的例子"这一事实——如《永久和平论》所言，你只能采纳实用的政治学或是审慎的政治学。你将不过是一个"政治的道德家"，而不是一个道德的政治家。（*Projet*：135，140）对于后者，他说道："你预设了一个在人类历史中起积极作用的自然目的理念，由此带来了一个只有自由可以带来的最终目的。"

(*KUK*, §84)因此,你不是根据认知语位的直接表象规则,而是根据一般辩证语位自由的、类似的表象规则来进行链接的。你可以呼唤某种直观所给予的现象,但是它们在你的论证中没有范例或是图式的价值。通过将它们绑在一起,你并没有获得某种机械或是有机的发展规则,你不过是得到了某个指导线索。正如《判断力批判》所言,指导线索是反思性的,它完全不能归诸或源自概念对直观的归摄,即认知阶段的规则。两者是异质的,不过也是相容的语位体系。同一个指称——人类历史领域的现象——可以被当作范例来表现失望话语的对象,也可以被当作指导线索,用一种类似的方式来表现解放话语的对象。通过这一指导线索,我们可以实行类似的共和体制,从而成为道德的政治家(*Conflict*, § 8; *KUK* § 79, 83; *Idée*, 导言, 第一和第九命题)。

§3 事件

《哲学与法学的冲突》(1795)中第五节中表达的"历史的征兆"将某种复杂性引入了"通道",后者是为了链接历史-政治话语必然需要的。(针对法学)提出的问题是,我们是否可以确认人类在不断朝着更好的方向进步,如果可能,这种进步又如何可能。这一困难加大了:更好、进步、人类,这些都是理念的客体,没有直接表象的可能。

况且，我们要处理的语位，其指称是即将到来的人类历史的一部分，即与预测或预言相关的语位。康德将这一语位和算命先生的语位区分开来，他提醒我们，（根据认知规则）这个语位的对象不可能有直接的表象，因为它与未来相关。

如果要求展示，那就有必要改变语位家族。有必要在人类学领域去寻找康德称为"事件"（Begebenheit）的东西，这一"事件"不是一个直观给予物（une donnée）——只会验证描述它的语位，而是"一种具有随机性的碰运气的行为"，如果你愿意的话，也可称之为"发牌的随机事件"（une donne）（康德在用于准备理念的克拉科夫手稿中称其为"事件"[Ereignis]）（*KF*: 169, 172, 173）。这一事件只能暗示而不能证明人类能够既成为进步的原因，又可以成为进步的创造者。康德进一步解释说，更确切地说，这一事件本身就是人类历史的一部分，它必须暗示一个原因，其作用的发生在时间上是不确定的，自由的因果性不能服从于机械世界的各种历时性序列（参见评注：康德2，§4）。基于这一原因，自由的因果性可以在任何时候，即克拉科夫手稿重复提到的"在某一时刻"（irgendwann）（*KF*: 169, 170, 173）对事件的序列进行干预（*Conflit*: § 5）。

但这还不是全部：这一"事件"本身不应该是进步的原因，而仅仅是进步的标志。康德将"历史征兆"解释为"回忆的、演证的、预示的征兆"（signum rememorativum, demonstrativum, prognosticon）。他所寻找的事件将具有根据过去、现在和未来三个时间方向"表象"自由因果性的任务。倘若不能称之为矛盾的，这个神秘的东西，这个"自我实现的行为"是什么呢？

我们可以期待一些重大的事情成为我们寻找的"随机的发牌事件"，它们可以证明自由因果性的力量。可是，重大的事情仍然是给予物，一个允许多种解读（例如描述性、辨证性语位）的事件，但也正因为如此，它成为一个模棱两可的对象，可以被一个语位或其他语位不加区分地解释。在这里，康德走得更远，他不只是想做简单的调和，而是给出了貌似自相矛盾的悖论。通过一个满足双方的安排来打发决定论的支持者或是自由/目的论的支持者，这对康德而言远远不够，他要做的是将两者绑在一起，积极地对所寻求的事件进行共同管理。如果不是由经验给予，至少也是在经验中被给予，或者"被交付"，事件应该可以成为证明自由的因果理念的标志。通过事件，机械与自由/目的之间的深渊，感性世界与超感性领域之间的深渊边缘基本上被缝合了，不过也并没有取消它，而这种微小的间隙足以确定历史-政治话语的（不一致的、不确定的、或许是可以表达的，甚至是"可证明的"）地位。由此可以证明，人类利用思辨理性的天然倾向确实可以实现，并且我们在人类历史中可以预测朝着更好方向不断进步，不用担心错误。

康德写道,我们有一个事件,满足了问题的给定条件。它根本不是重大事件,也不是一场革命。"它仅仅是旁观者的思维模式,在历史剧变(例如革命)中公开地表露出来,表现为某种如此普遍但却不谋私利的立场,支持演出者的某一方而反对另一方,甚至甘冒这种偏袒将对他们极为不利的危险。至少是在人性的倾向中,这一立场(因为它的普遍性而)展示了整个人类的共同性格,(因为它的无功利性而)展示了人性的道德品格。这一品格不仅允许人们抱有朝着更好的目标不断进步的希望,而且就人类的能力目前能所及而言,这本身就是进步。"近来,一个精神上富足的民族的革命或许失败,或许成功,或许带来痛苦和暴行,但是,康德写道,"革命在所有旁观者(他们自己并没有卷入这场戏)心中还是发现了愿意参与的愿望,这种愿望与热忱十分接近,由于它的外部化本身就带有危险,但这种对革命的同情,除了人类天性中的道德倾向,没有任何别的动因"(*Conflit*, §6)。

§4 热忱(L'enthousiasme)

热忱是崇高情感的模式。想象力试图为理性理念提供一个直接的、感性的表象(因为整体是理念的对象,例如,实践理性存在的整体)。理念不可能实现,因此它会感到无力；但与此同时，它发现了自己的目的，即通过合适的表象来实现自己与理性理念的和谐一致。由此产生了对立的关系：我们感觉到的，不是针对客体的情感，而是借这一客体，体验某种在主体中存在的人性理念的情感（*KUK*: §25）。在这一文本中，康德所论述的情感是敬重。只要崇高包含了这一"隐匿的真相"：用主体之间能力的调和替代主客之间的调和，那么这一分析适用于所有崇高情感。

在崇高的情感中，这一"内在的"调和其实是不调和。与趣味不同，当崇高不好时，它的调整就是好的。崇高包含了无目的的目的性，包含了痛苦的愉悦，"为了与无限制的理性能力——绝对整体的理念——相适应，想象力必然要扩展，结果，在这种不愉快的情感中，我们发现了某种目的性，即想象力在能力上的不合目的性（与目的不可通约或非类似），对理性观念及唤起这些理性观念来说，却表现为合乎目的……在对象被感受为崇高之时，伴随着愉悦的情感，但是这种愉悦只有通过痛苦作为中介才能获得"（*KUK*: §27）。

想象力，即便是扩展的想象力，并没有通过表象一个客体来证明或"实现"理念。痛苦由此而生：无法表象。什么是嫁接到这一痛苦之上的快乐呢？这一快乐来源于在不协调中发现了相似性：即便是在自然（包括人类自然和人的自然历史,例如伟大的革命)中所呈现出来的特别伟大的事物,与理性理念相比,仍然是渺小而微不足道的(§26)。这里发现的,不仅仅是理念的无限性,它与所有表象的不可通约,同样也包含了主体的目的,"我们的"目的,即为不可表象的东西提供表象,由此,在涉及理念时,超越一切可被表象的东西。

热忱是崇高的一种极端模式:表象的努力不仅失败了,引发了种种压力,而且它将自己倒转过来,以便提供某种极其背谬的表象,即康德所谓的"否定性的表象",某种"抽象",康德大胆地称之为"无限的表象"(KUK,对审美反思判断力的说明的总注释)。我们这里拥有的是最不可靠的"通道",即类似于"通道"的死胡同。康德甚至大胆地给出一些具体实例:"也许在旧约中没有哪个片段比这条诫命更崇高的了:'不可为自己塑像,也不可表现天上、地上和地底下的任何形象'等。只有这条诫命才能解释犹太民族在其繁盛时期与其他民族相比较时,对自己的宗教所感受到的热忱,或者是在启发伊斯兰教所引发的骄傲。"他接着说:"同样的情况也适合于我们心中的道德律和道德素质的表象。"(同上)表象不可表象的东西,这一抽象表象所要求的,是"想象力"的不受限制。

这种热忱是一种极度痛苦的愉快,它是一种情感,一种强烈的、盲目的情感,因此,康德说无法"获得理性的认同"（同上）。它甚至是一种疯狂（dementia）、精神错乱（Wahnsinn），想象力完全被释放，没有约束。即便如此，它比狂热（Schwärmerei）还是要好些的。后者是胡闹（Wahnwitz），是精神失常（insanitas），是想象力"完全没有规则"，是病入膏肓的疾病，而热忱是"是暂时的意外，可以触及最健全的知性"。而"狂热"则伴随着"幻想"："看到的都是超越了感觉界限的东西"，它相信，在没有任何表象的地方也存在着直接表象。它进入了一个不用批判的通道，可与先验幻想（认识某样超越了认知限度的东西）相比。至于热忱，它什么也没有看见，或者说，它看到了可以被看见的东西就是无，因此又回到了不可表象。尽管热忱在伦理上被谴责为病态的，"但在美学上，热忱是崇高，因为它是由理念产生的一种带有张力的力量，它可以赋予灵魂以热情，这种热情比感性表象中所引发的冲动更强烈、更持久"（同上）。

历史－政治热忱在狂热的边缘，它是病理性的爆发，正因为如此，它本身没有伦理的有效性，因为伦理要求免除所有包含有动机的情感。伦理只是允许那种伴随着敬重的义务感的无情的情感。在这一阶段性的释放中，热忱的情感保留了某种美学意义上的有效性，它是充满能量的征兆，是愿望的张量。理念的无限性吸引了所有其他的能力，产生了某种"强劲有力的"情感，具有崇高特征的情感。

我们看到"通道"并没有真正出现,或者说,"通道"正在被跨越,它的轨迹,它的运动,只是某种在不可通约的"死胡同"里的原地动荡,在深渊之上的"往返振动",如康德所言,"是被同一个对象吸引和拒斥的交替运动"(KUK: §27)。这就是目睹法国大革命的那些人的情感状态。

§5 不确定的标准和人类共同体

大的变革,例如法国革命,本质上并不是崇高的。作为客体,它们与(物理的)自然奇观很相似,后者可以引发观者的崇高感:"大自然通常所激发的崇高理念毋宁说是在它的混乱和无序中,或在它的极端狂野、缺乏规则的荒芜之中,只要能见出对象的伟大和力量。"(KUK: §23)最能确定崇高的,是它的不确定性,即"无形式"(Formlosigkeit)(§24):"自然界的崇高……可以被看作无形式的或不成形的。"(§30)"没有特定的形式被表象在自然中。"(§23)这也同样适用于革命,适用于所有的历史剧变:它们是无形式的,在历史的人类本性中没有既定的形状。从道德上来讲,它们是无效的,相反,它们受批判性判断的影响。它们导致了政治幻相,带来了混淆,即混淆了共同体(gemeine Wesen)现象的直接表象和类似于共和契约理念的表象。

可以创造历史征兆的事件只有从观看剧变的剧场找到。

在舞台上的演员那里,利益、日常激情、带有(心理和社会学)经验的因果情感,历来与纯粹道德理性的利害关系,以及对共和法理念的呼唤是缠绕在一起的。反过来,观众被放置在其他国家的舞台上,这些舞台构成了表演的剧院大厅,在这里,绝对主义通常占据着统治地位,我们却不能怀疑他们是出于经验性的利害关系才公然表达(对革命的)同情,因为他们甚至冒着被自己的政府所迫害的危险。这至少保证了其情感的美学价值。应该说,他们的热忱是纯粹共和主义热情的美学类似物。

此外,站在观众的立场,我们获得了第二个命题,即革命行动不仅是建立在法律上单一合法主权(即人民)统治下的法国政治体制,而且要通过和平计划来建立包含全人类的国家联盟。尽管如此,他们的行动仍局限于法国,如康德所言,外国观众在观看时,根本"没有萌生任何积极参与的愿望"(*Conflit*: §6)。

意愿参与并不是实质行动的参与。但其实这样更好。崇高的情感,实际上已经扩散到所有国家的舞台。至少,在潜在的意义上,这种情感是普遍的。它的普遍性或许和格式规范、可验证的认知语位的普遍性不一样,认知判断有规定性判断在"它面前",而崇高是在没有规则的情形下进行判断。和美的情感一样,它也拥有先天原则,但这种先天性不是被普遍认可的规则,而是等待普遍性到来的规则。审美判断所引发的正是这种悬而未决的普遍性。康德称这种普遍性为"共通感"（le sensus communis），或者"共通感的理念"。（KUK: §20-22, 40）他明确指出，"通过先天的方式，判断力在审美反思中考虑所有其他人的再现模式"（KUK: §40）。这一共通感并不保证"每个人**将会**同意我的判断，而是每个人**应该**会同意我的判断"（§22）。它仅仅是"理想的标准""不确定的标准"（同上）。"人性在朝着更好的方向发展"，倘若观众的热忱可以作为验证这一语位的事件，这是因为热忱是一种纯粹的美学情感，它要求共通感，呼唤共识，只不过这种共识在法理上，只是尚未确定的感觉；它是一种对共和体制的情感预期。

这一先天期待的普遍性的不确定性是审美判断的特征，多亏了这一特征，在康德的"审美判断的辩证论"中，鉴赏判断的二律背反被消除了（KUK: §56 sq.）。正题说：鉴赏判断不是建立在概念之上，否则可以对它进行争辩；反题驳斥：鉴赏判断必须建立在概念之上，否则，我们甚至都无法讨论，这一判断可否诉诸普遍性。通过引入"本身不确定的和不可确定的"概念，这一二律背反被解决了（§57）。认知语位要求有相应直观的表象：概念由此可以由与之吻合的表象方式，即图式来决定。而审美判断，恰恰相反，"无法被任何直观所决定"，它"不知道任何东西，最终它不能为鉴赏判断提供任何明证"（同上）。

正如在思辨语位中存在先验表象,在审美语位中也存在;同时还存在相应的幻相,它不可以回避,但不是不可解决的。在理论运用中,幻相就在于通过直觉表象将认知语位的有效性验证方法扩展到其他语位的确定。在美学运用中,康德宣称审美语位的表象力是出类拔萃的,但它不依凭概念来表象其感性和想象性的直觉,由此它无法确定知识范畴,而只能确定一个范围。而且,那一范围只能被反思性地决定:不是由表象和概念之间的可通约来决定,而是由表象能力和概念化能力之间不确定的可通约来决定。所以可通约本身是一个理念,其对象是不能被直接表象的。正是从这里我们获知,美和崇高所唤起的普遍性仅仅是一个共同体的理念,我们找不到这一共同体的证据,或者说找不到这一共同体的直接表象,最多只是间接的表象。

在充满冲突的"二律背反运动"的解决方案中,不仅要考虑到冲突语位的有效性,也要考虑到这些语位的说话者和受话者的处境。就审美情感而言,支持美的普遍性的人要求某种共识,即与我们可获得的真理普遍性一样的共识;而反对者则认为这是不可能的(因为不存在与审美表象相对应的概念),似乎放弃了所有的普遍性。而康德的解决办法是求助于对立方都必然有的情感,倘若没有这种情感,双方甚至都没法同意他们之间有分歧。这种情感证明在他们之间存在着"可传达性"(communicabilité)

（KUK：§40）。一方希望，情感的纽带不能成为概念的对象；而另一方则认为，这一情感也不会缺乏纽带。这一纽带必须一方面保留情感的特质，另一方面，它旨在将自己转化为某种明确的共识，就激发它的美的理念达成共识。鉴赏语位是悬而未决的语位（参见22），每个对话者都可以以异质的方式来进行链接，但是他们都必须设法充分地表达语位的含义。可传达由此被看作"某种义务"，而鉴赏则是某种先天判断的能力（同上）。

由此，美学中的"共通感"就好比伦理中的实践理性的存在整体。它是一种先天地对共同体的诉求，并且在没有直接表象规则的情况进行判断。简单来讲，在道德义务中，共同体是作为中介的理性概念——自由理念——所要求的，而在美学的语位中，说话者和受话者的共同体被纯粹的感觉直接唤起，没有任何概念作为中介，而这种感觉可以被先天地共享。共同体是鉴赏趣味的共同体，而不是理性共识的共同体。

作为"我们时代的事件"，热忱遵守美学二律背反的规则。它是美学中最矛盾的，也是最崇高的。首先，崇高和趣味一样，是一种无关利害的愉悦，包含不涉概念的普遍性；但它和美又不一样，美仅仅是没有目的的目的性，美的愉悦来自各种能力之间的自由协调运作，而崇高包含了反目的的目的性，包含了夹杂了痛苦的愉悦。通过崇高，康德如此深入地进入了异质性,以至于在崇高中,二律背反问题的解决要比消除美的二律背反显得困难得多。

§6 文化

当我们处理热忱,即崇高的极端表现时,情况更是如此。康德认为,"对于崇高情感的内心情调要求内心对理念有一种感受性"(KUK: §29),即一种对理念的敏感性。康德继续说:"自然界(人类本性也是如此)的崇高判断需要文化教养。"(同上)这并不是说判断是由文化创造的,而是说判断"在人性存在着它的根基"。这一对文化的暗示在"目的论判断力批判"中找到了它的阐述,后者涉及自然的最终目的。正如在其他政治性论文中那样,康德在此驳斥了"自然的目的是人类的幸福"这一命题,他告诉我们,这一目的只能是人类的文化。"一个理性存在者一般而言对随便什么目的的适应性(最终是在其自由中的适应性)的产生过程,就是文化。"(KUK: §83)文化是人类天性追求的唯一目的,因为只有文化可以让人"变得对理念更加敏感",它是通向自由思想的条件。

在同一段里,康德区分了技术的文化和意志的文化,而在技术文化中,又区分了物质文化和技巧的形式文化。但是技巧文化的形式发展要求各种自由之间的冲突的和解,即在个体的层面,通过我们称为"整体的法制权威——公民社会"来实现。如果人类成功地战胜了自然天意的计划，那么技巧文化的发展要求同样的和解，但这一次是在国家的层面，即借助"世界政治整体"，这可能是一个国家联盟（§83）。在法国大革命中，热忱公然背叛了自己，原因有三：首先，因为它是一种极端的崇高感；其次，因为这一情感要求技巧的形式文化；最后，因为这一文化反过来要求国内或者国家间的和平。这一热忱本身"不仅允许人们抱有朝着更好的目标不断进步的希望，而且就人类的能力目前所能及而言，其本身就已经是进步"（*Conflit*: §6）。

因此，不是所有的审美语位可以提供证据，证明人类在不断朝着更好的方向进步，而只有极端的崇高语位可以。美是不够的，它仅仅是善的象征。由于崇高是一个情感的悖论，既是一种公开表达的情感，同时作为一个集体，它感受到这种"无形式的"东西，是指向某种经验之外的东西；正是在理念无法在经验中被表象的地方，这一情感构成了公民社会甚至是世界公民社会这一理念的"仿佛如此这般的表象"（comme-si présentation），因此进一步构成道德理念的"仿佛如此这般的表象"。正是通过这一方式，崇高表现为一种征兆。这一征兆只是一个自由因果性的显示器，但是它却具备证明进步语位的价值，因为，为了能够通过法国革命的"思维模式"创造这一征兆，革命的旁观者必然已经获得文化上的进步。这一征兆在当下的状态被看作进步,尽可能地被看作进步,尽管公民社会的政治制度远不是共和体制,而国家也远不是国家联盟!

(于康德《系科之争》中的)批判哲学中起作用的判断力在人们对革命的热忱中,看到了历史的征兆,因为热忱被看作作为自然物种的全人类的判断力进步的证据。当我们根据历史认知语位的表象规则来评估它时,这一征兆是暗示性的,仅仅是可直觉到的历史给予物中的一个简单事件而已。在奇特的判断语位家庭中,这个征兆就是一个证据,为康德的语位"存在着进步"提供证据,因为这个征兆本身就是(大众的)语位,它不是被"言说",而是以公众的名义表现为在本质上可以被共享的情感,在抽象的"被给予物"上被感觉到。康德的"存在着进步"不过是反映了人民的感觉"存在着进步",这种情感必然暗藏在人们的热忱之中。

因此,康德可以严肃地得出论断:"现在我确信,即便没有先知的洞察力,根据我们这个时代的发展特征及趋势,我可以向人类预测这一目的的实现。也就是说,我预测人类不断进步,从现在开始,这一进程不可能完全逆转。因为人类历史的这一现象不再被人遗忘。"(*Conflit*: §7)没有政治家(政治的政治家,康德所说的"政治的道德家")"会如此敏锐,根据迄今为止的事物发展历程来推断出这一不断进步的能力,即热忱在人性中所发现的不断进步能力"。他补充说,"只有它才可以承诺,在人类中按照法权的内在原则把自然和自由统一起来。但是就时间而言,这一承诺是不确定的,并且是作为一个偶然事件"。偶然性和意外事件让我们想起来,在自然(革命及它所引发的情感的病理性一面)和自由(趋向绝对善的道德理念,它反映了同一情感的另外一面——普遍性和非功利性)之间,"通道"的必然不确定的特性。

"存在着进步":康德可以将这一语位合法化,只要他可以用一个征兆来充当这一断言的指称。但是他不能说什么时候这些"客体"会出现;历史序列仅仅给了历史学家(最多是统计学意义上的有规律的)数据,但它们从来不是征兆。历史-政治语位仅仅通过例子表象自己,这些例子既不是作为范例(exampla),更不是作为图式(schemata),而是作为复杂的描述,且越是复杂,越是可靠。法国大革命的大众热忱就是历史-政治语位的有效例子,因此允许非常可靠的描述。也正出于这一简单原因,它本身是不可信的描述(因为它在某种"无形式的"、经验的给予物中辨认出共和理念)。至于历史哲学,在批判思想中没有任何问题,但如果认为征兆是范例,是图式,这却是从表面而得来的幻相。

236. 马克思主义并没有终结,但是它该如何继续呢?

马克思在1843年说道:"一个被锁链完全锁住的阶级,一个资本主义社会里的阶级却又不是资本主义社会的阶级,一个以普遍伤害为其普遍特征的社会领域,它不要求任何特定的权利,因为对它而言,没有特定的伤害,而只有简单地被伤害……"(1843: 105)伤害通过情感的沉默,通过苦难来表达。伤害源于这一事实:所有语位世界、所有链接都从属于或可能从属于资本的单一目的(资本是一种话语风格吗?),并由资本来评判。由于这一目的控制了或能够控制所有语位,它声称自己具有普遍性。因此,由资本带给语位的伤害将是普遍的。即使伤害不是普遍的(但是你如何可以证明伤害不是普遍的?它是一个理念),标示着异识的沉默情感仍然应该被聆听。思想的责任要求异识被聆听。这就是我们为什么说马克思主义作为一种异识的情感,没有被终结。

237. 马克思试图找到声称由于资本而遭受苦难的语言表达式。在苦难和阶级斗争中——这些都是认知话语(例如历史学、社会学、经济学话语)的指称,马克思相信自己听到了无产阶级的要求,后者是理念的对象,是理性的理想,是某种被解放了的工人阶级的人道主义。无产阶级要求共产主义,要求语位的自由链接,要求摧毁"国家"(le

gemeine Wesen）的话语模式。这一目的被历史的征兆和可以引发工人阶级斗争的热忱所标示："除非无产阶级可以在自身、在群众中创造某种热忱的时刻，在这一刻，它可以团结并联合一般的社会阶层，与之同化，被看作并被确认为他们的普遍代表，否则没有任何资本主义社会的阶级可以担当这一解放的重任。"（同上：101-102）——受预设了自我的结果逻辑（参见评注：黑格尔）的束缚，马克思将热忱理解为某种来自（理想的、被解放的）自我的要求。共产主义理念的指称被改写为发出共产主义指令的主体（说话者）。共同体的存在需要它自己。这只能用思辨风格方式来表达。

238. 有必要让这个主体在历史－政治现实中"说话"。——他们的语位难道不是我们在前面提到的征兆吗：痛苦、阶级愤怒与仇恨、热忱与团结（参见236）？难道只有这些征兆吗？——如果这些征兆拥有普遍价值，它们只是在剧场里边（参见评注：康德4，§5），它们拥有美学的价值，而不是实践的价值。人们等待着它们，它们随时都会到来，它们只是评价，而不是行动，它们偶然会威胁资本链接的持久性，只是资本链接在暴风雨之后又总会卷土重来。让无产阶级说话，就是赋予他们一个历史－政治的现实。马克思建立了工人阶级的国际联盟。他将征兆诠释为由共同体所点燃的热忱,仿佛它标示着真实阶级的政治规划,仿佛它画出了某个现实党派组织的草图。这是幻觉的第二次"过渡":第一次(参见237),是从团结一致的热忱符号过渡到一个革命主体——无产阶级——的理想;第二次,是从这一理想过渡到现实的工人阶级的政治组织。

239. 政党必须证明工人阶级是真实的,但是它无从证明,它也无法提供理性理想的证据。它只能给自己提供证据,并展开现实的政治学(马基雅维里式的政治学,致力于专名和真实共同体的叙事)。它的指称不可以被直接表象,它不可以用例子来指明,仅仅可以通过符号来显示自身。政党被迫将无产阶级——(康德意义上的)辩证话语的指称,解放劳动人民这一理念的理想客体(或许是主体)——混同为现实中的无产阶级,后者是"实证"认知语位的多个指称对象。不同话语类型就指称的含义争论不休(科学话语将定义的可验证性看作关键性的,而"辩证"话语将概念的完整发展看作关键性的而不关心提供感觉证据),为了掩盖它们之间的异识,历史-政治现实的建构程序被垄断了。而任何挑战这一垄断的事物,则受到两难逻辑的威胁（参见4）。被压制的异识在工人运动内部重新出现，尤其是在组织（即垄断）问题上以冲突的形式反复出现。但是，即便是集权制和自发主义之间的异识也被掩盖为某种诉讼（自发主义者并不愿意比集权论者更少现实主义，他们想更加现实主义）。而这场诉讼最终总是被不断调整，以便符合集权制的利益，即垄断的利益，因为解决争端的法庭（政治机构）本身就是从这一垄断机制中获得其权威的。而这种解决争端的方式，只会在组织的（外部与内部）边界上引发更多的、新的异识。

240. 语位1：（说话者）x向（受话者）y出让指称a，这一（可以用例子来指明的）东西；语位2：（说话者）y向（受话者）x出让指称b，那一（可以用例子来指明的）东西。经济话语风格：出让那一物品和出让这一物品可以相互抵消。语位1和语位2链接在一起，（该风格的关键、目的）是"解放"双方，让双方解除约束。至于这个是什么，那个是什么以及它们的意义，只对一个语位而言是重要的，即试图正确描绘这一或那一事物的语位（人类学家、经济学家、社会学家、精神分析学家的语位）。在经济语位（而不是经济学家的语位）中，意义不再是被交换物体的意义，交换本身就是意义。通过语位1，x被立即置于债权人的位置，而 y 被置于负债人的位置；语位 2 取消了这一状态，而经济话语类型的语位 1 呼唤着语位 2 的出现。2 链接到 1 上构成了交易本身。没有 2，1 就不会发生。因此，时刻 t+1（2 的发生）就是 t（1 的发生）的条件。教导语位"期待着"另一个语位的顺从，但是后者不是前者的条件。指令语位期待它自身的完成，但是后者也不是它的条件。诸如此类等。出让的经济语位并不期待清偿语位（交易对价语位），它预设了后一语位。

241. 经济类话语风格由两个规则决定：指称的相同，以及说话者和受话者的可交换性。经过一轮的交换（语位 1+ 语位 2），交易总和为零。如果总和不为零，那么正负差额记入 x 或 y 的账户，以便进入下一轮交换，直到他们清偿债务。一旦债务被清偿，另一方可以重新开始，不过这不是必然的。经济话语风格不是作为语位的链接，而是作为"某些回合"的链接，这倒是必然的。但是你如何证明一种风格是必然的？有些人求助于社会联系；有些人沉溺于鲁宾孙式的梦。所有这些都是徒劳的，是拟人化的。

242. 当 y 将 b 出让，以便抵消自己获得的 a 时，你如何知道 y 偿清了 x 的债？在什么时候 a 和 b 拥有同样的价值？第一个假设：b之于x的价值等同于a之于y的价值。可运用使用价值、需求、边际效用、符号价值等。但是这种人类学假设预设了对等性的讨论，预设了价值尺度的共识，而在其中，问题仍然没有改变：y怎么知道x对b的评价等同于他对a的评价？这里提出的问题是个人习语（例如需求、欲望、用途等）的不可通约（参见56）。求助于价格（用金钱数量来衡量价值）并不能解决这一问题。价格之于价值，就如同温度计的温度之于热度。马克思的答复是将生产a与b的社会平均工作时间看作共同评价标准。因此我们必须预设a和b是"产品"。正如马克思在《政治经济学批判大纲》中所言，生产能力（dunamis，劳动力）形而上学的危险补充了生产（energeia能量）形而上学的危险，前者从亚里士多德的形而上学而来，并冠以人类主体的名义。另一方面，仅仅考虑时间是恰当的，因为时间包含在经济语位的形成过程中，经济语位要求前一个语位从属于后一语位的发生，而后一个语位会抵消前一个语位（参见240）（它涉及的是数学时间，如康德所说，它们像图式那般暗含在自然数字系列的形成过程；或者，更恰当地说，是代数时间，是维特根斯坦意义上的"以此类推"[参见95]，可计算的时间）。

243. 就其本身而言，劳动并不属于交易，不属于经济话语风格。这不过是各种话语风格的链接。说话者（不管他或她的本质如何，不管是人性的、神性的还是动物的）假定要求这样的对象：想象力的理念，即创造性风格所必需的语位之一。另一个语位是追寻客体，并根据所要求的模式将它们转化。客体被当作物质，否弃它们的既定目的，根据模式转向另外的目的。这一语位是"隐喻性"语位，它将对象从一个目的转向另一个目的。这一隐喻的前提是结果是可以被指明的（ostensible）：这就是最初的说话者所要求的客体。技术改进了对它们而言至关重要的转化语位，而文化（？）、天才（？）则改进了对它们而言至关重要的想象力语位。如果想象力语位的结果可以用例子来指明的话，那么它将成为交易（例如专利）的指称。

244. 如果经济风格真的服从交易原则，那么商品的生产时间不是经济时间。生产得耗费时间，而这个时间应该从交易中扣除。时间在生产过程中积累，它在产品中储存，直到产品准备进行交换。服务销售者的资格，是根据培训时间来衡量的。同样的方法也适用于商品价格的决定。仅仅是商品还在库存这一事实就将提升它的成本。国民经济也是如此：（假定投入资本不变）经济发展应该与在基础设施和生产方式中耗费的累积时间是成正比的。工作不是能量的消耗，而是时间的消耗。劳动并不延迟享乐（在经济风格中，享受无关紧要，因为享乐是在完全服从交易原则的双方之间对对象的毁灭），是交易延迟了享乐。但生产延迟了交易。太多的时间要用于生产，太多的延迟要弥补，太多（失去的）存储时间要抵消，太多的价值要实现。

245. 在想象力语位、技术执行语位以及遵循经济风格规则的语位之间，存在着异质性。资本让前两个语位体系服从于第三个。创新和执行，连同它们的赌注，都被看作语位 1 和语位 2 链接时浪费的时间。在产品交易中，时间的损失理应予以扣除。生产节奏的加速和社团时间安排得满满当当，导致经济风格扩展到本来并不服从交易原则的语位之上：语位 1 服从语位 2，后者解除了债务，并解放了交易双方。所有的债务（即便是爱、工作、生活本身的债务）都被看作可解除的。例如，当 x 即将死亡时，他会留下某些没有完成的交易，也就是说，在他的债务被清偿之前，他可能会死亡。但是通过保险，社会可以接替他清偿债务的能力。因此，他的生命并不属于诸神或是家庭，而是属于保险公司，即交易。

246. 货币并不是交易对象（a，b，商品）的一般等价物。它并不会像这些物品一样，在（消费）循环中被消耗。而它的面值也独立于"生产"它所消耗的时间（生产 1 美元和 20 美元的时间是一样的）。但是，它应该等同于（或多多少少逼近）投入商品的时间，以及当商品还没有被用于交易时，生产商品所消耗的时间。在对等出让或购买（语位 2）中，货币可以替换 b。它支付了 x 生产 a 时所耗费的时间。显然，享用客体或拥有客体并不是关键的，关键在于交易是时间的交易。不管它的本质是什么，货币符号就是"抽象"的累积时间。由于货币可以与（当下）的实际商品交易分离，它因而能够转让时间，货币符号是任何交易时刻的时间标记。

247. 因此，一个人的财富与他在交易中比别人投入更多的时间是成正比的。一个人所拥有的资本与他投入交易流通的时间也是成正比的。将时间算入交易时间，后者将 t 时刻的语位 1 和 t+1 时刻的语位 2 分离，这不仅仅是购买包含了更多时间的商品的能力，而且是延长 t 与 t+1 两个时刻之间的间距的能力。有些人除了"他们"的时间（此时此地 [hic et nunc]），没有什么可以出售；有些人拥有可自由支配的积累的时间，可供出让。也有一些人居于两者之间，可以预支一点时间，但不是很多……

248. 货币可以预支时间，因为它本身就是存储的时间。（针对买家的）消费信用能够预支享受的时间，（针对商家的）流通信贷能够预支（供货人）的付款时间，（针对企业主的）投资信贷可以预支生产时间，（针对银行家的）信用信贷可以预支债务人偿还债务的时间。借出人借出的是时间，他替债务人取消了为了实现其计划而必然需要的时限。货币，或者说时间，被看作"好像是商品"一般。在交易规则中，货币的出让总是预设了对等出让。在这里，债务人出让的是时间的预支。对等出让，预支的偿还，在若干交易环节中（短期、中期或长期）被假定推迟了。否则将不会有预支。然而，在交易时间中货币以信用的方式被冻结，因此，相对于实际（当下发生的）交易时间而言，这一交易时间是失去的时间，就好比货币在生产过程中被冻结一样。失去的时间应该被弥补、被抵消，直到信用到期。利息会偿还这种延迟，即放款人失去的时间。

249. 倘若劳动被看作为交易而付出的时间，那么我们应该尽可能地缩减它。马克思意义上的剥削（对经济风格而言，提取更多的相对价值才是利益攸关的）就是一种缩减时间的方式。也有其他的方法。但是我们看到了理想的方式：比方说立即弥补失去的时间，预支在信用中失去的时间。立即收取贷款利息，就好像尚未到期的借贷周期已经过期一样。这也是企业的自我融资所要实现的：商品销售中预期的利润要打入起始价格。在前一个流通环节结束之前，我们要把它们放入下一个交易流通环节。因此，我们要竭力获取语位1与语位2的最小差距，但是在支付a时，要表现得仿佛差距很大，仿佛我们为了支付a，必须得预支逝去的时间，仿佛y不仅应该支付投入a的时间，还应该支付贷款时所失去的时间。

250. 劳动两次都服从于交换规则。资本主义体制的劳动条件都来源于经济风格的霸权，在这一体制下，关键是节省时间。但是劳动自己无视这一关键要素（参见243和244）。在劳动和节省时间之间，存在着不可解决的异识。情感（悲伤、愤怒、憎恨、异化、挫折、羞辱）伴随着所谓的工作条件从异识中产生，并标示着异识的存在。——劳动服从于交换，也叫雇佣劳动。经济话语风格表现为"服务"买卖双方的合同关系。但是这里与"真实"的时间（参见"指称、名称"一章）有些不同。当某个时刻是现在，并且在时间（天、小时、分钟）中可以被命名时，那么我们可以说此刻是真实的。而在商品/货币的交易中，只有交易的那一刻是真实的：作为抽象时间而存在的对象，此刻、此日、此时正在交易。在《劳动合同》中的所谓"服务"，原作上作为可以交易的对象，不仅仅被定义为抽象的时间（劳动者为获得资质而耗掉的时间和他未来获得供养的时间），也可以定义为真实的时间。劳动者此刻（在这个小时内的每一刻、每周的这么多天、每年的这么多周）将会在这里（在他的岗位上）。交易双方都希望节省时间，一个是通过购买，另一个通过出售，因为他们交换的是抽象时间，后者在真实的年代表中可移动，在任何时刻可交易。然而，通过出让真实的时间，劳动者将自己固定在雇主语位的指示词中（是的，他在那里），固定在日历表中（他八点会来）。真实的时间是不可替换的。即便我们假设劳动者节省了更多的（以货币表示的）抽象时间，甚至为了节省这些抽象时间，他都没有怎么耗费真实的时间（可能吗？），貌似他仍然不可能有"真实"的时间来消耗这些积累的抽象时间。这与《项狄传》和布托的《逝去的时间》中所描述的似乎是类似的问题：较之于叙述者生命真正所花费的时间，作品花了更多的时间来讲述他（故事英雄）

的生活。我们只能希望储存在作品中的时间没有被所有人浪费。

251. 有资本，我们就不再有交易时间。交易是时间的交换，用最少的可能时间（真实时间），去换取最大的可能时间（抽象或失去的时间）。任何东西都可以用于交换，只要对象所包含的时间和交换所需要的时间是可计算的。交流理论为一般语位中确定了布尔代数的可计算单位，比特，即信息的单位。在这一条件下，语位可以被看作商品。语位体系的异质性和话语风格（及其关键）的异质性发现了某种普遍话语，即经济话语，它是普遍的标准，是成功，是所赢得的时间，是某个普遍法官，是最强势的货币，换言之，是最可靠的，最有可能给予和接受时间的货币。绕过生产的外汇投机，被证明是通过交易来积累时间的最快途径：你可以在周五买入疲软的货币，然后当它趋于稳定或仅仅是没有贬值时，在周二卖掉。

252. 资本主义的法庭认为，可以被忽略不同语位体系或话语风格之间的异识。经济话语以及它从一个语位到另一个语位的必然链接模式（参见240和241），排除了发生、事件、奇迹，以及对情感共同体的期待。"我们不会停止"

思考（各种话语）目的之间的不可通约，不会停止思考这种不可通约在语位之间打开的空白。时间在资本主义这里达到最高潮。但是如果法庭的判决总是站在节省的时间一边，如果它是以这样的方式终止诉讼，那么它很有可能因为同样的方式激化冲突。

253. 经济话语风格的霸权当然可以穿上一件以解放为目的的历史哲学的外衣。更多的财富、更多的安全、更多的冒险等，这些都是我们对于伦理政治的经典语位"我们应该成为什么？"的回答（参见 210；评注：康德4，§2）。但是这个伦理问题并没有在经济话语中提出来。在这一风格中，倘若获胜（我们没有抓住关键），不是因为我们听到了义务，并欢迎它的到来，而是因为我们已经节省时间，并想节省更多。由此，资本的经济话语根本不需要协商（délibératif）政治，因为后者允许话语风格的异质性。毋宁说它要的是相反的东西：它需要压制、消灭这种异质性。只有当社会关系没有（或尚未）完全被吸纳到经济语位（出让和对等出让）的模式中，才能容忍异质性。倘若有一天真是这样的情景，政治机构将会是多余的，就像国家叙事和国家传统那样。但是，正是在协商政治体制中，话语风格的多样性和它们各自的目的才得以基本表达，倘若没有这样的体制，那么人性的理念——不是指追寻"自身"目的的主人理念（形而上学的幻相），而是指那些可以感觉到包含在已知和未知的不同话语风格中的异质目的，并能够尽可能地去追寻它们的理念——是否可以维持呢？倘若没有这一理念，一个关于人性的普遍历史如何可能呢？

254. 在交易中，必须马上清偿债务，迅速清偿。而在叙事中，应当辩认、尊重和推延债务。在协商审议中，要质疑债务，因此也要推延债务（这样，异识才得以在协商中、在叙事中，或是围绕叙事的语位而出现）。由叙事构建起来的社会作为某种"落后的思维模式"，就应该被资本毁掉。其他（发达）社会以协商机制的方式提出来的问题，也应当删减（"饶舌的长篇大论""会议效应""反议会制"）；应该让它们重新关注交易的标准问题：x（例如我们、法国、欧洲、地铁司机）为了获得 b 应当向 y（例如他们、德国、美国、监管部门）出让的 a 是什么？言下之意：没有不可挽回的"我们"，没有不得不说谢谢的"我们"，所以"我们"可以以有利位置夺回下一局。我们是否能够通过协商来填满异识、"接下来"（参见 100）和虚无，它们中断或威胁着从上一个语位到下一个语位的链接？暗藏在出让和对等出让这一均等规则中的"等于"是否会抵消"发生了什么吗"的疑问（参见 131 和 132），以至于除了可协商的东西以外，别的什么都不会发生？

255. 资本主义不会建构一个普遍历史，它试图建构的是世界市场（同时延迟这一工程，因为它也需要各个民族国家之间的差距）。如果有某种类似普遍历史的东西，那就是历史的征兆。这些征兆在原则上是一种情感，可普遍共享、无关利害、"充满活力"，可以在事件发生时公开表现出来（参见评注：康德 4）。康德引用法国大革命所激发的热忱作为历史的征兆。其他名字现在成为我们历史的一部分。问题在于：相同的情感，如果不是在内容，至少是在刚刚提到的形式特征上，是否附在这些名称上，或者其中的一些名称上？（但是我们得先提另一个问题：今天，"我们"是否仍然能够相信历史征兆这一概念？）

256. 康德承接伯克，认为除了热忱之后，还有另外的崇高的情感。当然，除了尊重和崇敬，悲伤倘若是基于道德理念之上（*KUK*: 112），也算作"强烈的情感"。凡是属于理念的东西，都永远无法在现实中被表象出来，这种绝望压倒了我们不断被召唤着去表象它的快感。从一种话语风格到另一种话语风格，有迹象表明可能存在着通道，不过较之于这种激动,让我们更为沮丧的是,存在着分离异质话语风格的深渊。——是否一种极其忧郁的人性足以提供证据,证明人性在"朝着更好的方面前进吗"?

257. 19、20世纪的"历史哲学"断言,确认找到了跨越异质性或事件深渊的通道。那些冠以"我们的历史"的名字都可以举出与之相反的例子。——如果说一切存在的都是合理的,一切合理的都是存在的,那么"奥斯维辛"的集中营宣告了这一思辨话语的终结。至少这一真实存在的罪行(参见"异识"和"指称"部分)不是合理的。如果一切无产阶级的都是共产主义的,那么1953年在柏林,1956年在布达佩斯,1968年在捷克斯洛伐克,1980年在波兰(还可以举出其他例子)发生的工人起来反对政党的事件就意味着历史唯物主义理想的幻灭。如果一切民主的东西都是出自人民且以人民为目的,那么1968年的"五月革命"则拒绝了这一议会自由主义的教义。日常社会生活阻止了代议制的发展。如果供给与需求的自由运作有助于普遍的致富之路,那么1911年至1929年的经济危机宣告了自由主义经济原理的破产;而1974年至1979年的经济危机则拒绝了后凯恩斯主义的治理。伟大的教条式合题所允诺的话语风格之间的通道最终以血腥的死胡同结束。20世纪末目睹这一切的旁观者的悲伤都源自这里。

258. 悲伤固然是一种负面的情感,但是它仍然能够触及崇高,仍然可以证明理念和现实的异质性;比这更糟糕的是失望(或者说怨恨?)的情绪。改革者接受了经济风格(资本主义)的核心赌注,同时吹嘘自己可以更公平地重新分配交换结果。他们想要为所有人节省时间。对那些拥有很多财富的人,要他们把一些财富无偿地给一些财富很少的人。但是,首先,这一计划与它的风格是不一致的:要么这种风格是交易(参见241),那么每次出让都预设了它的对等补偿;要么,没有对等交易,那它就不是交易,而经济类型对其他话语类型的霸权由此发生了革命性的变化。银行家都不需要进行任何要挟,只需要根据其自身风格的赌注,就拒绝了畏手畏脚的改革家的企图:我预支你时间(信用),你得要偿还(利息)。倘若你还不起,我就不会预支,我会自己花掉它(通过消耗"我"节省的时间,经济衰退将不会太远了)。其次,改革者的方案在伦理上是有争议的:社会共同体在原则上不能与经济语位中的合伙人混为一谈。将幸福作为目的赋予时间的公平分配,实际上,这是混淆了话语风格,将义务位置的你放到了享乐位置的我之上(参见"义务"部分)。原则上,改良主义不能让任何人满意。但是正如在它诞生时给人的希望并不十分强烈一样,因其衰落而带来的失望也不是崇高的情感。我们再回到令人讨厌的交易风格。

259. 如果人性可以朝着更好的方向进步,那并不是因为事情在变得更好,不是因为这种改进可以通过现实的程序来予以证实,而是因为人类变得更有教养,因为他们可以听得到不可表象的理念的细微呼唤,即便是在看上去与该理念最不相关的事实中,他们仍然可以感觉到它的张力,仅凭这种感受力,他们便可提供进步的证据。这一进步因此与普遍的"越来越糟糕"的感觉是并存的。在这种情况下,理念与可观察的历史-政治现实之间的鸿沟不仅见证了对现实的反抗,同时也见证了对理念的向往。

260. 但是我们又如何确认人类会变得更加有教养呢?如果文明(至少是心灵的修炼)需要努力工作,需要花费时间,如果经济风格将它节省时间的杀手锏强加于大部分的话语体制和话语风格之上,那么,作为时间的消费者,文明该被灭绝了吧!如此,在现实与理念之间的不可通约之间,人类或许不再感到痛苦了吧,因为他们失去了拥有理念的能力。他们会变得越来越精于交易的策略,但这也是他们唯一的能力了。那么,"文明"这个词则意味着进入信息的循环,而不是为了在发生中表象不可表象的东西而要付出的努力。

261. 而我们如何可以仍然假定(参见 255),在人类历史中(假定经济风格没有毁灭它),在自然的名义下,上帝仍然可以发出信号,继续制造各种征兆,抛出指导线索吗?上帝是目的,而目的是不断延迟的实现,是等待和悬置。倘若霸权还在交易那里,而在交易中必须删减支付时间,那么,什么目的可以始终维持自身呢?在交易中,除了它自身以外,没有什么值得等待,没有任何征兆。

262. 人们指望,围绕着共同体的名字和叙事所进行的抵抗,可以阻挡资本的霸权。这是错误的。首先,这些抵抗反对资本的同时,也滋养了资本的霸权(参见 255);其次,它抛弃了世界主义的政治历史的理念,引发了某种不得已借助于传统甚至是神话来建构合法性的恐惧,即便它促成了民众因种族灭绝而发起的反抗。而那些曾经引以为荣的独立斗争最终建立了新兴的反动国家。

263. 经济风格的霸权唯一不可克服的障碍就是,语位体系和话语风格的异质性;没有"语言"和"存在",只有发生。障碍不在于这一或那一意义上的人类"意志",而在于"异识"。即便是在所谓的诉讼规则里,异识也可以复活。它责令人类置身于未知的语位世界,即使他们并没有感觉到某个东西将进入链接(因为这是必然,而不是义务)。对每个试图节省时间的意志而言,"发生了吗?"是不可战胜的。

264. 发生难道不创造历史吗?——确实,它不是一个征兆。但是它等待着被评价,一直到它不具有可比性。我们不能制订关于发生的政治计划,但是你可以见证它的发生。——如果没有人听到证词呢(参见 1 及以下)?——你这难道不是在预判"发生"吗?

- 参考文献 -

Theodor W. Adorno 1966, *Dialectique négative* (tf Collège de philosophie), Paris, 1978.
André-Marcel d'Ans 1978, *Le dit des Vrais Hommes*, Paris.
Karl Otto Apel 1981, « La question d'une fondation ultime de la raison », *Critique* 413.
Aristote, « De l'interprétation », *in* : *Organon* I-II (tf Tricot), Paris, 1946. (*De Int.*).
– *La Métaphysique* (tf Tricot), 2 v., Paris, 1964. (*Mét.*).
– *La Physique* (éd. et tf Carteron), Paris, 1973. (*Phys.*).
– Les Réfutations sophistiques *in* : *Organon* VI (tf Tricot), Paris, 1969. (*Réf. soph.*).
– *La Rhétorique* (éd. et tf Dufour), 3 v., Paris, 1960. (*Rhét.*).
– Les Topiques *in* : *Organon* V (tf Tricot), Paris, 1974. (*Top.*).
Pierre Aubenque 1966, *Le Problème de l'être chez Aristote*, Paris.
Erich Auerbach 1946, *Mimésis. La représentation de la réalité dans la littérature occidentale* (tf Heim), Paris, 1968.
Renford Bambrough 1961, « Universals and Family Resemblances », *in* : (Pitcher éd.) *Wittgenstein. The Philosophical Investigations*, New York, 1966.
Robert Blanché 1955, *L'Axiomatique*, Paris.
Bernard Bourgeois 1970, *Hegel à Francfort, ou Judaïsme. Christianisme. Hegelianisme*, Paris.
Jacques Bouveresse 1980, « Frege, Wittgenstein, Dummett et la nouvelle "querelle du réalisme" », *Critique* 399-400.
Martin Buber 1938, *Je et Tu*, Paris.
– 1958, *Gog et Magog* (tf Loewenson-Lavi), Paris.
M. F. Burnyeat 1976, « Protagoras and Self Refutation in Later Greek Philosophy », *The Philosophical Review* LXXXV, I.
F. D. Caizzi 1964, *Antistene*, Urbino.

– 1966, *Antisthenis Fragmenta*, Milan.
A. Capizzi 1955, *Protagora, Le Testimonianze e i frammenti*, Florence.
François Châtelet 1981, *L'État savant*, ex. dact., Paris.
Pierre Clastres 1977, « Archéologie de la violence », *Libre* 1.
Jacques Derrida 1968-a, « Le puits et la pyramide. Introduction à la sémiologie de Hegel », *in* : *Marges - de la philosophie*, Paris, 1972.
– 1968-b, « Ousia et grammè. Note sur une note de *Sein und Zeit* », *in* : *Marges - de la philosophie*, Paris, 1972.
Descartes 1641, *Méditations touchant la philosophie première*, *in* : (Bridoux éd.) *Œuvres et lettres*, Paris, 1952. (*Méd.*).
J.-P. Desclès et Z. Gventcheva Desclès 1977, « Métalangue, métalangage, métalinguistique », *in* : *Documents de travail* 60-61, Urbino.
Vincent Descombes 1977, *L'Inconscient malgré lui*, Paris.
– 1981-a, « La philosophie comme science rigoureusement descriptive », *Critique* 407.
– 1981-b, « La guerre prochaine », *Critique* 411-412.
Édouard des Places 1970, *Lexique platonicien*, 2 v., Paris.
Marcel Detienne 1963, *La notion de Daïmôn dans le pythagorisme ancien*, Paris.
– 1967, *Les Maîtres de vérité dans la Grèce archaïque*, Paris.
Hermann Diels et Walther Kranz 1952 (DK), *Die Fragmente der Vorsokratiker*, vol. I et II, Berlin.
Oswald Ducrot 1977, « Présupposés et sous-entendus », *in* : *Stratégies discursives*, Lyon.
Eschyle, « Agamemnon », *in* : *Tragédies* II (tf Mazon), Paris, 1972.
Paolo Fabbri 1980, Conversations privées.
– et Marina Sbisa 1980, « Models (?) for a pragmatic analysis », *Journal of Pragmatics* 4.
Pascal Engel 1981, « Davidson en perspective », *Critique* 409-410.
Emil Fackenheim 1970, *La présence de Dieu dans l'histoire. Affirmations juives et réflexions philosophiques après Auschwitz* (tf Delmotte et Dupuy), Paris, 1980.
Paul Feyerabend 1975, *Against Method*, Londres.
Gottlob Frege 1892, « Sens et dénotation », *in* : *Écrits logiques* (tf Imbert), Paris, 1971.

Sigmund Freud 1905, *Le mot d'esprit et ses rapports avec l'inconscient* (tf Bonaparte et Nathan), Paris, 1969.

Jean-Louis Gardies 1975, *La Logique du temps*, Paris.

Gérard Genette 1972, *Figures III*, Paris.

– 1976, *Mimologiques*, Paris.

Gorgias, *Du non-étant, Péri tou mè ontos, in* : 1° Anonyme, « De Melisso, Xenophane et Gorgia » (éd. et tf Cassin), *in* : Barbara Cassin, *Si Parménide*, Lille, 1980 ; 2° Sextus Empiricus, « Adversus Mathematicos », 65 Janacek, *in* : Diels-Kranz, 82 B 3.

Pierre Guyotat 1975, *Prostitution*, Paris.

Jürgen Habermas (en collab. avec N. Luhmann) 1971, *Theorie der Gesellschaft oder Sozialtechnologie – Was leistet die Systemforschung*?, Francfort.

François Hartog 1980, *Le Miroir d'Hérodote*, Paris.

Georg W. F. Hegel 1802, *La relation du scepticisme avec la philosophie* (tf Fauquet), Paris, 1972.

– 1804 (?), *La première Philosophie de l'esprit* (tf PlantyBonjour), Paris, 1969.

– 1806, *La Phénoménologie de l'esprit* (tf Hyppolite), 2 v., Paris, 1941. (*Ph. G.*).

– 1809, *Propédeutique philosophique* (tf de Gandillac), Paris, 1963.

– 1816, *Science de la logique* (tf Jankélévitch), 2 v., Paris, 1947. (*WL*).

– 1830, *Encyclopédie des sciences philosophiques en abrégé* (tf de Gandillac), Paris, 1970.

– 1835, *Leçons sur l'esthétique* (tf Jankélévitch), 4 v., Paris, 1945.

Martin Heidegger 1929, *Kant et le problème de la métaphysique* (tf de Waelhens et Biemel), Paris, 1953.

– 1933, *L'auto-affirmation de l'Université allemande* (tf Granel), Trans Europ Repress, s.l., 1982.

– 1953-1954, « D'un entretien de la parole », *in* : *Acheminement vers la parole* (tf Fédier), Paris, 1981.

– 1962, *Zeit und Sein* (tf Fédier), *in* : (Collectif) *L'Endurance de la pensée*, Paris, 1968.

Hérodote, *Histoires* IV (tf Legrand), Paris, 1960.

Gilbert Hottois 1981, « Logique déontique et logique de l'action chez von Wright », *in* : *Revue Internationale de philosophie* 135.

David Hume 1739, *Traité de la nature humaine* (tf Leroy), 2 v., Paris, 1946.

Hans Jonas 1958, *La Religion gnostique* (tf Evrard), Paris.

Laurence Kahn 1978, *Hermès passe*, Paris.

G. Kalinowski 1972, *La Logique des normes*, Paris.

Emmanuel Kant 1764, *Observations sur le sentiment du beau et du sublime* (tf Kempf), Paris, 1980.

– 1781 et 1787, *Critique de la raison pure*, 1re et 2e éd. (A et B) (tf Tremesaygues et Pacaud), Paris, 1980. (*KRV*).

– 1784-a : « Idee zu einer allgemeinen Geschichte in weltbürgerlicher Absicht », *in* : *Politische Schriften* (Van der Gablentz éd.), Cologne et Opladen, 1965. (*Idée*).

– 1784-b, « Beantwortung der Frage » : Was ist Aufklärung ? », *in* : *Politische Schriften* comme 1784-a.

– 1785, *Fondements de la métaphysique des mœurs* (tf Delbos), Paris, 1957.

– 1788-a, *Critique de la raison pratique* (tf Picavet), Paris, 1945. (*KPV*).

– 1788-b, « Sur l'usage des principes téléologiques en philosophie », *in* : *La Philosophie de l'histoire* (éd. et tf Piobetta), Paris, 1947.

– 1790, *Critique de la faculté de juger* (tf Philonenko), Paris, 1979. (*KUK*).

– 1791, *Quels sont les progrès réels que la métaphysique a réalisés depuis l'époque de Leibniz et de Wolf* ? (tf Guillermit), Paris, 1968.

– 1793, *Sur l'expression courante : il se peut que ce soit juste en théorie, mais en pratique cela ne vaut rien* (tf Guillermit), Paris, 1980.

– 1795, « Zum ewigen Frieden. Ein philosophisches Entwurf », *in* : *Politische Schriften* comme 1784-a. (*Projet*).

– 1796, « Annonce de la proche conclusion d'un traité de paix perpétuelle en philosophie » (tf Guillermit), *in* : *Première Introduction à la Critique de la faculté de juger*, Paris, 1975.

– 1798-a, *Anthropologie du point de vue pragmatique* (tf Foucault), Paris, 1970.

– 1798-b, « Ob das menschliche Geschlecht im beständigen Fortschreiten zum Besseren sei ? » (Streit der Fakultäten, 2.

Abschnitt) *in* : *Politische Schriften*, comme 1784-a. (*Conflit*).

– 1959/60, « Krakauer Fragment zum "Streit der Fakultäten" », *in* : *Politische Schriften*, comme 1784-a. (*KF*).

Pierre Kaufmann 1967, *L'Expérience émotionnelle de l'espace*, Paris.

Patrick Kessel 1969, *Les Gauchistes de 89*, Paris.

Sören Kierkegaard 1843, *Crainte et tremblement* (tf Tisseau), Paris, 1935.

Saul Kripke 1982, *La Logique des noms propres* (1972, 1980) (tf Jacob et Recanati), Paris.

Philippe Lacoue-Labarthe 1975, « Typographie », *in* : (collectif) *Mimesis. Des articulations*, Paris.

– 1980, « Le mythe nazi » (avec J.-L. Nancy), *in* : Colloque de Schiltigheim, *Les Mécanismes du fascisme*, ex. dact.

Bruno Latour 1984, « Irréductions », *in* : *Les Microbes. Guerre et paix suivi de Irréductions*, Paris.

John Lawler 1977, « Quelques problèmes de référence », *Langages* 48.

Gérard Lebrun 1972, *La Patience du concept. Essai sur le Discours hégélien*, Paris.

Gottfried W. Leibniz 1686, « Discours de métaphysique », *in* : *Œuvres choisies* (L. Prenant éd.), Paris, 1940.

– 1714, « Principes de la nature et de la grâce fondés en raison », *in* : *Œuvres choisies* (L. Prenant éd.), Paris, 1940.

Emmanuel Levinas 1961, *Totalité et infini*, La Haye.

– 1968-a, *Quatre lectures talmudiques*, Paris.

– 1968-b, « Humanisme et anarchie », *in* : *Humanisme de l'autre homme*, Montpellier, 1972.

– 1974, *Autrement qu'être, ou au-delà de l'essence*, La Haye.

– 1976-a, *Noms propres*, Montpellier.

– 1976-b, *Difficile liberté*, Paris.

– 1977, *Du sacré au saint. Cinq nouvelles lectures talmudiques*, Paris.

Nicole Loraux 1974, « Socrate contrepoison de l'oraison funèbre. Enjeu et signification du *Ménexène* », *L'Antiquité classique* 43.

– 1981, *L'Invention d'Athènes*, Paris-La Haye-New York.

John L. Mackie 1964, « Self Refutation, a Formal Analysis », *Philosophical Quarterly* XIV.

Louis Marin 1981, *Le Portrait du roi*, Paris.

Karl Marx 1843, « Contribution à la critique de la philosophie du droit de Hegel », in : *Œuvres philosophiques* I (tf Molitor), 1952.

Jean-Luc Nancy 1983, *L'Impératif catégorique*, Paris.

Pascal 1670, *Pensées* (Brunschvicg éd.), Paris, 1946.

Robert Pinget 1980, *L'Apocryphe*, Paris.

Platon, *Apologie de Socrate, in : Œuvres complètes* (tf Robin) vol. 1, Paris 1953. (Apol.).

– *Cratyle, in : Œuvres complètes* (tf Robin), vol. 1, Paris, 1953.

– *Euthydème, in : Œuvres complètes* V (tf Méridier), Paris, 1931.

– *Gorgias, in : Œuvres complètes* III (tf Croiset et Bodin), Paris, 1942.

– *Lettres, in : Œuvres complètes* (tf Robin), vol. 2, Paris, 1942.

– *Les Lois, in : Œuvres complètes* XII (tf Des Places et Diès), 4 vol., Paris, 1956. (*Lois*).

– *Ménexène, in : Œuvres complètes* V (tf Méridier), Paris, 1931. (*Ménex.*).

– *Phèdre, in : Œuvres complètes* (tf Robin), vol. 2, Paris, 1942.

– *Le Politique, in : Œuvres complètes* IX (tf Diès), Paris, 1960. (*Pol.*).

– *La République, in : Œuvres complètes* VI (tf Chambry), 3 vol., Paris, 1946. (*Rép.*).

– *Le Sophiste, in : Œuvres complètes* VIII (tf Diès), Paris, 1963. (*Soph.*).

– *Théétète, in : Œuvres complètes* (tf Robin), vol. 2, Paris, 1942. (*Théét.*).

Jean-Benoît Puech 1982, *L'Auteur supposé*, ex. dact., Paris.

Nicholas Rescher 1967, *Temporal Modalities in Arabic Logic*, Dordrecht.

Josette Rey-Debove 1978, *Le Métalangage*, Paris.

Clément Rosset 1976, *Le Réel et son double*, Paris.

David Rousset 1979, *Le pitre ne rit pas*, Paris.

Bertrand Russell 1903, *Principles of Mathematics*, Londres.

– 1959, *Histoire de mes idées philosophiques* (tf Auclair), Paris, 1961.

Jean-Michel Salanskis 1977, « Paradoxes, singularités, systèmes », *Critique* 361-362.

Jean Schneider 1980, « La logique self-référentielle de la temporalité », ex. dact., Paris.

Gertrude Stein 1931-a, Deux textes de « Comment écrire » (tf

Roubaud), *Po&sie* 4 (1978, I).

– 1931-b, « Phrases et paragraphes » (tf De la Casinière et Bonnemaison), *Luna-Park - Cahiers du GRIF*, Bruxelles, 1978.

Lawrence Sterne 1678, *Tristram Shandy* (tf Mauron), Paris, 1975.

Alfred Tarski 1944, « La conception sémantique de la vérité », *in* : *Logique, sémantique, métamathématique* (tf Granger), Paris, 1972, vol. 2.

Serge Thion 1980, *Vérité historique ou vérité politique?* Paris.

Elias Tsimbidaros 1981, « La logique du signe. Commentaire sur les aphorismes du *Tractatus* de Wittgenstein et textes connexes », ex. dact., Paris.

Pierre Vidal-Naquet 1981, *Les Juifs, la mémoire, le présent*, Paris.

Georges Vlachos 1962, *La Pensée politique de Kant*, Paris.

Hayden White 1982, « The Politics of Historical Interpretation : Discipline and De-Sublimation », *Critical Inquiry* 9 (septembre 1982).

Ludwig Wittgenstein 1914-1916, *Tagebücher* (Anscombe éd.), *in* : *Schriften* I, Francfort, 1969. (*TB*).

– 1921, *Tractatus logico-philosophicus*, Londres, 1961. (*TLP*).

– 1929-1930, « Conférence sur l'éthique » (Rhees éd.), *in* : *Leçons et conversations* (tf Fauve), Paris, 1971.

– 1945, *Philosophischen Untersuchungen, in* : *Schriften* I comme 1914-1916. (*PhU*).

– 1945-1948, *Fiches* (Anscombe et von Wright éd., tf Fauve), Paris, 1970.

– 1950-1951, *Remarks on Colour* (Anscombe éd.), Oxford, 1977.

G. H. von Wright 1967, « Deontic Logics », *in* : *American Philosophical Quarterly*, 4, 2.

Alexandre Zinoviev 1977, *Les Hauteurs béantes* (tf Berelowitch), Lausanne.

人名索引

以下索引的数字对应于本书文本中的序号,而不是对应于页码。如要查找各章评注中的人名,请参考本书目录。

阿多诺 Adorno:152, 154
阿尔多 Hartog:49
阿尔萨斯-洛林 Alsace-Lorraine:235
阿伽门农 Agamemnon:110
阿里斯托芬 Aristophane:231;评注:柏拉图
阿谟尼乌斯 Ammonius:评注:普罗塔哥拉
阿姆斯特朗 Armstrong:89
阿佩尔 Appel:94, 103
阿普列乌斯 Apulée:评注:普罗塔哥拉
阿特柔斯 Atrée:110
埃斯库罗斯 Eschyle:110
艾西休斯 Hesychius:评注:柏拉图
艾希曼 Eichmann:48, 93
安提斯泰尼 Antisthène:108;评注:安提斯泰尼
奥邦克 Aubenque:74, 117, 185;评注:亚里士多德、安提斯泰尼
奥尔巴赫 Auerbach:100
奥古斯丁 Augustin:71, 72, 125;评注:亚里士多德
奥鲁斯-格利乌斯 Aulu-Gelle:评注:普罗塔哥拉
奥斯维辛 Auschwitz:31, 65, 68, 81, 93, 152-160, 168, 169, 257

巴尔扎克 Balzac:评注:柏拉图
巴黎公社社员 Communards:156
巴门尼德 Parménide:48;评注:高尔吉亚、柏拉图、安提斯泰尼
巴塔耶 Bataille:202
柏拉图 Platon:74, 106, 152, 160, 231;评注:柏拉图、

安提斯泰尼、卡西纳瓦

柏林　Berlin：257

班布拉　Bambrough：122

贝克特　Beckett：125

波兰　Pologne：68, 257

波洛斯　Polos：评注：柏拉图

波拿巴　Bonaparte：63, 77, 81

伯恩耶特　Burnyeat：99；评注：普罗塔哥拉

伯克　Burke：256

伯里克利　Périclès：75

布伯　Buber：181；评注：列维纳斯、康德2

布达佩斯　Budapest：257

布尔乔亚　Bourgeois：评注：列维纳斯

布弗海斯　Bouveresse：64

布兰奇　Blanché：136

布托　Butor：250

当斯　D'Ans：160, 222；评注：卡西纳瓦

党卫军　S.S.：157-159

德蒂安　Detienne：124；评注：柏拉图

德贡布　Descombes：54, 64, 93, 106, 134

德国　Allemagne：254

德昆西　Quincey：57

德雷福斯　Dreyfus：33

德里达　Derrida：评注：亚里士多德、黑格尔

德斯克勒　Desclès, Guentcheva Desclès：122

狄奥尼索多洛　Dionysodore：评注：安提斯泰尼

狄德罗　Diderot：评注：柏拉图

笛卡尔　Descartes：71, 72, 119

第尔斯　Diels：评注：普罗塔哥拉

第欧根尼·拉尔修　Diogène Laërce：评注：普罗塔哥拉、柏拉图

第欧尼根　Diogène le Cynique：评注：安提斯泰尼

蒂托–李维　Tite-Live：58

杜克罗　Ducrot：96, 140

俄狄浦斯　Œdipe：74

俄勒冈州　Oregon：67

恩格尔　Engel：140

"二战"　Guerre mondiale (II)：93

法布里　Fabbri：25, 30, 180

法国　France : 254

法国大革命　Révolution française: 52-54；评注：康德 4

法肯海姆　Fackenheim : 93

斐洛斯塔德　Philostrate：评注：柏拉图

费弗尔　Febvre : 31

费耶阿本德　Feyerabend : 29

弗拉霍斯　Vlachos：评注：康德 4

弗雷格　Frege : 54, 76

弗洛伊德　Freud : 144, 171, 212；评注：高尔吉亚

弗希松　Faurisson : 2, 26, 27, 33, 48, 49

福斯特　Forster：评注：康德 4

傅莱契　Flechsig : 164

高尔吉亚　Gorgias : 28, 48, 71；评注：高尔吉亚、安提斯泰尼

戈舍尔　Göschel : 152

古约塔　Guyotat : 144

哈贝马斯　Habermas : 115, 137

海德格尔　Heidegger : 71, 98, 173, 200, 202；评注：亚里士多德

荷马　Homère : 75

黑格尔　Hegel : 45, 50, 71, 73, 126, 127, 130, 152-154, 157, 167, 180, 189, 224, 225, 237；评注：高尔吉亚、黑格尔、列维纳斯、卡西纳瓦

亨利上校　Colonel Henry : 33

胡塞尔　Husserl : 117, 125；评注：亚里士多德、列维纳斯

华盛顿　Washington : 213

怀特　White : 35, 93

霍达　Hottois : 177

季洛维耶夫　Zinoviev : 4

伽迪斯　Gardies : 50, 89；评注：普罗塔哥拉

加利福尼亚州　Californie : 67

捷克斯洛伐克　Tchécoslovaquie : 257

喀布尔　Kaboul : 213

卡恩　Kahn : 58

卡里诺夫斯基　Kalinowski : 155；评注：黑格尔

卡皮齐　Capizzi：评注：普罗塔哥拉

卡森　Cassin：评注：高尔吉亚

卡珊德拉　Cassandre：110
卡西纳瓦　Cashinahua：198, 200, 202, 208, 210, 212, 222-225；评注：卡西纳瓦
凯奇　Cage：180；评注：格特鲁德·斯泰因
凯撒　César：63, 71, 75, 88
凯塞尔　Kessel：评注：1789年《人权宣言》
凯兹　Caizzi：评注：安提斯泰尼
康德　Kant：5, 36, 52-55, 67, 68, 93, 95, 97, 98, 107, 117, 119, 126, 133, 152, 155, 178, 206, 212, 216, 217, 231, 238, 239, 253, 255；评注：普罗塔哥拉、康德1、黑格尔、康德2、康德3、1789年《人权宣言》、康德4
考夫曼　Kaufmann：74
克尔凯郭尔　Kierkegaard：161
克拉底鲁　Cratyle：评注：安提斯泰尼
克拉克斯　Corax：评注：柏拉图
克拉斯特　Clastres：160；评注：卡西纳瓦

克里尼亚斯　Clinias：评注：柏拉图
克里普克　Kripke：57, 59；评注：安提斯泰尼
克吕泰墨斯特拉　Clytemnestre：110
克特西普　Ctésippe：评注：安提斯泰尼
库里　Curry：99

拉封丹　La Fontaine：138
拉康　Lacan：144
拉库-拉巴特　Lacoue-Labarthe：220
拉图尔　Latour：29
莱布尼兹　Leibniz：10, 66, 88
劳勒　Lawler：18
勒布伦　Lebrun：152
雷-德博弗　Rey-Debove：108
雷歇尔　Rescher：89
里德尔-司各特　Liddell-Scott：评注：格特鲁德·斯泰因
列维纳斯　Levinas：167, 171, 173；评注：列维纳斯、康德2
卢比孔河　Rubicon：88
卢布林　Lublin：181
卢塞　Rousset：161

路易十四　Louis XIV：评注：卡西纳瓦

罗伯斯庇尔　Robespierre：159；评注：1789年《人权宣言》

罗霍　Loraux：评注：柏拉图

罗马　Rome：58, 59, 66-68, 232

罗塞　Rosset：48

罗素　Russell：54, 99, 189；评注：普罗塔哥拉

罗陀斯岛　Rhodus：65

吕西安　Lucien：评注：普罗塔哥拉

旅行者二号　Voyager II：31

马汉　Marin：63；评注：卡西纳瓦

马克安　Marcion：171

马克思　Marx：12, 191, 230, 235-238, 242

迈奇　Mackie：评注：普罗塔哥拉

麦克杜威　McDowell：64

梅里图　Mélétos：评注：柏拉图

梅奇卢斯　Mégillos：评注：柏拉图

美国　America：63

美国　États-Unis：254

摩西　Moïse：75

莫斯科　Moscou：213

拿破仑　Napoléon：76, 83

纳粹　Nazi：158, 159

南希　Nancy：174

尼采　Nietzsche：182

纽伦堡　Nüremberg：93

纽约　New York：67

欧几里德　Euclide：评注：柏拉图

欧提勒士　Evathle：评注：普罗塔哥拉

欧绪德谟　Euthydème：评注：安提斯泰尼

欧洲　Europe：254

帕施　Pasch：136

帕斯卡尔　Pascal：178, 208

潘热　Pinget：123

皮兰德娄　Pirandello：评注：柏拉图

普埃奇　Puech：123

普莱耶尔厅　Pleyel：56

普鲁斯特　Proust：评注：柏拉图

普罗塔哥拉　Protagoras：97, 227；评注：普罗塔哥拉、

亚里士多德、黑格尔

乔伊斯　Joyce：192, 218
乔治亚州　Georgia：67
钦比达罗斯　Tsimbidaros：91

冉阿让　Valjean：63
热奈特　Genette：73；评注：柏拉图、安提斯泰尼
日奈　Genet：评注：柏拉图

撒旦　Satan：评注：列维纳斯
萨尔瓦多　Salvador：213
萨朗斯基　Salanskis：99
塞克斯丢　Sextus Empiricus：评注：高尔吉亚、柏拉图
塞莫皮莱　Thermopyles：156
塞尚　Cézanne：192, 218
色拉叙马霍斯　Thrasymaque：评注：柏拉图
沙可　Charcot：164
圣女贞德　Jeanne d'Arc：234.
施洛塞尔　Schlosser：评注：康德3
施奈德　Schneider：99；评注：普罗塔哥拉
史瑞伯　Schreber：164, 206
斯比萨　Sbisa：25

斯大林　Staline：92
斯大林格勒　Stalingrad：156, 160
斯基泰人　Scythes：110
斯塔吉拉城市　Stagire：74
斯泰恩　Sterne：250；评注：柏拉图
斯泰因（格特鲁德）　Stein (Gertrude)：105, 180, 229；评注：格特鲁德·斯泰因
苏格拉底　Socrate：156, 160, 231；评注：柏拉图、安提斯泰尼、亚里士多德

塔斯基　Tarski：62
泰阿泰德　Théétète：评注：柏拉图
泰奥多尔　Théodore：评注：柏拉图
泰尔普西恩　Terpsion：评注：柏拉图
特洛伊　Troie：110
田纳西州　Tennessee：67
土星　Saturne：31

维达尔-纳杰　Vidal-Naquet：2, 31, 33, 35, 48

维特根斯坦　Wittgenstein：43, 55, 59, 77, 79, 84, 86-88, 90, 91, 95, 97, 99, 119, 122, 130, 132, 133, 135, 145, 177, 178, 185, 242；评注：高尔吉亚、安提斯泰尼

沃伊蒂瓦　Wojtila：89

乌托邦　Utopie：63

西哈诺　Cyrano：31

西塞罗　Cicéron：评注：柏拉图

希罗多德　Hérodote：110

希特勒　Hitler：68, 93, 167

霞慕尼　Chamonix：68

夏多布里昂　Chateaubriand：35

夏甲　Agar：167

夏特莱　Châtelet：4

休谟　Hume：72；评注：康德 2

勋伯格　Schönberg：192, 218

雅典　Athènes：160；评注：柏拉图

雅利安人　Aryen：160, 231

亚伯拉罕　Abraham：162, 164, 166, 168, 206

亚里士多德　Aristote：10, 14, 68, 74, 129, 131, 152, 160, 177, 213, 217, 242；评注：毕达哥拉斯、高尔吉亚、柏拉图、安提斯泰尼、亚里士多德、黑格尔、列维纳斯

亚历山大　Alexandre：74

亚马孙人　Amazones：110

耶拿　Iéna：评注：黑格尔

伊茨查克　Ytzhak：181

伊万式　Ivanien：4；评注：普罗塔哥拉

依查雅　Yichaya：181

以撒　Isaac：162, 168

以色列人　Israël：93, 167, 168

以实玛利　Ismaël：167

意大利　Italie：67

于塞伯　Eusèbe：评注：柏拉图

约纳斯　Jonas：171

术语索引

爱 Amour：232, 233, 235

霸权 Hégémonie：149, 200, 202, 253, 262, 263

悲伤、痛苦 Chagrin：256-258, 260

必然 Nécessité：40, 101-103, 105, 136-140, 174, 263；评注：亚里士多德，§3；康德2，§2；参见链接 Enchaîner

辩证法、辩证语位（话语类型） Dialectique (genre)：71, 152, 154, 158, 217；评注：高尔吉亚；黑格尔，§2，§3；参见理念 Idée

表象 Présentation：18, 25, 111-119, 124, 126, 127, 131；评注：亚里士多德；黑格尔，§3；康德1；康德2；参见处境 Situation、语位世界 Univers de phrase

不可译 Intraduisible：91；参见异质的 Hétérogène

不虔敬 Impiété：评注：柏拉图，§2

沉默 Silence：1-18, 22-24, 26-28, 93, 160, 236；评注：康德1；亚里士多德，§3；参见情感 Sentiment

陈述性语位（话语类型）、宣言 Déclaratif (genre)：209；评注：1789年《人权宣言》

成功 Succès：175, 179-181, 184, 186, 192, 212, 251, 253；评注：普罗塔哥拉；康德3，§3

崇高 Sublime：126, 192, 256；评注：康德4，§4

处境 Situation：18, 25, 114-117, 127, 131；评注：康德1；参见表象 Présentation

存在　Être：113, 114, 117, 127, 190, 197, 263；评注：高尔吉亚；黑格尔，§2；参见发生了吗？Arrive-t-il?、发生 Occurrence

存在论（话语类型）Ontologique (genre)：127, 208

第三方：64, 88, 103, 158, 164, 165；评注：柏拉图，§3；参见证人 Témoin

定义　Définition：106-108, 133

对话　Dialogue：评注：柏拉图；列维纳斯，§1

发生　Occurrence：104, 113, 130, 131, 132, 135, 163, 173, 174, 188, 219, 233, 252, 264；评注：康德4，§3；参见发生了吗？Arrive-t-il?、（每）次，（一）次 Fois

发生了吗？Arrive-t-il?：110, 131, 132, 160, 172, 173, 174, 184, 190, 191, 232, 254, 263, 264；评注：亚里士多德，§3；康德2，§6

范畴　Catégorie：117

否定　Négative：11, 24, 26, 27, 70, 83, 90, 91, 93, 127, 128, 130；评注：高尔吉亚；黑格尔

复仇　Vengeance：42-44, 92, 197

改革家　Réformisme：258

感叹句、感叹语位　Exclamative：43, 45, 46, 65, 178, 187；参见情感 Sentiment、沉默 Silence

个人习语　Idiolecte：56, 93, 144, 145, 162, 164, 169, 203, 206, 242；评注：康德1；参见情感 Sentiment

公民　Citoyen: 200, 208, 209；评注：1789年《人权宣言》

共产主义的　Communiste：4, 235-237, 239, 257

共通感　Sensus communis：评注：康德4，§5；参见情感

Sentiment

关键、目的　Enjeu：参见目的 Fin

规范性语位　Normative：155, 177, 199, 203-209, 216；评注：1789年《人权宣言》；康德4，§5；参见指令性语位 Prescriptive

含混的　Équivoque：111, 137-140, 146；评注：黑格尔，§1

含义　Sens：30, 54, 69, 74-77, 81, 169

好像、仿佛　Comme si：248；评注：康德2，§4；康德3，§2，§4；康德4，§6

鸿沟、深渊　Abîme：178, 180, 207, 217, 256, 257；评注：康德2，§3，§5；康德4，§3；参见异质的 Hétérogène

话语类型、话语风格　Genres de discours：40, 43, 78, 79, 136, 147, 148, 174, 175, 179-187, 189, 192, 194, 200, 232；参见目的 Fin

怀疑　Doute：94-96, 99, 101, 104, 154；评注：黑格尔，§1；参见发生了吗？Arrive-t-il?

货币　Monnaie：246, 248, 250

简单（对象）　Simple (Objet –)：87, 88；评注：安提斯泰尼

交易、交换　Échange：参见经济（话语风格）Écono-mique (genre)

结果　Résultat：153-160, 170, 237；评注：黑格尔

进步　Progrès：256, 259；评注：康德4，§3，§6

经济（话语风格）　Économique (genre)：240, 241, 244, 253, 261, 263

经验　Expérience：69, 71-73, 91, 153, 172；评注：列维纳斯，§2；康德2，§2

剧场、场景、舞台　Salle et scène：238；评注：柏拉图，§5；康

德4，§3，§5

可能、可能性 Possible：14-16, 83-90, 93, 137, 184；评注：康德2，§2

劳动 Travail：243, 244, 249, 250；参见经济 Économique

理念 Idée：31, 32, 36, 132, 200, 209, 212, 237, 253, 259；评注：康德1；康德3，§2，§3；康德4，§2-5；参见辩证法 Dialectique

历史 Histoire：167, 182, 210, 221, 223, 228, 230, 232, 255, 261, 262；评注：普罗塔哥拉，§5；康德2，§1，§2；参见叙事 Narratif

例外 Exception：157, 159；参见国家 Nation

链接 Enchaîner：40, 41, 102, 105, 123, 135, 137-140, 179, 188, 198, 223, 240, 241, 254；评注：格特鲁德·斯泰因；康德2，§6；参见鸿沟 Abîme、通道 Passage

两难悖论、困境 Dilemme：2-4, 8, 70, 176；评注：普罗塔哥拉；黑格尔，§2；康德2，§2

领域、场域 Champ：参见经验 Expérience

伦理（话语类型） Éthique (genre)：169, 172, 175, 181, 206, 210, 234, 253；评注：列维纳斯；康德2，§6；参见义务 Obligation

逻辑（话语风格） Logique (genre)：85, 86, 91, 99, 129, 175, 177；评注：普罗塔哥拉，§2；康德2，§1

律法、法则、法律、指令 Loi：161, 162, 164, 208；评注：康德2，§1；参见伦理 Éthique

（每）次、（一）次 Fois：40, 66, 113, 118, 184, 186, 219；评注：格特鲁德·斯泰因；康德4，§3；参见发生 Occurrence

（美丽的）死亡　Mort (Belle-)：153, 156, 160, 168；评注：柏拉图，§1
描述语位　Descriptive：61-65
民族、国家　Nation：209, 235；评注：1789年《人权宣言》；参见名称世界 Monde de noms
（名称）世界　Monde (de noms)：60, 81, 133, 160, 220, 226, 227；评注：1789年《人权宣言》，§3；卡西纳瓦，§1-3；参见专名 Nom propre
命名句　Dénominative：参见专名 Nom propre
命题　Proposition：84, 85, 91, 99
摹仿　Mimèse：220；评注：柏拉图，§2
模式　Modèle：152
目的　Fin：40, 148, 179-181, 261；评注：康德3，§3，§4；康德4，§4；参见话语类型、话语风格 Genres de discours

能够、能力、力量　Pouvoir：211, 212, 216, 235；评注：康德2，§2；康德4，§5，§6
能力　Faculté：187；评注：康德3
你　Tu：176, 258；评注：列维纳斯；康德2，§5

偶然　Contingence：参见必然 Nécessité

判断　Jugement：195, 197, 200, 207, 214-216, 227, 264；评注：普罗塔哥拉；康德3，§1，§3
评述、评论　Commentaire：165, 177, 196；评注：列维纳斯，§1，§2，§3；康德2，§1
普遍化　Universalisation：222-227, 232, 235, 236, 253, 255；评注：1789年《人权宣言》；康德4，§5

情感　Sentiment：22, 23, 93, 105, 146, 173, 187, 202, 236, 250, 255；评注：康德 2，§ 2；康德 3，§ 2；康德 4，§ 4，§ 5
请求、要求　Demande：163, 164, 172, 173；评注：列维纳斯 § 1，§ 3
区域　Pagus：218；参见野蛮 Sauvage
权威化、授权　Autorisation：155, 157, 197, 201, 203-205, 207, 209；评注：1789 年《人权宣言》；卡西纳瓦，§ 6
群岛　Archipel：评注：康德 3，§ 1

热忱　Enthousiasme：238；评注：康德 4，§ 4-6
人类的、人文的　Humain：18-21, 31, 32, 123, 142, 151, 170, 181, 183, 188, 202, 222, 223, 225, 241；评注：康德 2，§ 5；1789 年《人权宣言》
人民　Peuple：208, 228-230, 262；评注：康德 4，§ 5，§ 6
人质　Otage：171；评注：列维纳斯
认知的　Cognitive：28, 30, 34, 36, 61, 64, 67, 68, 76, 77, 81, 85, 176, 211, 217, 237；评注：康德 4，§ 1
弱、强　Faible, fort：130, 227, 231, 232；评注：普罗塔哥拉；柏拉图，§ 1，§ 2

散文　Prose：229
伤害　Tort：7, 8, 11, 13, 36, 149-151, 196, 197, 224, 236；参见异识 Différend、受害者 Victime
社会的　Social：193-195, 198, 217
身体　Corps：144, 145
神话　Mythe：198-200, 202, 207, 220, 221, 262；评注：1789 年《人权宣言》，§ 6；卡西纳瓦
神迹、惊奇、奇迹　Merveille：171, 206, 252；评注：列维纳斯，§ 1
施为句、行为句　Performative：142, 178, 205；评注：列维纳斯，§ 1

时间　Temps：94-98, 101, 120, 121, 125, 219, 226, 232, 234, 242, 244-251；评注：普罗塔哥拉；亚里士多德；康德2，§6；卡西纳瓦，§5，§7；康德4，§3；参见发生了吗？Arrive-t-il?、（每）次、（一）次 Fois、历史 Histoire、发生 Occurrence、进步 Progrès

实在、现实　Réalité：37, 39, 47, 48, 56, 61-67, 82, 91, 92, 238, 239；评注：康德4，§1；参见指称 Référent

实指语位、指示句　Ostensive：28, 41, 49, 53, 54, 243；评注：康德1；参见指示词 Déictique

事件　Événement：评注：康德4，§3；参见（每）次、（一）次 Fois

事件、事例、实例　Cas：参见每次、一次 Fois

受害者　Victime：9-24, 33, 36, 38, 161；参见伤害 Tort

说话者、受话者　Destinateur, destinataire：18, 25, 53, 91, 164, 165, 172, 173, 208, 209, 226, 241；评注：康德1；列维纳斯，§1；康德2，§2；1789年《人权宣言》；卡西纳瓦§1，§5；参见语位世界 Univers de phrase

思辨（话语风格）　Spéculatif (genre)：71, 73, 189, 225, 237, 257；评注：黑格尔，§2，§3；参见辩证法、辩证话语 Dialectique

死亡　Mort：11, 16, 17, 93, 152, 153, 156, 157

诉讼　Litige：13, 20-22, 93, 196-198, 200, 201, 227, 239, 263

通道、过渡　Passage：95, 97, 100, 101, 256, 257；评注：格特鲁德·斯泰因；黑格尔，§2；康德2，§3；康德3，§1，§2；康德4，§4；参见鸿沟 Abîme、群岛 Archipel、异质性 Hétérogène、有效性 Validation

文明、文化　Culture：260；评注：康德4，§6

我 Je: 15, 71, 72, 94, 165, 169, 176, 258；评注：列维纳斯，§1
我们 Nous: 155, 158, 160, 183, 210；评注：黑格尔；康德2，§5

现代、后现代 Moderne, postmoderne: 71, 100, 160, 182, 221；评注：康德3，§3
象征 Symbole: 225；评注：黑格尔，§1；康德3，§1，§2
形而上学（话语类型） Métaphysique (genre): 55, 71, 72, 124-126, 133, 181, 242, 253；评注：黑格尔，§4
序列 Série: 94-97, 100, 242；评注：普罗塔哥拉，§3，§4；黑格尔，§2；康德2，§2，§4；康德4，§1
叙事（话语风格） Narratif (genre): 160, 200, 212, 217, 219, 220, 227, 228, 230, 232, 250, 262；评注：卡西纳瓦；参见历史 Histoire

颜色 Couleur: 59, 61；评注：高尔吉亚
野蛮、未开化 Sauvage: 222-224, 226；评注：卡西纳瓦；参见区域 Pagus
遗忘 Oubli: 124, 128, 188
疑问句 Interrogative: 65, 96, 140, 173, 178, 187, 209
义务 Obligation: 135, 155, 161-177, 206, 210, 234, 235, 263；评注：列维纳斯；康德2；参见伦理 Éthique
异识、冲突 Différend: 1-46（尤其是：12, 21, 22），92, 186, 188, 190, 195-198, 217, 236, 252, 254, 263；评注：普罗塔哥拉；柏拉图，§5；康德3；1789年《人权宣言》，§6
异质的 Hétérogène: 44, 77-80, 92, 155, 178-181, 196, 207, 245, 263；评注：康德3，§3；康德4，§1；参见鸿沟 Abîme
意志 Volonté: 134, 159, 181, 235, 263；评注：康德2，§4
有效性、验证、确证 Validation: 41, 56, 61, 77, 90；评注：康德2，

§1，§3；康德3，§1

诱惑、诱导 Séduction：148

语境 Contexte：41-143

（语位）家族 Famille (de phrases)：80, 122；参见（语位）体系 Régime (de phrase)

语位、语句 Phrase：18, 25, 94, 99, 101, 102, 104, 106, 109, 110, 184, 185, 198, 218；评注：格特鲁德·斯泰因

语位世界 Univers de phrase：25, 111, 115, 119, 123, 193-195；参见语位项 Instance、语位 Phrase、表象 Présentation、处境 Situation

语位体系 Régime de phrase：39, 40, 78, 79, 147, 175, 178, 179, 187, 194

语位项 Instance：18, 25, 26, 80, 114, 115, 123, 155, 193, 205, 227, 233；评注：康德1；康德2，§5；卡西纳瓦，§1；参见语位世界 Univers de phrase

语言 Langage：95, 173, 188, 190, 198, 201, 228, 229, 231, 263

语言游戏 Jeu de langage：34, 91, 181, 188

元语言 Métalangage：45, 108, 122, 177, 207；评注：黑格尔，§1，§2；康德2，§1；参见评论、评述 Commentaire

再现 Représentation：118, 133, 220；参见处境 Situation

哲学（话语类型） Philosophique (genre)：98, 174, 175, 180, 183, 192, 202, 228；评注：黑格尔，§4；康德3，§3

征兆、符号 Signe：238, 255, 261；评注：康德1，§2；黑格尔，§3；康德2，§2，§6；康德3，§4；康德4，§2，§3，§6

证据 Évidence：103

证人 Témoin：1-5, 56, 64, 90, 103, 155, 264；参见第三方 Tiers

政治 Politique：181, 190, 192, 197-200, 206

（政治）协商　Délibératif (dispositif politique –)：210-217, 234, 253

知识分子　Intellectuel：202

指称　Référent：28, 37, 47-93（尤其是51, 55, 62, 63）, 233, 239, 241；评注：黑格尔，§1；列维纳斯，§1

指导线索　Fil conducteur：261；评注：康德3，§3；康德4，§2；参见符号、征兆 Signe

指令性语位　Prescriptive：43, 45, 107, 155, 162, 163, 166, 175, 177, 178, 204, 207, 216, 217, 240；评注：康德2；1789年《人权宣言》；参见规范性语位 Normative、义务 Obligation

指示词　Déictique：50, 51, 58, 61, 71, 72, 250；评注：康德1；参见自我指涉 Sui-référence

指示词　Désignateur：57-68；评注：安提斯泰尼；参见专名 Nom propre、指示词 Déictique

主体　Sujet：52, 54；评注：康德1；黑格尔

专名　Nom propre：49, 52, 54, 55, 61-68, 152, 155, 157, 159, 160, 212, 262；评注：安提斯泰尼；黑格尔，§3；列维纳斯，§2；卡西纳瓦；参见名称世界 Monde de noms

转喻　Métalepse；评注：柏拉图，§5

资本　Capital：191, 221, 245, 247, 250-252, 255, 262

自我　Soi：153, 161, 170, 200, 225；评注：黑格尔，§1，§2，§3

自我指涉　Sui-référence：51, 99, 108；评注：普罗塔哥拉，§2

自指　Autonymie：45, 46, 201, 207；评注：列维纳斯，§3；康德2，§1

罪恶　Mal：197, 214

译后记

这本书自 2015 年应拜德雅·人文丛书主编蓝江老师之邀，前后翻译历时竟四年有余。期间我因教学、科研、行政琐务缠身，辗转于广州和珠海两个校区，断断续续，走走歇歇，一路颇为艰辛。算起来，费的心力竟不亚于再做一次博士论文。二十余年前，我开始接触法国理论，2002 年读博开始关注利奥塔的思想，转眼竟与他结下了十多年的缘分。只可惜教书之后，因缘际会，一直在英语文学、西方文论、世界历史、比较文学各领域兜兜转转；加之近几年风尘碌碌，文山会海，精力四散，竟无法在法国当代思想研究方面再集中发力，以至于很多问题不能极深研几，穷原竟委。每每在遇到翻译难题时，总叹自己语言不够精进，学识不够渊博，落下诸多遗憾。若有机会再版或修订，希望能够屏心静气、去焦除躁，再做深入的修订和重译。

译著得以最终完稿，还得感谢导师王宾教授当初引我入门，研究利奥塔和法国理论，为我了解当代法国思想的缘起、发展、基本价值取向及其学术症结打下基础，而"异识""语位"两个关键词的翻译也得益于当年老师的指点。

翻译后期，多次叨扰中山大学哲学系任远老师、深圳大学文学院哲学系赵东明师兄，他们不厌其烦，帮我查经据典，答疑解惑，部分难句或关键词汇，也得益于与他们的反复切磋。中国社科院外文所英美文学室周颖老师、中山大学外国语学院刘玉宇老师在翻译过程中都有助益，或查阅词典，或推敲词义，在此一并谢过。若早些放下情面，虚心请教，不耻下问，或许我还能少走些弯路，少一些错译或误解。

也要感谢我的家人，平日里三人三个地，劳燕分飞，周末、假日聚在一起，还要忍受我案牍劳形，朝乾夕惕。感恩于家人的体谅和支持，才得以让这部译作最终面世。

最后，此译本中的一切疏误，皆由我一人负责，欢迎读者批评指正。

图书在版编目（CIP）数据

异识 /（法）让-弗朗索瓦·利奥塔著；周慧译. --
上海：上海文艺出版社，2022
（拜德雅·人文丛书）
ISBN 978-7-5321-8276-3

Ⅰ.①异… Ⅱ.①让… ②周… Ⅲ.①哲学理论
Ⅳ.①B0

中国版本图书馆CIP数据核字(2021)第278923号

发 行 人：毕　胜
责任编辑：肖海鸥　李若兰
特约编辑：陈哲泓
书籍设计：左　旋
内文制作：重庆樾诚文化传媒有限公司

书　　名：异识
作　　者：[法] 让-弗朗索瓦·利奥塔
译　　者：周慧
出　　版：上海世纪出版集团　上海文艺出版社
地　　址：上海市闵行区号景路159弄A座2楼 201101
发　　行：上海文艺出版社发行中心
　　　　　上海市闵行区号景路159弄A座2楼206室　201101　www.ewen.co
印　　刷：上海盛通时代印刷有限公司
开　　本：787×1092　1/32
印　　张：15
字　　数：246千字
印　　次：2022年3月第1版　2022年3月第1次印刷
I S B N：978-7-5321-8276-3/B.077
定　　价：82.00元
告 读 者：如发现本书有质量问题请与印刷厂质量科联系　T：021-37910000

Le Différend, by Jean-François Lyotard, ISBN: 9782707306616

Copyright © Les EDITIONS DE MINUIT 1984
Current Chinese translation rights arranged through Divas International, Paris.
巴黎迪法国际版权代理（www.divas-books.com）

Simplified Chinese translation copyright © 2021 by Chongqing Yuanyang Culture & Press Ltd.
All rights reserved.

版贸核渝字（2015）第 346 号

拜德雅 Paideia 人文丛书

（已出书目）

语言的圣礼：誓言考古学（"神圣人"系列二之三）	[意]吉奥乔·阿甘本 著
宁芙	[意]吉奥乔·阿甘本 著
奇遇	[意]吉奥乔·阿甘本 著
普尔奇内拉或献给孩童的嬉游曲	[意]吉奥乔·阿甘本 著
品味	[意]吉奥乔·阿甘本 著
什么是哲学？	[意]吉奥乔·阿甘本 著
什么是真实？物理天才马约拉纳的失踪	[意]吉奥乔·阿甘本 著
业：简论行动、过错和姿势	[意]吉奥乔·阿甘本 著
海德格尔：纳粹主义、女人和哲学	[法]阿兰·巴迪欧 &[法]芭芭拉·卡桑 著
苏格拉底的第二次审判	[法]阿兰·巴迪欧 著
追寻消失的真实	[法]阿兰·巴迪欧 著
不可言明的共通体	[法]莫里斯·布朗肖 著
什么是批判？自我的文化：福柯的两次演讲及问答录	[法]米歇尔·福柯 著
自我解释学的起源：福柯1980年在达特茅斯学院的演讲	[法]米歇尔·福柯 著
自我坦白：福柯1982年在多伦多大学维多利亚学院的演讲	[法]米歇尔·福柯 著
铃与哨：更思辨的实在论	[美]格拉汉姆·哈曼 著
迈向思辨实在论：论文与讲座	[美]格拉汉姆·哈曼 著
福柯的最后一课：关于新自由主义，理论和政治	[法]乔弗鲁瓦·德·拉加斯纳里 著
非人：漫谈时间	[法]让-弗朗索瓦·利奥塔 著
异识	[法]让-弗朗索瓦·利奥塔 著
从康吉莱姆到福柯：规范的力量	[法]皮埃尔·马舍雷 著
艺术与诸众：论艺术的九封信	[意]安东尼奥·奈格里 著
批评的功能	[英]特里·伊格尔顿 著

走出黑暗：写给《索尔之子》	[法] 乔治·迪迪-于贝尔曼 著
时间与他者	[法] 伊曼努尔·列维纳斯 著
声音中的另一种语言	[法] 伊夫·博纳富瓦 著
风险社会学	[德] 尼克拉斯·卢曼 著
动物与人二讲	[法] 吉尔伯特·西蒙东 著
非政治的范畴	[意] 罗伯托·埃斯波西托 著
临界：鲍德里亚访谈录	[法] 让·鲍德里亚&[法] 菲利普·帕蒂 著
"绝对"的制图学：图绘资本主义	[英] 阿尔伯特·托斯卡诺&[美] 杰夫·金科 著
社会学的问题	[法] 皮埃尔·布迪厄 著
读我的欲望！拉康与历史主义者的对抗	[美] 琼·柯普洁 著